Über dieses Buch

Hexen waren die totale Existenzbedrohung des Spätmittelalters und der frühen Neuzeit: Krankheit und Tod, Unfruchtbarkeit, schlechte Ernte und kranke Tiere - alles war Hexenwerk.
Mehrere hunderttausend Menschen wurden zwischen 1450 und 1750 in Mitteleuropa als Zauberer und Hexen verbrannt, die meisten im Heiligen Römischen Reich Deutscher Nation.
Dieses Buch zeigt, wie Theologen und Juristen dazu beitrugen, daß ganze Prozeßlawinen ins Rollen kamen und wie die bisher meist unterbewerteten finanziellen Interessen der meisten Beteiligten für eine Fortsetzung der Hexenverfolgungen sorgten. Anhand zahlreicher Beispiele und Zitate werden besonders Zustandekommen und Ablauf der Gerichtsverfahren genau untersucht. Die zeitgenössischen Befürworter und Gegner der Hexenprozesse und ihre Werke sowie der von ihnen ausgeübte Einfluß werden ausführlich dargestellt.

Der Autor

Manfred Hammes, geb. 1950 in Trier, studierte Rechtswissenschaft in Köln. Er veröffentlichte bisher Artikel in verschiedenen Tageszeitungen und Zeitschriften.

Manfred Hammes

Hexenwahn und Hexenprozesse

Fischer
Taschenbuch
Verlag

Originalausgabe
Fischer Taschenbuch Verlag
März 1977

Umschlagentwurf: Jan Buchholz/Reni Hinsch
unter Verwendung einer Illustration aus:
»Soldan-Heppe, Geschichte der Hexenprozesse«

Fischer Taschenbuch Verlag GmbH, Frankfurt am Main

Gesamtherstellung: Hanseatische Druckanstalt GmbH, Hamburg
Printed in Germany
1818-880-ISBN-3-436-02403-1

Gründlich ausgeführte Materie
des
grewlichen Lasters der

Zauberey und Hexerey

woher, was und wie vielfeltig es sey,
wem es schaden könne oder nicht,
wie dem Laster zu wehren
nebst
einer augenscheinlichen demonstration des

Prozesses

in schönen herzlichen excursen und motiven.

Allen Liebhabern der Warheit und Gerechtigkeit
zu gutem verteuscht. Nur an vernünftige,
redeliche, bescheidene Leute
gestellet durch

Manfred Hammes.

Auch mit drin eingehengter Widerlegung
etlicher
jirriger Meinung und Breüche
in diesem Handel.

Jetzund zum ersten mal gedrucket
bey Fischer
zu Frankfurt.

MCMLXXVII

Inhalt

1 Ursachen der Hexenprozesse und Gang des Verfahrens. Ein Überblick.

I Es ist kaum zu glauben, was es bei den Deutschen für Aberglauben, Mißgunst, Verleumdung, Ehrabschneiderei, heimliches Gerede und dergleichen gibt. Diese Dinge werden von der Obrigkeit nicht bestraft, sie werden in Predigten nicht gerügt. Dadurch wird der Verdacht der Hexerei zu allererst in die Welt gesetzt. Alle göttlichen Strafen, die Gott in der heiligen Schrift angedroht hat, stammen von den Hexen her. Gott und die Natur tun jetzt gar nichts mehr, sondern alles machen die Hexen.

II So kommt es, daß alle Welt schreit, die Obrigkeit solle nun das Verfahren gegen die Hexen einleiten.

III Also befehlen die Fürsten ihren Richtern und Räten, mit dem Prozeß gegen die Hexen zu beginnen.

IV Die wissen zuerst nicht, wo sie anfangen sollen, weil sie keine Indizien und Beweise haben und doch aus Gewissensbedenken nicht wagen, hier etwas ins Blaue hinein zu unternehmen.

V Das gemeine Volk schreit, dieses Zögern sei nicht unverdächtig, und etwa das gleiche reden sich die Fürsten ein.

VI Den Unwillen der Fürsten zu erregen ist aber in Deutschland sehr gefährlich.

VII Endlich weichen die Richter also doch dem Willen der Fürsten und finden irgendwie einen Anfang für ihre Prozesse.

VIII Andernfalls wird ein besonders damit beauftragter Inquisitor geschickt. Bringt der nun etwas Unerfahrenheit und ungestümes Wesen mit, so sind diese Dinge hier nichts als Rechtlichkeit und frommer Eifer. Diesen Eigenschaften ist die Aussicht auf Gewinn durchaus nicht abträglich, namentlich wenn der Inquisitor ein ärmlicher oder habgieriger Mann mit vielen Kindern ist, und für den Kopf jedes Einzelnen zum Feuertode Verurteilten eine Belohnung von etlichen Talern ausgesetzt ist.

IX Belastet dann irgendein Wort eines Besessenen oder eine böswillige Rederei eine armselige, mißachtete Frau, so ist sie die erste.

X Damit es jedoch nicht den Anschein hat, als ob der Prozeß nur auf dieses Gerücht hin angestrengt worden wäre, siehe, da ist gleich ein Indiz zur Hand, da man der Frau aus allem einen Strick dreht. Ihr Lebenswandel war ja entweder schlecht und sündhaft oder aber gut und rechtschaffen. War er schlecht, so sagt man, das sei ein starkes Indiz, denn von einer Schlechtigkeit darf man getrost auf die andere schließen. War ihr Lebenswandel indessen gut, so ist auch das kein geringes Indiz: denn auf diese Weise, so sagt man, pflegen die Hexen sich zu verstecken und wollen besonders tugendhaft erscheinen.

XI Es wird angeordnet, die Frau ins Gefängnis zu schleppen und seht, da hat man abermals ein neues Indiz. Denn sie zeigt dann entweder Furcht oder sie tut es nicht. Zeigt sie Furcht, wegen der zu erwartenden Folter, sagt man, sie habe ein schlechtes Gewissen. Zeigt sie keine Furcht, weil sie auf ihre Unschuld vertraut, sagt man, es sei überhaupt eine ganz besondere Eigentümlichkeit der Hexen, daß sie sich unschuldig stellen und den Kopf nicht sinken lassen.

XII Und an allen Enden zetert man, die Frau sei durch starke Indizien schwer belastet.

XIII Daraufhin wird sie schleunigst zur Folter geschleppt.

XIV Keinem Angeklagten wird ein Advokat oder eine unbeschränkte Verteidigung bewilligt, da man schreit, die Hexerei sei ein Sonderverbrechen, und da jeder, der die Verteidigung übernehmen wollte, selbst des Verbrechens bezichtigt wird.

XV Meistens jedoch, damit es nicht so aussieht, als ob ihre Verteidigung nicht wenigstens irgendwie zugelassen worden wäre, wird sie vorerst zum Schein vor Gericht geführt. Es werden ihr zunächst die Indizien vorgelesen.

XVI Wenn sie sich vollkommen zu rechtfertigen weiß, dann ist das sogar ein neues Indiz, denn man sagt, wenn sie keine Hexe wäre, würde sie nicht so beredt sein.

XVII Ehe sie jedoch gefoltert wird, wird sie vom Henker beiseite geführt und, damit sie sich nicht mit Zaubermittelchen gegen den Schmerz gefeit macht, nach solchen abgesucht, indem er ihr am ganzen Körper die Haare abschert und sie selbst dort, wo man ihr Geschlecht erkennen kann, schamlos beschaut.

XVIII Hierauf wird sie gefoltert, damit sie sich schlechtweg für schuldig erkläre.

XIX So wird sie also nach diesem Geständnis ohne Bedenken hingerichtet.

XX Gesteht sie nicht, so wird die Folter zwei, drei, vier Male wiederholt. Es gibt ja bei einem Sonderverbrechen keinerlei Vorschrift über Dauer, Schärfe oder Wiederholung der Tortur.

XXI Bricht sie jedoch trotz mehrmaliger Folterung immer noch nicht ihr Schweigen, verzerrt sie im Ankämpfen gegen die Schmerzen ihr Gesicht, erleidet sie eine Ohnmacht, dann rufen die Henker, sie lache und schlafe in der Tortur, sie gebrauche einen Schweigezauber und sei nun um so mehr schuldig.

XXII Geschieht es aber, daß irgendeine Angeklagte unter solchen Folterqualen den Geist aufgibt, dann behaupten sie, der Teufel habe ihr das Genick gebrochen.

XXIII Stirbt die Frau aber nicht oder wagen ängstliche Richter nicht, sie ohne neue Indizien weiter zu foltern, noch sie ohne Geständnis zu verbrennen, dann wird sie im Kerker festgehalten, in festere Ketten gelegt, um dort bis zu einem vollen Jahr mürbe gemacht zu werden, solange bis sie unterliegt.

XXIV Inzwischen schickt man ihr unwissende, ungestüme Priester, die noch unleidlicher als die Henkersknechte sind. Wenn sie sich nicht schuldig bekenne, versichern sie, gebe es schlechtweg keine Rettung für ihre Seele, könne sie nicht mit den Sakramenten versehen werden.

XXV Hat sich also erst einmal eine Angeklagte, von der Gewalt der Schmerzen getrieben, fälschlich beschuldigt, so richtet das unsagbares Unheil an. Sie wird gezwungen werden, noch andere,von denen sie gar nichts weiß, zu beschuldigen, deren Namen ihr nicht selten die Richter in den Mund legen. Die müssen dann wieder andere und diese ebenfalls andere anzeigen und so immer fort.

XXVI Wenn nur die Prozesse unablässig und eifrig betrieben werden, dann ist heute niemand, gleich welchen Geschlechts, in welcher Vermögenslage, Stellung und Würde er sei, mehr sicher genug, wenn er auch nur einen verleumderischen Feind hat, der ihn verdächtigt, ein Zauberer zu sein.

Soweit die Aufzeichnungen des Jesuitenpaters Friedrich von Spee aus dem Jahre 1631.
Um 1630, während der Höhepunkte der Verfolgungen wirkte Spee als Beichtvater verurteilter Hexen in den geistlichen Fürstentümern an Rhein und Main. Unter diesen Eindrücken entstand das Werk.
Sein Frontbericht entwickelte sich zur wichtigsten Schrift der Bekämpfer des Hexenwahns im 17. Jahrhundert. In der Vorrede hat Spee sie all denen gewidmet, die sie nicht lesen werden.
Mit welcher Berechtigung er diese an sich etwas ungewöhnliche Widmung ausgesprochen hat, zeigen die späteren Angriffe theologischer und juristischer Autoren, die sie als »vom Teufel eingegeben« abqualifizierten, dabei aber unumwunden zugaben, die Schrift nie in der Hand gehalten zu haben.

2 Zeitbild

Beginn und Ende der Hexenprozeßwelle lassen sich nicht in exakten Jahresdaten ausdrücken. Eine derartige Bestimmung, für einzelne Territorien und Herrschaften durchgeführt, würde die Jahre 1500 und 1750 als Mittelwerte herauskristallisieren, damit zugleich den Zeitraum, in dem sich die überwiegende Zahl der Hexenprozesse abspielte.

Bis zum Ende der achtziger Jahre des 15. Jahrhunderts waren die theoretischen Grundlegungen des Hexenwesens im wesentlichen aufgestellt. Doch auch schon vorher kam es zu Verhandlungen, in denen charakteristische Merkmale des Hexenprozesses zutage traten, wobei sich aber meist nicht mit letzter Sicherheit sagen lassen wird, ob noch ein Ketzerprozeß oder schon ein Hexenprozeß geführt wurde.

Das erste Vierteljahrtausend der Neuzeit – von Erasmus von Rotterdam zu Montesquieu, Rousseau und Voltaire, von Kopernikus zu Benjamin Franklin – ist fruchtbar in Philosophie und Naturwissenschaft.

Daneben aber und für den Einzelnen spürbarer, ist es eine Zeit politischer, geistig-religiöser, nicht zuletzt auch sozialer und wirtschaftlicher Krisen, Auseinandersetzungen und Umwälzungen.

In Schlagworten und Streiflichtern: Luther und die Gegenreformation, Aufstände der Reichsritter und Bauernkriege, schließlich der Augsburger Religionsfriede mit der Gleichberechtigung der Bekenntnisse, ein Kompromiß, unbefriedigend für beide Seiten.

Nachdem sich Calvinisten und Lutheraner in der »Union«, die Katholiken in der »Liga« zusammengeschlossen hatten, war die Lösung der weiterhin schwelenden Konflikte durch Waffengewalt nur noch eine Frage der Zeit.

Der Dreißigjährige Krieg, ein deutscher Krieg nur rund zehn Jahre. Dann stand die Auseinandersetzung zwischen protestantischen Reichsständen und katholischen Fürsten nicht mehr im Vordergrund. Nun folgt europäische Machtpolitik auf deutschem Boden. Das katholische Frankreich, mit seinen Rachege-

danken immer noch bei der burgundischen Heirat, zahlt riesige Summen zur Unterstützung deutscher Protestanten und ihrer Verbündeten, Holländer, Schweden und Dänen.
Nach dem Westfälischen Frieden: 15 000 zerstörte Städte und entvölkerte Dörfer. Um ein Beispiel herauszugreifen: Die Bevölkerung der Pfalz sank auf 50 000; ein Zwanzigstel der ursprünglichen Einwohnerzahl.
Die folgenden einhundert Jahre sind geprägt vom Aufstieg Brandenburg-Preußens zur Großmacht.
Soweit – zur Gedächtnisauffrischung – die große Politik.

> Kannst du mir ein Land nennen im ganzen Reich, wo nicht durch fürstliche Pracht, Verschwendung, Verschleuderung, Verschlemmung, Bausucht, schlechte Wirtschaft, Unterschleif und Betrug der Räte und Diener, Kriege, Verwüstung und teure Zeiten die Steuern und Frohnden und was von Druck und Abgaben nur Namen hat, stetig wachsen und Verschuldung und Armut die Überhand gewinnt?[1]

Rhetorische Frage eines Predigers aus dem Jahre 1562. Finanziers und Hauptleidtragende waren die Bauern, der Stand, der auch die Großzahl der Hexenprozeßopfer stellte.

> Es wird von Fürsten und Adeligen schlecht gehandelt, wenn sie schwere, vielfältige und unerträgliche Schatzungen und dazu immer neue auflegen.

In diesem Punkt waren die fürstlichen Räte erfinderisch: Mühl- und Schenkzinsen, Holz- und Mastgelder, die Aufzählung ließe sich fast beliebig fortsetzen – dabei waren dies nur die Zusatzabgaben und Sondersteuern.
Die stärksten finanziellen Belastungen der Bauern rekrutierten sich aus den jährlichen Schuldzinszahlungen an die Grundherren, die Ewiggeldgläubiger, wie sie bezeichnenderweise genannt wurden.

> Die Eltern oder Voreltern der faulen und müßigen Pflastertreter, die sich Junker schelten lassen, haben vor langen Jahren ein sehr geringschätzig Geld den Bauern auf die Äcker getan und sie erblich unwiederkäuflich an sich, ihre Erben und Erbnehmer gebracht. Da muß nun der arme Bauer, seine Kinder und Kindeskinder das schnöde Geld jährlich sehr hoch verpächten und ihren sauren Schweiß den faulen müßigen Hummeln in die Stadt tragen.

Neben den immerhin noch formaljuristisch abgesicherten, hatte speziell der Landadel zusätzliche Einnahmequellen erschlossen, die schlicht gesagt sittenwidrig und ungesetzlich waren.

> Item, wenn sie die Underthanen zwingen, ihren Korn, Wein und anderes zu wohlfeiler Zeit zu verkaufen und darnach wieder zwingen es aufs teuerste von ihnen anzunehmen und nirgends anders zu kaufen, wenn sie es gleich um einen nähren Pfennig besser bekommen könnten.

Item, wenn sie ihren Dienern, Haupt- und Amtsleuten, Schöffen und Schultheißen nachlassen, ihren Gefallens denen, die etwas verwirkt, Geldstrafen aufzusetzen. Da gehet es zu, daß es Gott im Himmel erbarmen möchte, sonderlich wo solche Amtspersonen die Hälfte oder den dritten Teil an den Bußen haben.[2]

Je kleiner die Herrschaft, desto kürzer die Ausbeutungsphase, desto schneller der Zeitpunkt, an dem auch der Adelige bekannte:

Die Häuser sind leer, das Geld davon, die Schulden eingenommen, die Untertanen abgemattet, daß sie verarmt, weder uns noch ihren Kindern viel verdienen können, ihre übrigen Güter verpfändet, verwahrlost. Die Mitgift ist verzehrt, die Renten endurch, etliche Zehnten darvon, Gülten abgelöset. Noch viele tausend dazu entlehnet und nicht nur auf gemeine Pension,[3]

also gegen einen höheren als den landesüblichen Zins.

Nur die wenigsten hatten so finanzkräftige Landstände hinter sich wie Joachim II. von Brandenburg. Fünf Jahre nach seinem Regierungsantritt übernahmen sie eine Schuldenlast von 1 Million Gulden, zwei Jahre später, 1542, waren schon wieder 519 000 Gulden angelaufen.

Als nach dem Tode des Kurfürsten eine Liste der Verbindlichkeiten aufgestellt wurde, kamen Zahlungen in Höhe von 3,7 Millionen Gulden auf die Landstände zu. Etwa zur gleichen Zeit zahlte Herzog Christoph von Württemberg allein 86 000 Gulden an jährlichen Zinsen – das heißt, hätte zahlen sollen.

Gute Chancen für Goldkocher, Alchimisten, Wahrsager, Sterndeuter und Teufelsbanner, allen voran für Georg Faust, den späteren *Doctor Johann Faustus*, den

Weltbeschreyten Zauberer und Schwarzkünstler,

den, wie er sich selbst titulierte, Pyromanticus, Chiromanticus, Astrologus und Necromanticus.

Die Umwandlung von Kupfer oder Silber in Gold, das Goldkochen aus immer wieder anderen und neuen Zutaten stieß schon zu einem Zeitpunkt auf Kritik, als sich diese Idee noch nicht einmal durchgesetzt hatte.

Zum Anfang läßt es sich mit den Goldköchen an als sei etwas, so es doch nichts ist. Wäret nicht lang, nimmt bald ein beschissen End, nicht ohn Schimpff, Spott und Schaden der Herren und der Untertanen, die es bezahlen müssen.[4]

Die Warnungen des Philosophen und Mathematikers Augustin Lerchheimer waren ebenso vergeblich wie die des Theologen Leonhard Breitkopf.

Sind die Rentkammern und Beutel der Fürsten und Herren leer durch übermäßiges Hofgesind, Banketieren, Feuerwerk, großmächtige Aufzüge und Maskeraden, überköstlichen Kleiderschmuck, Kleinode von Gold, Silber, Perlen und Diamanten, so sollen die Goldmacher kommen und die Fürsten zu Krösussen machen.

Und doch sind diese Goldmacher die allerunverschämtesten Gauckelbuben und Charlatans, die erst recht die Fürsten wie alles Volk mit unermeßlichen Kosten betrügen.[5]

Was den Fürsten die Goldmacher, waren den Kranken die paracelsistisch-kabbalistischen Wundermediziner, Gesundbeter und Heilszwinger. Oswald Croll, zeitweise Leibarzt Kaiser Rudolfs II. führte aus:

Der Mensch ist nach dem Firmamente gebildet: die astralischen Einflüsse machen ihn zu einem wahren Weisen, denn sein Geist floß aus den Gestirnen, seine Seele aber aus dem Munde Gottes.[6]

Jeder Körperteil galt einem Planeten, einem Element, einer Zahl zugeordnet.

So ein Arzt den Kranken will Arznei geben, so muß er vors erste wahrnehmen, wie auf diesselbe Stund der Lauf des Himmels und der Planeten gestaltet sei. Die Freundschaften und Feindschaften der Planeten muß er nicht außer acht lassen zur Heilung der Kranken.[7]

Fließend sind die Übergänge von den Naturwissenschaften zu den magischen und Geheimwissenschaften. Der Astronom war immer zugleich Astrologe, der Arzt ohne Kenntnis astrologischer Zusammenhänge mußte erfolglos bleiben.

Wisse,

konnte man in einer Flugschrift lesen,

daß von sieben Krankheiten, so in diesen unseren letzten armseligen Zeiten den Menschen zustoßen, als Erlahmungen, Erblindungen, Beinfraß, Krümmungen, Krämpfe, Aussatz und andere, mindestens vier- oder fünfmal die Verursachungen aus Zauberei und dergleichen Künsten herrühren und derowegen nicht mit apothekischen, sonder nur mit widerzauberischen Mitteln können kuriert werden.[8]

Das Anzaubern von Krankheiten ist oft Anklagepunkt in den Hexenprozessen, eine mittelbare Spur des allgegenwärtigen Teufels. Der Schwarze Tod – die Pest –, zwar trat sie nicht mehr im Ausmaß des 14. Jahrhunderts auf, als ihr in Europa jeder Vierte zum Opfer fiel, aber die Erinnerung war noch wach und neue Ausbrüche halfen mit, sie nicht zu vergessen. Machte man nicht die Hexen dafür verantwortlich, war Saturn der Urheber, der Schicksalsplanet,

Gottes Schulmeister und Henker.[9]

Glaube und Aberglaube gingen ineinander über, wurden eins,

Prediger übertrafen sich in der Herausgabe von

Neuen erschröcklichen, jedoch wahrhaftigen Zeitungen.

Meerwunder, Fische mit Papstköpfen und Jesuitenhütlein, Luftwunder, Christus am Himmel von Blut umflossen, blutscheinende Kometen, Teufels- und Monstergeburten.

Nirgends nichts denn Furcht und Schrecken,

faßte Breitkopf die Stimmung in seiner Karfreitagspredigt des Jahres 1591 zusammen.

Teufel und Gespenster, Unholde, Hexen, Mißgeburten, Erdbeben, Feuerzeichen am Himmel, dreiköpfige Gesichter in den Wolken und so viele andere Zeichen göttlichen Zorns.[10]

Weltuntergangs- und Endzeitstimmung. Neue Propheten tauchten auf, Elias und Noah, von dem man wußte (Daniel 12), Gott werde ihn vor dem Jüngsten Gericht auferwecken.

Martin Luther gab den Befürchtungen und Vorahnungen Nahrung.

Es ist die Welt gar rege geworden, nachdem das Wort des Evangelii offenbaret ist, sie knackt sehr. Ich hoffe sie werde bald brechen und in einen Haufen fallen durch den Jüngsten Tag, auf den wir mit Sehnen warten.[11]

Prediger nahmen die Anregung auf.

Ist nicht alles mit Gotteslästern, Fluchen, Schwören, Unzucht und Ehebruch, Wuchern, Unterdrückung der Armen und allen anderen Lastern so erschröcklich und viehisch worden, daß man meinen sollte, die letzten Posaunen schon zu hören, so zum Gericht blasen.

Unter diesen Vorzeichen ist es kaum vorstellbar, daß dies zugleich eine Zeit ausgeprägter naturwissenschaftlicher Forschung war, Galilei und Kepler die Galionsfiguren – aber auch hier mehr als reine Wissenschaft.

Kepler, der Astronom – gezwungenermaßen Astrologe der Kaiser, Könige und Feldherren – war sich seiner Zwitterstellung und ihrer Problematik aber durchaus bewußt:

Die Astrologia ist wohl ein närrisches Töchterlin; aber du lieber Gott, wo wollte ihre Mutter, die hochvernünftige Astronomia bleiben, wenn sie diese ihre närrische Tochter nicht hätte?

Ist doch die Welt noch viel närrischer und so närrisch, daß deroselben zu ihrem Frommen diese alte verständige Mutter durch der Tochter Narretei eingeschwatzt und eingelogen werden muß.

Und seind der Mathematicorum Salaria so gering, daß die Mutter gewißlich Hunger leiden müßte, wenn die Tochter nichts erwürbe.[12]

Traten die Gelehrten aus ihren Studierstuben heraus an die Öffentlichkeit, so war dies ein Schritt in die Irrationalität, und so schrieb denn auch Kepler an seinen Lehrer Mästlin, er sehe ein, daß es müßig sei, den Beweis zu führen, die Erde könne sich unbeschadet des Ansehens der Bibel um die Sonne bewegen.

> Ich denke, wir ahmen den Pythagoräern nach, teilen uns das, was wir entdecken, privatim mit und schweigen öffentlich, damit wir nicht Hungers sterben.

Das Zeitalter der Hexenprozesse.

3 Johann Keplers Mutter unter Hexereiverdacht

Die Quadrate der Umlaufzeiten zweier Planeten verhalten sich wie die dritten Potenzen ihrer mittleren Abstände zur Sonne.
Die »Weltharmonie« des Astronomen Johann Kepler, das Werk, in dem er dieses dritte Gesetz der Planetenbewegung entwickelte, hätte um Jahre früher erscheinen können – ohne die Hexenprozesse.
Eine eigenartige Querverbindung. Kepler – »aus astronomischen Höhen in die niederen Gefilde juristischen Dickichts hinabsteigend« – mußte beträchtliche finanzielle Mittel, aber noch mehr Zeit aufwenden, um seine Mutter vom Vorwurf der Hexerei zu befreien.
1615 wurde Katharina Kepler erstmals beschuldigt, am 28. September 1621 erfolgte die endgültige Freilassung; eine unverhältnismäßig lange Prozeßdauer und ein ungewöhnliches Urteil. Mit einiger Sicherheit kann behauptet werden, daß Katharina Kepler ohne das energische Auftreten ihres Sohnes, der seinen ganzen Einfluß als

Mathematicus seiner Kaiserlichen Majestät

geltend machen mußte, noch im Winter 1615/16 als Hexe verbrannt worden wäre. Denn so lautete das Urteil gegen sechs Frauen, die zur etwa gleichen Zeit in Leonberg verhaftet worden waren.
Katharina Kepler entsprach ganz den damals herrschenden Klischeevorstellungen einer Hexe. Als

klein, mager, von schwärzlich-brauner Gesichtsfarbe[1]

wurde ihr Äußeres beschrieben, aber auch ihr Wesen

– klatschsüchtig und zänkisch –

und ihre Stellung innerhalb der Dorfgemeinschaft ließen sie von vornherein als verdächtig erscheinen.
Sie galt als naturheilkundig, und wenn sie mit ihren Kräutersalben und Tränken zu kranken Menschen oder Tieren gerufen wurde, gingen die Zeremonien nicht ohne Handauflegen und Segensprechen ab.
Und noch bei einer anderen Sache, so wurde bald nach Prozeßbeginn gemunkelt, sei wohl nicht alles mit rechten Dingen zugegangen. Kurz nachdem sich die Eltern von Johann Kepler in

Leonberg niedergelassen hatten, war sein Vater verschwunden und galt seitdem als in fremden Kriegsdiensten gefallen oder verschollen. Als nun der Hexereiverdacht auftauchte, erinnerte man sich an den Mann –

auf Untaten bedacht, schroff und rauflustig, Katharina gar übel behandelnd,

wurde er von seinem Sohn beschrieben. Ob sich die Mutter nicht mit ihren Hexenkünsten gerächt hätte?

In der Anklageschrift tauchte dieser Punkt zwar nicht auf, dafür wurden aber so ungefähr alle Unglücksfälle aufgezählt, die den Dorfbewohnern in den letzten Jahren widerfahren waren.

Sie habe das Vieh behext, einem Vater zwei Kinder getötet, sich als Kupplerin des Teufels betätigt und diesem eine junge Frau aus dem Ort zugeführt, die Lähmung des Dorfschneiders verursacht und vieles andere mehr. Dazu kamen dann noch die in Hexenverfahren üblichen Vorwürfe der Zauberei und der Gotteslästerung. Sie sei durch verschlossene Türen gegangen und habe die Wiederauferstehung in Frage gestellt:

Wenn der Mensch stirbt ist alles aus wie beim Vieh.[2]

In einer Zeit, in der der Aberglaube die Rolle des Realen übernommen hatte, die beherrscht war von der Vorstellung eines allgegenwärtigen, personifizierten Teufels, in der die unwahrscheinlichsten Dämonen- und Gespenstergeschichten in wissenschaftlichen Werken bewiesen wurden, war ein solches Verhalten nicht gerade klug.

Letztlich war es dann auch auf ihre Heiltätigkeit zurückzuführen, daß es überhaupt zu einer Hexenklage gegen Katharina Kepler kam.

Die Frau des Glasers Reinhold aus Leonberg litt seit längerer Zeit an Unterleibskrämpfen, die sie schließlich von ihrem Bruder, dem Leibbarbier des Prinzen Achilles von Württemberg behandeln ließ. Als sich die Anfälle nach der Behandlung häuften, erklärte dieser, es müsse sich um eine angehexte Krankheit handeln, die nur vom Urheber des Zaubers zu heilen sei.

Frau Reinhold wandte sich mit einem entsprechenden Ansinnen an Katharina Kepler, die empört reagierte, dann aber das einzig Richtige tat, sie erhob Beleidigungsklage.

Hätte sie den Vorwurf auf sich beruhen lassen, wäre diese Tatsache in das spätere Verfahren als sie belastendes Indiz eingegangen und hätte nach Ansicht der meisten juristischen Kommentatoren sogar die Folter gerechtfertigt, deren übertrieben harte Anwendung in den Hexenprozessen die siebenundsechzigjährige Frau nicht überstanden hätte, ohne ein Geständ-

nis abzulegen.
Streitbar wie sie war, legte sie sich überflüssigerweise auch noch mit dem Richter an, der die Klage wegen Mißachtung des Gerichts niederschlug und nun seinerseits die Bemühungen der Reinhold unterstützte, gegen Katharina Kepler ein Hexenverfahren anzustrengen.
Man begann damit, die Prozeßprotokolle der bereits hingerichteten Hexen daraufhin durchzusehen, ob eine von ihnen Katharina Kepler als Mitschuldige, als Teilnehmerin an einem Hexensabbat denunziert hatte. Doch da fand sich nur ein wenig rühmlicher Hinweis, die Aussage einer Frau, sie sei

> durch zwei zu ihr gesandte Gerichtspersonen auf die Keplerin verbotenerweis befragt[3]

worden.
Man hatte also schon früher versucht, die Grundlagen für einen Prozeß gegen Katharina Kepler zu schaffen, indem man das in der Peinlichen Gerichtsordnung Karls V. – kurz der Karolina – aufgestellte Verbot der Suggestivfrage mißachtete.
Das war der Stand der Dinge, als Johann Kepler in das Verfahren eingriff.
Er bitte um Zusendung aller den Prozeß betreffenden Protokolle und Akten; natürlich fehlte dem Schreiben nicht der Hinweis auf seine Stellung als Professor und Kaiserlicher Astronom.
Das war zunächst alles – aber vorerst auch genug.
Offiziell wurde das Verfahren ausgesetzt, ohne daß dadurch aber die Suche nach Belastungsmaterial weniger intensiv geworden wäre.
Um seine Mutter dem ständigen Druck zu entziehen, lud Johann Kepler sie für einige Wochen nach Linz ein. Damit erreichte er jedoch genau das Gegenteil: Der Vogt wertete die Reise von Katharina Kepler als Flucht, als Schuldanerkenntnis, sie müsse wohl ein schlechtes Gewissen haben.
Bei der Böswilligkeit, mit der das Verfahren gegen sie betrieben wurde, hätte man aber auch ihr Verweilen in Leonberg als sie belastendes Indiz angesehen.
Der Jesuit Friedrich von Spee – bedeutendster Bekämpfer des Hexenwahns im 17. Jahrhundert – beschrieb die Zwickmühle:

> Erfährt der Verdächtigte etwas von den Anschuldigungen, so entzieht er sich entweder der Festnahme durch die Flucht, oder er bleibt ruhig da.
> Ergreift er die Flucht, so erklären die Richter sogleich, das sei ein außerordentlich starkes Indiz dafür, daß er schuldig sei, ein schlechtes Gewissen habe.
> Bleibt er indessen da, so ist auch das ein Indiz: der Teufel, sagen sie, hält ihn fest,

daß er nicht fortkann.[4]

Die Suche nach Belastungsmaterial wurde fortgesetzt, neue Anschuldigungen vorgetragen, Eingaben der Kepler folgten und wieder neue Verdächtigungen.

Vier Jahre schleppte sich das Verfahren auf diese Art und Weise hin, verzögert immer wieder durch die Ereignisse des Dreißigjährigen Krieges, der nun auch schon das dritte Jahr andauerte.

1620 erfolgte plötzlich die Verhaftung, und in einem der für die Hexenprozesse typischen Schnellverfahren sollte die Sache gegen Katharina Kepler zu Ende gebracht werden. Der Vogt setzte einen Foltertermin an, über den Johann Kepler informiert wurde. In einer – so sagte er selbst –

kläglichen Reise

eilte er von Linz nach Leonberg, um, wie er den Magistrat schon in seinem ersten Schreiben unterrichtet hatte,

seine Mutter mit Dransetzung seines Leibes und Gutes zu schützen.[5]

Der vor Jahren vom Vogt unternommene, dann aber mißglückte Versuch, sich Denunziationen über Katharina Kepler zu beschaffen, bot einen guten Ansatzpunkt für die Verteidigung, und der von Kepler bestellte Advokat formulierte:

Obgleich in der Stadt Leonberg etliche Malen Unholden justifiziert und verbrannt wurden, welchen alles, was ihnen von sich selbst und andern ihren Gespielinnen bewußt gewesen, mit unleidlicher Pein und Marter ausgepreßt worden, so sei doch die Beklagte von keiner der in Haft gelegenen Hexen angegeben worden.[6]

Daß es zur Anklageerhebung kommen würde, war für Kepler keine Überraschung. Schon 1618 rechnete er ziemlich fest damit, als er schrieb,

so weiß ich eine Frau, sie ist von äußerst unruhigem Geist, wodurch sie nicht nur in ihrer Bildung nicht vorwärtskam, was bei einer Frau nicht so merkwürdig ist, sondern auch die städtische Obrigkeit in Verwirrung bringt und sich selbst erbärmliches Elend verursacht.[7]

So ganz schuldlos an den Schwierigkeiten, in denen sie nun steckte, hielt also auch Johann Kepler seine Mutter nicht.

Dennoch verteidigte er sie mit allen ihm zur Verfügung stehenden Mitteln, was den Stadtschreiber zu einem Aufstöhnen veranlaßte.

Es erscheint Beklagtin Katharina, leider in Begleitung ihres Herrn Sohnes,

hieß es nach nur wenigen Verhandlungstagen zu Beginn des Protokolls.

Johann Kepler war zwar »nur« noch Professor in Linz, seinen Titel als Kaiserlicher Hofastronom und Astrologe, der ihm als

nur Dreißigjährigem von Rudolf II. verliehen worden war, hatte er aber auch nach dem Tod des Kaisers weiterführen dürfen.
Bei der Verteidigung seiner Mutter war ihm der Astrologe eine weit größere Hilfe als der Astronom. Mit widerwilliger Hochachtung betrachteten die Leonberger Richter einen Mann, der zu den engsten Beratern des Kaisers gehört hatte, einen Geheimwissenschaftler und Sterndeuter, dessen Kalendervoraussagen auch in weiten Kreisen der Bevölkerung bewundernd anerkannt wurden.
Den Fürsten sagte er die Termine von Türkeneinfällen und Bauernunruhen, den Bauern Unwetter, Trockenperioden und Fröste voraus. Seinem geheimnisumwitterten Ruf hatte Johann Kepler es auch zu verdanken, daß man nicht versuchte, ihn als Verteidiger einer Hexe, als Zauberer oder Hexenmeister zur Verantwortung zu ziehen.
Vor dem Leonberger Gericht nutzte er den ungeliebten astrologischen Ruf weidlich aus und erreichte schließlich den Beschluß, daß die gesamten Prozeßakten der juristischen Fakultät der Universität Tübingen zwecks Erstellung eines Gutachtens vorzulegen seien.
Sententia:

> Zur Erlernung gründlicher Wahrheit soll die Beklagte peinlich befragt werden.
> Aber die Folter soll nicht in Wirklichkeit an ihr vorgenommen werden, sondern man führe sie nur an den zur Tortur bestimmten Ort, der Nachrichter soll ihr alle Marterinstrumente vorzeigen, ihre Bedeutung erklären, ihr ernstlich drohen.
> Wenn sie dann noch standhaft bleibt, soll sie frei sein.[8]

Eine im Vergleich mit der sonst herrschenden Praxis zurückhaltende, geradezu menschliche Entscheidung.
Der Beschluß der »Territio«, der Schreckung, wurde Katharina Kepler natürlich nicht mitgeteilt, man las ihr lediglich den ersten Satz des Gutachtens vor.
Sie vertraute jedoch auf ihre Unschuld und Gottes Hilfe und bestand die Probe.

> Man fange mit mir an, was man will, ich weiß nichts zu bekennen.
> Wäre ich eine Unholdin, so würde ich es längst bekannt haben.
> Sollte ich aus Marter und Pein etwas bekennen, so ist es doch nicht Wahrheit.
> Ich sterbe darauf, daß ich mit der Hexerei nichts zu tun gehabt habe.
> Gott, dem ich alles befehle, wird die Wahrheit nach meinem Tod offenbaren.
> Er wird mein Beistand sein und seinen heiligen Geist nicht von mir nehmen.

Am 28. September 1621 erfolgte die Freilassung, sie mußte jedoch die Kosten des Verfahrens tragen.

4 Von der Inquisition zum Hexenprozeß

Auf Veranlassung des Trierer Bischofs Ratbod hatte der Abt des Klosters Prüm, Regino, 907 die vorhandenen Kirchenrechtsvorschriften, päpstliche Dekrete und Konzilsbeschlüsse, neu zusammengestellt.[1] Das Ergebnis dieser Auswertung war eine Kirchenverwaltungslehre und ein Werk über Kirchenzucht. Seine Hauptthesen, soweit sie das nächtliche Ausfliegen der Hexen betreffen, stammten aus dem Kanon Episcopi, einem vermutlich fränkischen Kapitular.

> Verbrecherische Weiber, durch satanische Einflüsterung verführt, glauben und geben an, daß sie nächtlicher Weile mit der Göttin Diana oder der Herodias auf gewissen Tieren reitend, über weite Strecken Landes dahinfliegen und der Diana als ihrer Herrin gehorchen.

Diese auf römisch-heidnische Ursprünge zurückgehende Vorstellung sollte innerhalb der Christengemeinschaft ausgerottet werden. Die Bischöfe wurden angehalten gegen die Verbreitung dieses »heidnischen Unsinns« mit mehrjährigen Kirchenbußen, notfalls mit Ausweisung vorzugehen.[2]

Ungefähr einhundert Jahre später (um 1020) übernahm Burkhard von Worms die Vorschriften des Kanon Episcopi in seine Beichtanleitung »Corrector et Medicus«. Die Dummheit des Volkes war für ihn die Ursache der durch alle Schichten verbreiteten Abergläubigkeit, wie aus einer der oft umständlich formulierten Fragen hervorgeht.

> Hast du geglaubt, daß es ein Weib gebe, welches zu tun vermag, was einige, vom Teufel getäuscht, tun zu müssen versichern, nämlich daß sie mit einer Schar Teufel, die in die Gestalt von Weibern verwandelt sind, welche die Dummheit des Volkes Unholden nennt, in gewissen Nächten auf Tieren reiten müssen ... Wenn du dich dieses Aberglaubens teilhaftig gemacht hast, hast du ein Jahr Buße zu tun.

Wohl beherrscht von der Vorstellung, daß es auch Sache der Geistlichen gewesen wäre, den Aberglauben stärker zu bekämpfen, setzt er die Bußen wesentlich niedriger fest.

Die gleiche Buße sollte der Beichtvater auch verhängen, wenn jemand einen Wetter- oder Liebeszauber als Realität ansah. Auch Burkhard ging davon aus, daß man die Hexen selbst nicht bestrafen könne, da sie die ihnen nachgesagten Fähigkeiten in

Wirklichkeit gar nicht ausüben könnten. Also mußte man sich im Kampf gegen den Aberglauben mit der Bestrafung jener Personen begnügen, die diese heidnischen Vorstellungen als real ansahen. Das war die bis zum Ende des 12. Jahrhunderts herrschende Auffassung der römischen Kirche.

Von 1183 an aber begann sich eine vollständige Kehrtwendung abzuzeichnen. Nicht mehr wie bisher wurde der Glaube an die Hexenmacht unter Strafe gestellt, sondern von nun an ging man gegen Ketzer, Zauberer, Hexen und Teufelsbündner selbst vor. Die Hauptgründe dieser Wandlung sind in zwei Ereignissen zu suchen, zunächst einem Gipfeltreffen zwischen Kaiser Friedrich II. und Papst Lucius III. in Verona (1183), wo man die theoretischen Grundlagen und das praktische Verfahren gegen die südfranzösischen Ketzer vereinbarte, und sodann in der Übertragung des

heiligen Amtes der Inquisition ketzerischer Schlechtigkeit[3]

an den Dominikanerorden durch Gregor IX. (1232).
Noch in Verona war man zu dem Ergebnis gekommen, die Inquisition, die Aufspürung, Untersuchung und Überführung von Glaubensabtrünnigen, den Bischöfen zuzuweisen. Doch von Anfang an waren päpstliche Abgesandte in den Diözesen zugegen, eine Überwachungsinstanz. Dem formellen Auftrag an die einzelnen Kirchenfürsten, die Ketzerverfolgung in eigener Regie durchzuführen, war durch die Anwesenheit der Legaten die Wirkung genommen. Es lag in ihrer Hand, durch eine Meldung nach Rom über ein nicht ausreichend intensives Tätigwerden der Bischöfe deren Absetzung einzuleiten.[4]
Doch auch diese Überwachung brachte nicht den gewünschten Erfolg. Die Ketzersekten fanden weiterhin starken Zulauf. Daher und unter dem Eindruck der Ausschreitungen im Rahmen des Feldzuges gegen die Albigenser übertrug Gregor IX. die Inquisition den Dominikanern.
Die Albigenser waren eine den Katharern verwandte Sekte. Nach ihren Vorstellungen mußte es zwei Schöpfer geben, den des Guten für den Geist und den des Bösen für die Materie. Die Zweischöpfertheorie und die Nichtanwendung der Sakramente stellten die Hauptunterschiede zur römischen Kirche dar. Der Feldzug gegen die Albigenser begann unter Papst Innozenz III. (1198–1216), dessen Regierungsprogramm von dem Wunsch geprägt war, die vor allem in Südfrankreich immer weiter um sich greifenden Ketzerbewegungen auszurotten.[5]

4.1. Der Albigenserkreuzzug

Den Anlaß zu einem militärischen Einschreiten bot die Ermordung des päpstlichen Legaten Peter von Castelnau durch einen Gefolgsmann des Grafen Raimund VI. von Toulouse, des einflußreichsten nichtkirchlichen Herrschers. Raimund VI. hatte sich bisher erfolgreich gegen Ketzerverfolgungen in seinem Gebiet gewehrt.

Eine Fehde des Grafen von Toulouse gegen einige Landadelige des unteren Rhonetales suchte Peter von Castelnau mit Gewinn für die päpstliche Seite zu schlichten. Sein »Vermittlungsvorschlag« sah den Einmarsch der feindlichen Truppen in das Gebiet des Grafen vor. Allerdings sollte die Tätigkeit dieses Heeres auf die Ketzerjagd beschränkt bleiben. Raimund VI. hätte diesem Vorschlag wohl kaum zugestimmt, wäre nicht als weiterer »Anreiz« der Kirchenbann über ihn verhängt worden. Im Verlaufe eines heftigen Wortwechsels zwischen Legat und Graf geschah der Mord.

Innozenz III. beauftragte die Zisterzienser, zu einem Kreuzzug gegen die Ketzer in der Provence aufzurufen. Diesem Orden war bereits Jahre zuvor mit großem Erfolg die Werbung für die Kreuzfahrerheere übertragen worden. Der Feldzug gegen die Albigenser ließ nicht nur hinsichtlich der Zusammenstellung der Heere Parallelen zu einem Kreuzzug erkennen. In den Chroniken der Klöster wurden die Ritter regelmäßig als Pilger bezeichnet, wenn auch deren tatsächliches Verhalten mit diesem Prädikat alles andere als in Übereinstimmung stand. So hieß es nach der Erstürmung der Burg Lavaur:

> Hernach aber sammelten unsere Pilger die unzähligen Ketzer, welche im Schlosse vorhanden waren und verbrannten dieselben mit ungeheurer Freude.[6]

Darüber hinaus war es ebenso wie durch die Teilnahme an einem der traditionellen Kreuzzüge auch im Kampf gegen die Albigenser möglich, sich einen Ablaß zu erstreiten. Ausreichend für die Vergebung aller Sünden war die einmonatige Teilnahme an den Kämpfen. Als die Widerstände gegen die Kreuzzugsidee überall in Europa stärker wurden, konnte man sich den Ablaß bereits mit der Anwesenheit bei einer der Werbungspredigten verdienen.[7]

Die ungeheure Grausamkeit, mit der nicht nur gegen Albigenser, sondern ebenso gegen Katholiken vorgegangen wurde, führte zu einer Anzahl von Beschwerden, die bei Papst Innozenz III. eingingen. Vor allem dem militärischen Befehlshaber des

Kreuzzugsheeres Graf Simon von Montfort wurde vorgeworfen, für ihn sei der Kampf gegen die Albigenser nur ein Vorwand für eigene Eroberungen. Der Papst erinnerte Montfort, aber auch den geistlichen Führer des Heeres, den Nachfolger des ermordeten Legaten, Arnald Almarich an das in Verona beschlossene Vorgehen ausschließlich gegen die Ketzersekten. Es gelang ihm jedoch nicht, sich durchzusetzen.

Im Namen des Papstes wurde weiterhin wahllos geplündert und gemordet. 15 000 Tote in Béziers, größtenteils unter der Zivilbevölkerung, 10 000 Tote in der Diözese des Bischofs Fulco von Toulouse. Erst als der Graf von Montfort bei der Belagerung von Toulouse tödlich verwundet wurde, ging der Krieg innerhalb kürzester Zeit zu Ende.

Zwar war das ein Rückschlag im Kampf gegen die Ketzer, jedoch, wenn man so will, ein produktiver. In Rom wurden Vorschläge zur Reform des Inquisitionswesens ausgearbeitet. Vor allem mußte eine dem Papst direkt unterstellte Einrichtung geschaffen werden, damit sich eine Verschmelzung privater und kirchlicher Interessen nicht wiederholen konnte.

1232 wurden die Dominikaner mit der Wahrnehmung der Inquisition betraut. Jede Verleugnung der päpstlichen Autorität, eine sei es noch so geringe Abweichung von der offiziellen Kirchenlehre war als Abfall von der Kirche, als Abfall von Gott zu betrachten. Einzig denkbare Strafe konnte nur die Todesstrafe sein, vollzogen durch das Feuer.[8] Diese Angleichung der Ketzerei an das dem weltlichen Strafrecht entstammende Sonderverbrechen der Majestätsbeleidigung[9] schuf die Grundlagen, durch die die Abwendung vom Akkusationsprozeß zum Inquisitionsprozeß möglich wurde.

Die Neuordnung des Prozeßrechts wurde ergänzt durch die Abschaffung der Verfahrensgrundsätze von Öffentlichkeit und Mündlichkeit. Der Prozeßablauf war fortan schriftlich und geheim:

> Quod non est in acta, non est in mundo.

Die Anwendung der Folter, bisher nur bei der Aufklärung einiger Sonderverbrechen zulässig, wurde allgemein eingeführt und damit zugleich das Beweissystem des bis dahin geltenden Rechts untergraben. Die wichtigsten Beweismittel, das freie Geständnis des Schuldigen, der Reinigungseid des Unschuldigen, das Gottesurteil und schließlich auch die Zeugenaussagen hatten bis auf allerwenigste Ausnahmefälle ihre ursprünglich entscheidende Wirkung verloren. Der mehr als fragwürdige

Ersatz war das abgefolterte Geständnis. Die einschneidendste Änderung aber blieb der Verzicht auf eine ordnungsgemäße Anklage. Ein Grundsatz, der sich über viele Jahrhunderte, vom germanischen Rechtstag bis in die deutschen Volksrechte des Mittelalters hinein, erhalten hatte,

> wo kein Kläger, da kein Richter,

galt nicht mehr. Die Einführung des Inquisitionsprozesses bedeutete den endgültigen Bruch mit der bisherigen kirchlichen Rechtstradition und stand in krassem Widerspruch zu den deutschen Volksrechten.

4.2 Konrad von Marburg

Die ersten Prozesse nach diesem Muster erlitt Deutschland unter Konrad von Marburg, dem Beichtvater und Erzieher der später heiliggesprochenen Landgräfin Elisabeth von Thüringen. Konrad von Marburg, von Papst Gregor IX. zum Generalinquisitor für den gesamten deutschsprachigen Raum ernannt, begann seine Ketzerjagden im Elsaß und den Kurfürstentümern Mainz und Trier – zunächst noch im Einvernehmen mit den Erzbischöfen. Der Generalinquisitor konnte sich auch der Unterstützung durch Gerichte und Behörden sicher sein. Durch Verträge erhielten diese Institutionen die Hälfte des von den verurteilten Ketzern eingezogenen Vermögens. Die andere Hälfte wurde zugunsten der weiteren Ketzerverfolgung vom Inquisitor selbst in Anspruch genommen.

Die Zusammenarbeit mit den kirchlichen Stellen war jedoch nur von kurzer Dauer. Aufgeschreckt von der Tatsache, daß in den Verfahren nicht nur vermeintlichen Ketzern, sondern auch gläubigen Katholiken die unwahrscheinlichsten Geständnisse abgefoltert werden, richtet der Mainzer Bischof ein Schreiben an den Papst, als direkten Vorgesetzten des Generalinquisitors.

> Wer ihm in die Hände fiel, dem blieb nur die Wahl, entweder freiwillig zu bekennen und sich dadurch das Leben zu retten oder seine Unschuld zu beschwören und unmittelbar darauf verbrannt zu werden.
>
> Jedem falschen Zeugen wird geglaubt, rechtliche Verteidigung ist niemandem gestattet. Der Angeklagte mußte gestehen, daß er ein Ketzer sei, eine Kröte berührt, einen blassen Mann oder sonst ein Ungeheuer geküßt habe.
>
> Daher ließen viele Katholische sich lieber um ihres Leugnens willen unschuldig verbrennen, als daß sie so schändliche Verbrechen auf sich genommen hätten.

Die Schwächeren, um mit dem Leben davonzukommen, logen auf sich selbst und jeden beliebigen anderen, besonders Vornehme, deren Namen Konrad ihnen als verdächtig einredete.

So gab der Bruder den Bruder, die Frau den Mann, der Knecht den Herrn an.[10]

Innerhalb kurzer Zeit war eine Vielzahl von Verfahren durchgeführt worden. Dabei wurden die Prozesse oft unter Verwendung des gleichen ungesetzlichen Mittels in Gang gesetzt, mit dem man auch die Anwendung der Folter begründete, der Eisenprobe. Ein glühendes Eisenstück wurde dem Denunzierten auf die Handinnenfläche gelegt. Diese Form eines Gottesurteils war im Kirchenrecht seiner germanisch-heidnischen Abstammung wegen seit dem Beginn der Inquisitionsprozesse verboten. Brandspuren an der Hand des Beschuldigten stellten ein starkes Schuldindiz dar und rechtfertigten den Beginn des Prozesses. Und da die Schuld des Angeklagten bereits feststand, konnte sein Leugnen nur die Unwahrheit bedeuten. Die Wahrheit aber, und damit bewegte sich Konrad von Marburg wieder auf rechtlich abgesichertem Gebiet, durfte dem Gefangenen auch unter der Folter abgerungen werden.

Das schon vom Mainzer Bischof beschriebene Verlangen des Inquisitors, vor allem auch Adelige und reiche Bürger in seine Verfahren zu verstricken, denn nur diese Prozesse waren finanziell lohnend, wurde ihm schließlich zum Verhängnis. 1233 fand man ihn in der Nähe von Marburg – erschlagen.

Wie sich im Prozeß herausstellte, waren die Täter Adelige. Unter dem Druck der öffentlichen Meinung – im gleichen Jahr sprachen sich die deutschen Bischöfe auf der Synode in Mainz eindeutig gegen die Mönchsinquisition aus – wurden die Täter freigesprochen.[11] Die Beschlüsse der Synode schufen die Voraussetzungen für ein rasches Abebben der Inquisition in Deutschland. Die Pfarrer waren angehalten, den Mönchen in ihren Gemeinden die Predigten zu untersagen und sie auch so weit wie möglich von den übrigen geistlichen Funktionen fernzuhalten. Den Mönchen selbst

ward geboten, mehr in ihren Klöstern zu bleiben, sich nicht so viel in öffentlichen Geschäften herumzutreiben und sich nicht ferner in die geistliche Gerichtsbarkeit zu mischen.[12]

Für 250 Jahre blieb Deutschland nun weitgehend vom Greuel der Hexen- und Ketzerprozesse verschont, um dann, mit Erscheinen der Bulle »Summis desiderantes affectibus«, der Hexenbulle des Papstes Innozenz VIII. und des »Malleus maleficarum«, dem Hexenhammer der Inquisitoren Sprenger und Institoris um so mehr in den Mittelpunkt der Hexenverbrennungen zu rücken.

4.3 Die Ausrottung des Templerordens

Ehe jedoch die Wirkung der Hexenbulle und des Hexenhammers beschrieben werden, soll zunächst der Fortgang der Inquisition in Frankreich und die auch von dort ausgehende theoretische Ausbildung des Hexenwahns weiter verfolgt werden.
Der Prozeß, den der französische König Philipp IV., der Schöne, gegen die Mitglieder des Templerordens anstrengte, war zwar schon allein aufgrund seiner Dauer – sechs Jahre lagen zwischen Verhaftung und Urteilsverkündung – nicht mehr typisch für eines der zahllosen Inquisitionsverfahren. Er ist aber ein treffendes Beispiel dafür, daß es die Verfahrensregeln dem jeweiligen Herrscher möglich machten, sich der Inquisition zur Durchsetzung seiner politischen und wirtschaftlichen Interessen zu bedienen.

Die Templer oder Tempelherren waren ein nach dem ersten Kreuzzug gegründeter Ritterorden, dessen Hauptaufgabe es war, sich des Schutzes der nun zahlreich ins Heilige Land strömenden Pilger anzunehmen. Der Name geht zurück auf das erste Hauptquartier des Ordens im ehemaligen Tempelbezirk der Stadt Jerusalem. 1119 hatte Hugo von Payens die Bruderschaft zusammen mit sieben weiteren französischen Adeligen ins Leben gerufen, und bald darauf folgte die ordensmäßige Organisation. Die Mitglieder legten die mönchischen Gelübde der Armut, Keuschheit und des Gehorsams ab, und zum äußeren Zeichen ihrer Armut, aber auch zur Demonstration ihres Zusammengehörigkeitsgefühls, wurde während der ersten Jahre von jeweils zwei Tempelherren ein Reitpferd gemeinsam benutzt.[13]
Wie aber konnte es überhaupt zu einem Prozeß kommen, in dem die päpstlichen Inquisitoren siebenundfünfzig der ebenfalls dem Schutz des Papstes unterstehenden Templer zum Tode durch das Feuer verurteilten? Die kurze Antwort: durch politische Intrige; von Philipp dem Schönen zu dem einzigen Zweck in Gang gesetzt, sich das, da Kirchengut, abgabenfreie Vermögen des Ordens anzueignen.
Aus den Rittermönchen, die gerade zweihundert Jahre zuvor

mit dem Armutsgelübde ihr Desinteresse an weltlichen Gütern zum Ausdruck gebracht hatten, war innerhalb dieses Zeitraumes ein wichtiger wirtschaftspolitischer Faktor geworden. Die zum allergrößten Teil adeligen Mitglieder des Ordens hatten es sich im Laufe der Zeit zur Gewohnheit gemacht, Teile ihrer Liegenschaften und ihrer Vermögen in den Orden einzubringen, wohl auch mit dem Hintergedanken, man müsse ein Gegengewicht zu einer Königsgewalt schaffen, die gerade damit begonnen hatte, erste absolutistische Züge an den Tag zu legen.
Mit dem Abflauen der Kreuzzugsidee hatte der Orden auch sein eigentliches Betätigungsfeld, den Pilgerschutz vor Überfällen der Sarazenen, verloren, und so begann eine Verlagerung in den weltlichen Bereich. In Paris übernahmen die Templer die Verwaltung des königlichen Schatzes, einem Sondervermögen, das sich großteils aus den vom Klerus mit päpstlicher Zustimmung geleisteten Abgaben zusammensetzte und das der Kontrolle der Rechnungskammer entzogen war.[14] Dennoch sah die finanzielle Lage des Königs, insbesondere nach einer vernichtenden Niederlage des französischen Heeres gegen die Flamen (1302 bei Courtrai = Kortrijk) alles andere als gut aus.

König Philipp IV. und Papst Bonifatius VIII. hatten sich jahrelang erbittert bekämpft. Gegenseitige Vorwürfe und Anschuldigungen lösten einander ab. Der Papst entzog dem König mit der Bulle »Salvator mundi« das kurz zuvor gewährte Privileg, auch ohne jeweils ausdrückliche päpstliche Genehmigung den Klerus zu besteuern und zitierte Philipp mit der Bulle »Ausculta fili« nach Rom. Auf einer Reichsversammlung in Paris wird aus dieser Bulle der Vorläufer der Emser Depesche, eine bearbeitete Fassung wird unter dem Titel »Deum time« verlesen.[15] Der König hatte die empörte Reaktion der Abgeordneten richtig vorausgesehen.
Im Gegenzug ließ der König, auf Betreiben des Professors für römisches Recht, seines Ratgebers Wilhelm de Nogaret, den Papst in Italien verhaften, um ihn von einem allgemeinen Konzil verurteilen zu lassen. Wohl an den Folgen des durch dieses »Attentat von Anagni«[16] ausgelösten Schocks starb der 73jährige Papst nach seiner Befreiung vier Wochen später in Rom (Oktober 1303). Sein Nachfolger begann mit dem Abbau der Spannungen, und schon im Juni 1305 wurde der Sieg des französischen Königs über die Idee des päpstlichen Autoritätsanspruches auch gegenüber dem weltlichen Herrscher manifestiert.

Der Erzbischof von Bordeaux, Bertrand de Grot, wurde nach elfmonatiger Beratung und gerade mit der erforderlichen Zweidrittelmehrheit als Clemens V. zum Papst gewählt.
So sahen es dann nicht nur seine Gegner unter den Kardinälen als Omen für den Ausbruch einer schlechten Zeit an, als beim Krönungsumzug in Lyon eine Mauer einstürzte und mehrere Menschen unter sich begrub, der Papst selbst vom Pferd fiel und dabei der kostbarste Stein aus der Tiara verlorenging.[17] Philipp der Schöne drohte weiterhin, noch gegen den toten Bonifatius, mit einem Ketzerverfahren[18], und Clemens V. begründete, um aus nächster Nähe das Schlimmste zu verhindern, das Exil der Päpste in Avignon. Insgesamt eine günstige Konstellation für ein Vorgehen gegen die Tempelherren.
Noch im gleichen Jahr wurden die Templer durch einen Adeligen der Häresie und der Unzucht beschuldigt. Nach den Regeln des Inquisitionsverfahrens wurde den Rittern der eigentliche Prozeßurheber de Floyran nie bekannt. Seine Angaben waren für den König jedoch Grund genug, in einer großangelegten und bestens organisierten Aktion am 13. 10. 1307 ungefähr zweitausend französische Tempelritter verhaften zu lassen und die Einziehung ihrer Güter anzuordnen.
Zwei Jahre später begann ein Mammutsprozeß gegen die führenden und einflußreichsten Köpfe der Vereinigung. Kurz vor Verkündung der 57 Todesurteile hob Clemens V. auf dem Konzil von Vienne den Orden auf, da er seine Existenzberechtigung verloren habe und seine Mitglieder sich der Häresie schuldig gemacht hätten.
Gerade dieser Beschluß war das beste Beispiel für den Einfluß des französischen Königs auf Papst und Kirche. Denn wie sonst hätte Philipp der Schöne die Nichtzulassung einer ordnungsgemäßen Verteidigung des Ordens durchsetzen können, obwohl sich eine Mehrheit von vier Fünfteln der anwesenden Bischöfe dafür ausgesprochen hatte.
Das Konzil von Vienne war hauptsächlich des Templerprozesses wegen einberufen worden und entwickelte sich zu einem wahren Kuhhandel, während dessen Verlauf der Papst sich Schritt um Schritt von einer Verteidigung des Ordens zurückzog. Zunächst gelang es ihm, das Vier-Fünftel-Votum zu umgehen, genötigt allerdings durch den französischen Gesandten Enguerran de Marigny, der sich des schon fast zur Gewohnheit gewordenen Druckmittels eines nachträglichen Prozesses gegen Bonifatius VIII. bediente. Clemens V. sprach die Aufhebung des Ordens

auf dem Verwaltungswege aus,[19] was ihn davor bewahrte, einzelne Ritter wegen der ihnen vorgeworfenen Vergehen aus dem Orden auszuschließen, dann gezwungen zu sein, ihnen eine ordentliche Verteidigung zu gewähren und sich so den »starken Ingrimm«[20] des Königs zuzuziehen. Eine andere Möglichkeit aber stand ihm schon gar nicht mehr offen. Längst hatten ihn die vollzogenen Fakten in Zugzwang gesetzt.

Bereits kurz nach ihrer Verhaftung waren die Templer der Folter unterworfen worden, und man hatte ihnen die gewünschten Geständnisse abgefoltert. Die Anbetung des Götzen Baphometh, die gleichgeschlechtliche Unzucht und die Aussage, sie seien vereidigte Mitglieder einer satanischen Weltverschwörung.[21] Der Großmeister des Ordens, Jakob de Molay, war einer der ersten, die ein Geständnis ablegten, und von ihm stammt auch ein Rundschreiben, in dem er seine Mitbrüder ebenfalls dazu auffordert.

Auch diese Geständnisse wurden Gegenstand der Geheimverhandlungen in Vienne. Um wenigstens die Leben der Verhafteten zu retten, setzte der Papst die Einberufung von Diözesankommissionen durch, deren Aufgabe es war, Geständnisse zu erzwingen und deren Widerruf mit der Androhung des Feuertodes zu verhindern. Unter diesen Umständen wäre eine Verurteilung zu lebenslangem Kerker möglich gewesen. Um den immer häufiger werdenden Widerrufen mit einem Abschreckungseffekt entgegenzutreten, ließ der Erzbischof von Sens, ein Bruder des verhandlungführenden Gesandten, an einem Tage vierundfünfzig Tempelherren verbrennen. Das war im Mai 1310, geradezu ein Spiegelbild des Prozeßendes im Jahre 1313. Vor Notre Dame in Paris sollten die letzten siebenundfünfzig der Ritter, unter ihnen der Großmeister, ihre Geständnisse wiederholen und den ausgehandelten Urteilsspruch entgegennehmen. Sie weigerten sich, widerriefen und wurden verbrannt.

Der Kampf um das Erbe begann.

Wieder Verhandlungen, die diesmal mit einem Sieg des Papstes endeten, scheinbar. Das große Vermögen wurde dem Orden der Hospitaliter zugesprochen. Philipp der Schöne jedoch, der den Prozeß aufgrund finanzieller Erwägungen in Gang gesetzt hatte, präsentierte die Prozeßkostenrechnung, die, da eine Verurteilung ausgesprochen war, von den Erben beziehungsweise aus dem Ordensvermögen zu zahlen war. Diese Rechnung nun war fast identisch mit dem Gesamtvermögen der Templer, Grund- und Festungsbesitz inbegriffen.

Daß Philipp IV. die Ausrottung des Ordens aus religiösen Gründen betreiben ließ, wird auch dadurch unwahrscheinlich, daß er zur gleichen Zeit, als er sich der Inquisition gegen die Templer bediente, die Rechte der Inquisitoren in Südfrankreich einschränkte und die Freilassung von Gefangenen anordnete.[22]
Als sowohl Philipp der Schöne wie auch Clemens V. im folgenden Jahr starben, entstand die Sage, daß der Großmeister des Templerordens, Jakob von Molay, beide noch vom Scheiterhaufen aus vor das Gericht Gottes geladen habe.
Zur Abrundung der Geschehnisse sei noch erwähnt, daß auch de Marigny, den wir als Gesandten in Vienne kennenlernten, ein Justizopfer des Zeitaberglaubens wurde. Er habe den Tod des noch jungen Königs durch verbotene Schwarzkunst verursacht, hieß es in der Begründung des Todesurteils.
Die Bedeutung dieses Prozesses auf dem Weg vom Inquisitionsverfahren zum Hexenprozeß liegt in der Tatsache begründet, daß hier von der Anklage zum erstenmal das Bild des Dämonen- oder Hexensabbats ausgeformt wurde, das sich später mit seinen ganzen Begleiterscheinungen (Flug, Mahl, Eid, Unzucht, Schadenzauber) zum eigentlichen Kernstück des Hexenprozesses entwickelte.

4.4 Nicolaus Jacquier: die »Ketzergeißel«

Die Jahre 1458 und 1459 bedeuteten für Frankreich den letzten Höhepunkt, gleichzeitig aber auch das vorläufige Ende des Ketzer-, inzwischen kann man schon sagen des Hexenwahnes.
Der Dominikaner Nicolaus Jacquier, Führer der Inquisition in Nordfrankreich, war der erste, der die Brücke von der Ketzerei zur Hexerei in einer allgemein beachteten Schrift schlug. Seine »Ketzergeißel« (Flagellum haereticorum fascinariorum, wörtlich: Geißel der ketzerischen Banden) startet in den traditionellen Bahnen des schon aus dem Templerprozeß bekannten Teufelskultes, der Anbetung des Teufels und der Feier sexueller Orgien. Hauptaufgabe der teuflischen Vereinigung sei die Bekämpfung des allein seligmachenden katholischen Glaubens. Daher werde die Verleugnung des Glaubens auch nur von den Christen gefordert, nicht aber von Mohammedanern oder Juden.[23]
Dann aber folgte die entscheidende Ausweitung, die Abkehr vom Bild der bisher nur antikirchlichen Einstellung der Ketzer

zu einer allgemein Schaden stiftenden neuen Zaubersekte. Während oder nach der Anbetung des Teufels erhielten die Zauberer ihre Mittel, mit denen sie

> Krankheiten, Sterben unter Menschen und Tieren, männliches Unvermögen und weibliche Unfruchtbarkeit, Verderben der Saaten und anderer zeitlicher Güter[24]

hervorrufen könnten. Jacquier war sich der Neuheit seiner Ideen wohl bewußt, wenn er schrieb, die Zauberer seien erst in »modernis temporibus« zum ersten Male aufgetreten. Die ungeheuren Auswirkungen, die sein Werk vor allem auch in Deutschland haben sollte, hat er jedoch nicht einmal auch nur andeutungsweise absehen können. Er hatte die Möglichkeit aufgezeigt, die Ketzer auch wegen eines Schadenzaubers verurteilen zu lassen, und gerade eine Schadensverursachung war nach deutschem Recht unabdingbare Voraussetzung für ein Todesurteil.

Jacquier zeichnete auch verantwortlich für die Beschreibung eines prozessualen Hilfsmittels, das den Hexenrichtern schon vor Verhandlungsbeginn ein starkes Indiz für die Schuld des Angeklagten geben konnte, des Hexenmals, des stigma diabolicum. Wenn eine Hexe zum erstenmal an einem Hexensabbat teilnahm, verlangte der Teufel von ihr neben der Abschwörung Gottes einen Treue- und Gehorsamseid.

Nach der Reformation machte selbst der Teufel feine Unterschiede zwischen katholischen und protestantischen Hexenanwärtern. Die katholischen Hexen schworen:

> Ich fasse an diesen weißen Rock
> und verleugne Mariäs Sohn und Gott,

die protestantischen:

> Ich stehe hier auf dem Mist
> und verleugne Jesum Christ.[25]

Daraufhin drückte der Teufel mit seiner linken Klaue der Hexe ein Zeichen ein, das sich als Muttermal oder Warze auswuchs, völlig schmerzunempfindlich wurde und blutleer blieb. Auf dieser Theorie baute die später einheitlich durchgeführte Nadelprobe auf.

Doch auch schon zu Jacquiers Zeiten gab es einige wenige, dazu meist erfolglose Versuche, sich dem nun sprunghaft steigenden Wahn entgegenzusetzen.

Die Macht von Hexenjägern und Inquisitoren hatte in Frankreich gerade einen ihrer Höhepunkte erreicht, so daß offene Kritik der Selbstaufgabe gleichkam. Der Benediktiner Guillaume Edelin hatte es in einer Predigt gewagt, Hexensabbat, Zauber- und Flugfähigkeit als Produkt der Phantasie hinzustellen. In einem langen Prozeß brachte man ihn dazu, seine Verbrechen öffentlich und freiwillig zu gestehen. Er habe selbst und körperlich an einem Hexensabbat teilgenommen und dabei das Kreuz Christi und seinen Glauben verleugnet. Mit diesem Bekenntnis rettete er sich vom Feuertode zu lebenslangem Kerker.

Den entscheidenden Nutzen aus dem Geständnis zogen jedoch die Inquisitoren, denen gar nicht daran gelegen war, ein weiteres unbeachtetes Todesurteil zu vollstrecken. Mit dem Geständnis konnten sie der Beweiskette von der Existenz des Teufels ein weiteres Glied hinzufügen, denn, so ließen sie Edelin aussagen, er habe seine Bedenken im Auftrag des Teufels und nur zu dem Zweck geäußert, ein Nachlassen der Verfolgungen zu erreichen, um so dem Satan und seinen Hexen eine freiere Hand zu schaffen.[26] Mit dem hier zum erstenmal angewandten Muster, Gegner der Verfolgungen als Förderer der Teufelsmacht einzustufen, hatten sich in der Folge alle Gegner des Wahns auseinanderzusetzen. Gut einhundert Jahre später war es Bodin, der den Arzt Johann Weyer, einen der ersten erfolgreichen Autoren in der Auseinandersetzung mit dem Hexenglauben, als einen

> Beschirmer der Hexen, ein leichtfertiges Schwindelhirn und für den Galgen reif[27]

bezeichnet, späte Auswirkungen der »Ketzergeißel«. Als Jacquiers Werk nämlich 1458 fertiggestellt war, hatte der Autor das Geständnis Edelins mitveröffentlicht und zugleich die Drohung ausgesprochen, daß man alle Unbelehrbaren zu einer ähnlichen Selbstbeschuldigung zwingen werde.[28]

Jacquiers Schrift war auch als Anleitungsbuch für Hexenrichter und Inquisitoren gedacht. Er machte sich die Mühe, die von Angeklagten immer wieder vorgetragenen Einwände und Schutzbehauptungen zusammenzustellen.

> Sehr viele Menschen erklären, daß der Teufelssabbat nur ein täuschender Traum sei. Andere Leute, die den Zauberflug zum Ketzersabbat nicht in Abrede stellen wollen, erheben den Einwand, der Teufel könne den versammelten Spießgesellen dort auch Trugbilder von unschuldigen und nichtsahnenden Personen vorgaukeln, die in Wirklichkeit gar nicht zugegen seien.
>
> Und deshalb sei die Anzeige eines Angeklagten, daß er diesen oder jenen Bekannten auf dem Teufelssabbat gesehen habe, nicht beweiskräftig.[29]

Er zeichnet den Richtern aber auch die Widerlegung dieser Verteidigung vor. Denn, so gab er zu, ließe man die Einwände gelten, so wäre ein allgemeines Ende der Prozesse bald abzusehen. Dem Einwand eines Angeklagten, der Teufel habe den

Personen, die ihn auf dem Hexensabbat gesehen haben wollen, nur ein Scheinbild vorgegaukelt, könne der Richter leicht begegnen. Er brauche nur die Behauptung aufzustellen, dies habe der Teufel nur mit Erlaubnis Gottes tun können. Damit wurde die Beweislast vom Gericht auf den Angeklagten verlagert. Einen solchen Beweis könne der Angeklagte aber nicht erbringen,

weil er nicht dem Rate Gottes beigewohnt hat[30].

Wie sehr diese Überlegungen später immer wieder auch in deutsche Prozesse Eingang gefunden haben, zeigt der folgende Aktenauszug:

In Trier war der Schöffe Nikolaus Fiedler mehrfach von früher Hingerichteten als Teilnehmer an einem Hexensabbat bezeichnet worden. Er wurde verhaftet und sagte während der dritten Folterung aus, daß er tatsächlich und persönlich an einem Hexensabbat teilgenommen habe. Eine Aussage zu Lasten anderer dabei Anwesender, insbesondere zu Lasten des ebenfalls verdächtigten Bürgermeisters Kesten, wollte Fiedler vermeiden. Treffpunkt dieses Hexentanzes war die Hetzerather Heide in der Nähe von Trier.

Im Jar Thausent fünff hondert und ein und neuntig, uff dingstag den Zwanzigstenn Augusti ...

(Vom Richter) Erinnert eß werde also nit Zugegangen sein, soll die Wahrheit sagenn: ...

(Fiedler) Uff hetzroder Hayden mueßen sie alle Fronfastenn Zusamen Komen, und sei einmall uff einem Bock dahin Komen, und darbey gewessenn.

Es weren daßmall nit uber Zehen personen daselbst gewessen, geschehe obent dem Creutz uff hetzroder heidenn, uff der Rechter Handtt, er halts davuur er sei CORPORALITER daselbst gewesenn, ob aber Kestenn unnd andere IN CORPORE darbei gewessen sei Ime Unbewust, unnd beschwerdt sich, Ime Kestenn eß Inss Ahngesicht Zusagenn.

Mit Jacquiers Werk konnte das theoretische Gebäude des Hexenwahns in seinen Grundlagen als vollendet betrachtet werden. Dennoch gelang es der »Ketzergeißel« nie, sich in der Praxis in etwa dem Maße durchzusetzen wie der »Hexenhammer« (Malleus maleficarum) der Dominikaner Institoris und Sprenger. Der Hexenhammer wurde, da unwissenschaftlicher und durchsetzt mit Verhöranleitungen und Fallbeschreibungen, der Gebrauchskommentar der Richter.

Für die Wissenschaft galt nun: Wem es gelingen sollte, Jacquier zu widerlegen, der konnte den Grundstein zur Beendigung des Wahns legen. Doch bis zu Christian Thomasius war noch eine lange Zeit.

Fast ein Jahrhundert lang sollte Jacquier im wesentlichen unwidersprochen bleiben.

4.5 Die Prozesse von Arras

Ein Jahr nach der Veröffentlichung der »Ketzergeißel« kam es in Arras zu einer Anzahl von Prozessen, in denen die Angeklagten zwar noch als Ketzer bezeichnet wurden, die ihnen gemachten Vorwürfe jedoch weitgehend identisch waren mit denjenigen späterer, auch ausdrücklich so genannter Hexenprozesse. Die Prozesse von Arras sind in mehrfacher Hinsicht erwähnenswert.

Zunächst ist die teilweise sogar wörtliche Übereinstimmung der Verhandlungsprotokolle mit den Formulierungen Jacquiers auffallend. Erinnern wir uns an den von Jacquier vorgetragenen Einwand mancher Angeklagter, daß der Teufel Schein- oder Trugbilder von Personen auf einem Hexensabbat vorspiegeln könne. Die entsprechende Stelle aus einem der Protokolle:

> Darum, wer Beispiel erbringen will, daß der Teufel fälschliche Erscheinungen von Menschen auf den Hexenversammlungen vorgaukelt, der ist ein dummer Mann und kann in dieser Sache besser schweigen.
>
> Wer kann also das Gegenteil behaupten, es sei denn, er sei selber von der Sekte oder es sei ihm offenbart worden? Auch ist nicht anzunehmen, daß Gott zulassen würde, daß der Teufel Unschuldige auf dem Sabbat vorgaukelte, so daß diese gestraft würden, als wären sie von der Sekte.
>
> In einem solchen Falle, wenn man dies für möglich hielte, darf man fromm glauben, daß Gott so etwas den Richtern offenbaren würde oder sie durch Eingebung auf die Wahrheit aufmerksam machen würde, damit kein Unschuldiger als schuldig gestraft würde.[31]

In Arras trat zum ersten Male auch in großem Stil die immer wieder zwangsläufige Folge neuer Prozesse durch abgefolterte Denunziation zutage. Das Beispiel Arras wurde zum Vorbild für die auf diesem Prinzip beruhenden großen periodischen Verfolgungen in Deutschland, 1583 in Osnabrück und Straßburg, Trier um 1590, Fulda um 1605 und Köln, Würzburg, Bamberg um 1630, um nur einige von vielen zu nennen.

Unerwartet kam es in Arras auch zum Ende der Prozeßwelle. Der wachsende Widerstand kirchlicher und staatlicher Stellen veranlaßte das Pariser Obergericht – wenngleich erst nach Vollstreckung der Todesurteile – zur Rehabilitation der Hingerichteten. Herzog und Bischof wurden zur Rückerstattung der Pro-

zeßkosten verpflichtet und zusätzlich zu einer Geldstrafe verurteilt.
Wegen Vernachlässigung der Rechts- und Fachaufsicht würde man in heutiger Terminologie sagen, denn weder Bischof noch Herzog konnten als Urheber der Prozesse angesehen werden. Im Gegenteil, beide hatten Schritte gegen eine allzu blinde Verfolgungswut unternommen.
So hatte Herzog Philipp von Burgund eine Theologenkonferenz nach Brüssel einberufen, die sich auf eine sofortige Einstellung weiterer Verhaftungen einigte[32] und der zur Zeit der Prozesse in Rom weilende Bischof hatte die Freilassung einzelner Gefangener verfügt[33].
Dies war jedoch nach Ansicht der Pariser Richter nicht ausreichend gewesen, und nur halbherzig dazu, denn beiden brachte jede Verurteilung einen oft erheblichen Vermögenszuwachs. Grund und Boden der Verurteilten fielen dem Herzog zu, das sonstige Vermögen dem Bischof.
Ohne die bedingungslose Befolgung des Denunziationsprinzips hätte die nun folgende Prozeßwelle nie über Arras hereinbrechen können. Daß es überhaupt dazu kam, beruhte entweder auf einem Zufall oder kann als beängstigendes Dokument für die Organisation der Inquisition in Frankreich angesehen werden.
In Langres, gut 350 km entfernt und nicht mehr im Territorium des Inquisitors von Arras gelegen, hatte man den Einsiedler Robinet de Vaux als Ketzer verbrannt und ihm den Namen einer Frau aus der Nähe von Arras, Deniselle von Douay, abgefoltert.[34] Diese Akten gerieten in die Hände des für Arras zuständigen Inquisitors Pierre le Broussart. Broussart und der als fanatischer Ketzerjäger verschriene Weihbischof von Arras – ihm wird der Ausspruch in den Mund gelegt, ein Drittel aller Christen gehöre bereits zur Sekte der Ketzer – nutzten die Abwesenheit des Bischofs zu einer immer weiter um sich greifenden Hexenjagd.
Die beschuldigte Deniselle wurde verhaftet. Trotz starker Folter gelang es dem Inquisitor nur, einen weiteren Namen herauszupressen, den des schwachsinnigen Malers Jean Lavite. Die Tatsache, daß es in Arras eine lange Zeit brauchte, bis der Stein endlich ins Rollen kam, d. h. bis einmal mehr als ein Name von einem Angeklagten genannt wurde, nahm die Inquisition als Zeichen dafür, daß eine solche Aussage auch der Wahrheit entsprechen mußte. Die Zauberketzer, so heißt es in den Akten

sind sehr verschlossen und beschuldigen sehr unwillig und nur wenige, so daß keine Gefahr bestehe, daß etwa Unschuldige aus Furcht oder Haß angegeben würden. Unter diesem Gesichtspunkt wurden in Arras, entgegen der bisher üblichen Praxis, auch Personen verbrannt, die kein Geständnis abgelegt hatten und gegen die außer der einmaligen Denunziation keine weiteren belastenden Zeugenaussagen angeführt werden konnten.

So weit ging man bei den späteren Hexenprozessen in Deutschland nur in wenigen Ausnahmefällen. Hier wurde wenigstens formell der Gerechtigkeit Genüge getan, indem man Angeklagten durch immer stärkere Grade der Folter ein Geständnis abpreßte oder sie, allerdings selten, Zeugen gegenüberstellte. Die Überlegungen, aus denen heraus man eine Gegenüberstellung vermeiden wollte, beschrieb der Hexenkommissar des Erzbistums Köln 1634 Heinrich Schultheiß in seiner »Ausführliche(n) Instruction, wie man in Inquisitionssachen des grewlichen Lasters der Zauberei ohne Gefahr der Unschuldigen zu prozediren« habe.

Ich habe oft welche befragt und foltern lassen, die zähnefletschend und mit schrecklichen haßerfüllten Augen diese Worte ausstießen: Wissete ich wer oder welche mich besagt (= angeschuldigt, denunziert) haben, der Teuffel soll die ihrige holen.[35]

Man wollte die Zeugen also vor der Rache der Hexen schützen.

Aber nicht einmal diese formale Gerechtigkeit wurde in Arras geübt. Im Rahmen eines öffentlichen Schauprozesses verlas der Inquisitor die Anklage:

Sie reiten auf gesalbten Stöcken durch die Luft zum Hexensabbat, speisen da, huldigen dem als Bock, Hund, Affe oder Mensch erscheinenden Teufel durch obszöne Küsse und durch Opfer, beten ihn an und ergeben ihm ihre Seelen, treten das Kreuz, speien darauf und verhöhnen Gott und Christus; nach der Mahlzeit treiben sie untereinander und mit dem Teufel, der bald die Gestalt eines Mannes, bald die eines Weibes annimmt, die abscheulichste Unzucht.

Der entgegen sonstiger Gewohnheit öffentlichen Verhandlung war ein geheimes Verhör aber bereits vorausgegangen, und dabei war es zu den Verstößen gegen Verfahrensvorschriften gekommen, die im Wiederaufnahmeverfahren vor dem Pariser Parlament so scharf kritisiert wurden. Wie sich dort herausstellte, waren die Geständnisse in der geheimen Untersuchung ausgehandelt worden. Den Angeklagten war, für den Fall des öffentlichen Bekenntnisses ihrer Verbrechen, zugesagt worden, daß man sie nicht dem weltlichen Gericht übergeben und es bei der Verhängung einer leichten Kirchenbuße belassen würde, etwa einer unter Fasten durchgeführten Pilgerfahrt. Abredewidrig wurde der Großteil der Angeklagten an die herzoglichen Gerichte ausgeliefert, die unter Zugrundelegung der Geständnisse mindestens achtzehn Todesurteile aussprachen, die auch vollstreckt wurden. Und das, obwohl einige der Angeklagten auf die nichteingehaltenen Zusicherungen hinwiesen und ihre Geständnisse widerriefen.

Der Widerruf eines Geständnisses aber konnte die Lage eines Angeklagten nur verschlimmern. Dann nämlich wurde die Folter üblicherweise solange wiederholt, mitunter auch verstärkt, bis die ursprüngliche Aussage wiederhergestellt worden war. Versuchte ein Angeklagter seinen Fall in die Öffentlichkeit zu tragen, was an sich nur auf dem Weg vom Kerker zur Hinrichtungsstätte möglich war, und widerrief in dieser Situation, galt die Regel

> ein Sterbender ist oft verwirrt und seiner nicht Herr.[36]

Doch dazu kam es kaum einmal. Meist war die Furcht vor der erneuten Folter stärker als die Hoffnung, durch einen Widerruf doch noch etwas erreichen zu können. Johann Georg Gödelmann, Jurist aus Rostock, teilte einen Fall aus der Zeit um 1580 mit, in dem eine nach Durchführung der ersten Folter geständige Frau ihren Beichtvater bat,

> er wölle ihr unschuldt allererst nach ihrem Todt offenbaren, dann so es zuvor würde geschehen, befürchtete sie sich, daß sie wieder möchte gepeinigt werden, dann sie könnte solche Marter nicht ausstehen, viel lieber wollte sie sterben[37].

Gleiches galt für die Angeklagten in Arras. Wer sein Geständnis widerrief, hatte von vornherein die so schon geringe Chance verspielt, der Überweisung an ein weltliches Gericht zu entgehen.

> ... dann macht er sich der Gnade und Barmherzigkeit der Kirche unwürdig, besonders wenn er sich verweigert in Reue seinen Widerruf zurückzuziehen. Dann ist er ein verstockter Ketzer und verdient ohne Erbarmen dem weltlichen Gericht überantwortet zu werden ...
>
> Die Richter sollen sich also von diesem Widerruf nicht beirren lassen; das erste, ratifizierte Geständnis bleibt in Kraft, sonst könnte man nie ein festes und sicheres Urteil über sie haben und könnte man gegen die Denunzierten nicht gerichtlich vorgehen und würden alle am Ende widerrufen und würde keiner bestraft werden.[38]

Doch wurden im Rahmen der Prozesse in Arras, die man weder eindeutig als Ketzerprozesse, ebenso uneindeutig aber schon als

Hexenprozesse einstufen kann, auch eine Reihe anderer Strafen ausgesprochen und sogar Freisprüche verkündet. Wer dem Gericht keine Schwierigkeiten machte, konnte zu Kerkerhaft und Geldstrafen verurteilt werden, »weil der gutwillig gestanden hatte«[39].

1491, dreißig Jahre nach Beendigung der Prozesse wurden die Verurteilten durch eine Entscheidung des Pariser Gerichtshofes rehabilitiert.

Ein Erbe aber hatten diese Prozesse hinterlassen: durch sie wurden Verhandlungen nach dem Denunziationsprinzip rechtsfähig.

5 Die Hexenbulle: Summis desiderantes affectibus

Mit Datum vom 5. Dezember 1484 unterzeichnete Papst Innozenz VIII. eine Bulle, die sich gegen den Widerstand richtete, der

> seinen geliebten Söhnen Heinrich Institoris und Jakob Sprenger

in Deutschland entgegengebracht wurde. Seitdem der erste deutsche Inquisitor, Konrad von Marburg, den Versuch einer Ausweitung der Inquisitionsverfahren mit dem Leben bezahlen mußte, war es in Deutschland, wenn man die Zahl der hier durchgeführten Inquisitionsverfahren mit denen der Nachbarländer – insbesondere Frankreichs – vergleicht, relativ ruhig geblieben.

Von obigem Datum an wurde dies zunehmend anders. Schon zehn Jahre zuvor war Heinrich Institoris das Amt eines Inquisitors übertragen worden, nicht wie sonst üblich mit der Beschränkung auf einen bestimmten Bezirk, sondern mit der Weisung, es

> überall da auszuüben, wo kein anderer Inquisitor tätig ist, oder wo es ihm beliebt[1].

Diese Auszeichnung war wohl Teil einer Wiedergutmachung für eine etwa einjährige Gefängnisstrafe, die eine Vollversammlung des Ordens in Basel (1473) über ihn verhängt hatte. Heinrich Institoris war einer der entschiedensten Kämpfer jener Zeit für die Vormachtstellung des Papstes gegenüber dem Kaiser im Sinne der Kurialen Zweischwertertheorie. Nur, dieser Streit war längst ausgestanden, und trotzdem hatte Institoris sich in einer Predigt geringschätzig über Kaiser Friedrich III. geäußert. Um es in dieser Frage nicht erneut zu einer Kontroverse Kaiser – Papst kommen zu lassen, hatte ihn sein Orden vorsorglich aus der Schußlinie genommen.

Daß man seinen Bezirk als Inquisitor nicht begrenzt hatte, war aber wohl doch nur zur Hervorhebung seiner Person gegenüber den weltlichen Behörden gedacht. Stillschweigend war man davon ausgegangen, daß sich diese Ermächtigung nur auf Oberdeutschland bis etwa auf die Höhe von Köln beziehen sollte, denn spätere Aufzeichnungen bezeichnen ihn als

> Mag(ister) Henricus Institoris, inquisitor in provincia Theutonie[2].

Nach seiner Promotion zum Doktor der Theologie in Rom kehrte er mit einer Vollmacht von Papst Sixtus IV. nach Deutschland zurück. Der Papst hatte ihn beauftragt, mehrere wegen Veruntreuung exkommunizierte Kollektoren von Ablaßgeldern loszusprechen, und dabei war Institoris selbst den weltlichen, sprich geldlichen Versuchungen erlegen. Mehrfach hatte er größere Beträge des der Kirche aus dem Ablaßgeschäft zugeflossenen Geldes unterschlagen, sich aber so ungeschickt angestellt, daß der Papst den Bischof von Augsburg mit der Festnahme des Inquisitors beauftragte. Als eifriger Bekämpfer gewisser reformistischer Bestrebungen innerhalb der römischen Kirche gewann er das Vertrauen des Papstes jedoch zurück, beschränkte sich in der Folgezeit aber auf seine Tätigkeit als Inquisitor.

In wesentlich geraderen Bahnen verlief die Karriere Jakob Sprengers. Nach seiner Versetzung von Basel in das Dominikanerkloster Köln wurde er Lektor der Theologie, mit fünfunddreißig Jahren Prior des Klosters (1472), promovierte kurz darauf zum Dr. theol. und wurde Professor an der Universität Köln, 1480 Dekan der theologischen Fakultät. Ein Jahr später erfolgte seine Ernennung zum Inquisitor für die Erzbistümer Köln, Mainz und Trier.[3]

Vom Beginn ihrer inquisitorischen Tätigkeit an sahen sich beide einem erheblichen Widerstand kirchlicher und staatlicher Stellen gegenüber. Trotz einer ordnungsgemäßen Ernennung durch den Ordensgeneral machte man ihnen häufig den Vorwurf mangelnder richterlicher Kompetenz. Gegen diese »Besserwisser« wandte sich Innozenz VIII. mit seiner Bulle in besonderem Maße, gegen diejenigen,

> die mehr wissen wollen als ihnen zusteht[4],

gegen

> einige vorwitzige Kleriker, die hartnäckig behaupten, dieses Verbrechen solle leicht gestraft werden[5].

Und um dem offensichtlich auch weiterhin erwarteten Widerstand entgegenzutreten, wurde am Ende der Bulle das ausdrückliche Gebot ausgesprochen, daß niemand zu einer, wie auch immer gearteten, Kritik an dieser Erklärung ansetzen dürfe.

> Sollte jemand dennoch . . . in leichtfertigem Wagnis . . . einen solchen Versuch unternehmen, so wisse er, daß der Zorn des allmächtigen Gottes . . . über ihn kommen wird.[6]

Sprenger und Institoris hatten ihr Ziel erreicht. Neben ihrem Ordensauftrag konnten sie nun ihre Sache, unterstützt durch die

Autorität des Papstes, vorantreiben. Ein weiterer günstiger Umstand, ein Zufall, wenn man so will, kam ihnen zu Hilfe. Während es bisher üblich war, die Bullen handschriftlich zu vervielfältigen, war dies die erste gedruckte Bulle.[7]

Ob man in ihr eine Entscheidung »ex cathedra« sieht, also eine vom Papst in seiner Stellung als oberster Hirte und Lehrer kraft seines apostolischen Amtes erlassene, alle Katholiken verpflichtende Glaubensentscheidung, oder bloß eine örtliche Zuständigkeitsregelung, ist, wenn man die Bulle von ihren Auswirkungen her betrachtet, völlig nebensächlich. Die persönliche Verantwortung des Papstes ist vor allem in der Kritiklosigkeit zu sehen, mit der er die ihm von Sprenger und Institoris überbrachten Schauermeldungen über das Hexenwesen in Deutschland als Tatsache hinnahm. Allerdings hatten die Inquisitoren ihr Vorhaben taktisch klug vorbereitet.

In ihren Meldungen gaben sie vor, von einigen der von ihnen gefolterten Frauen über die Existenz einer riesigen Ketzersekte in Deutschland unterrichtet worden zu sein. Obwohl diese im Elsaß und im Bodenseegebiet durchgeführten Prozesse schon alle Merkmale der späteren Hexenprozesse aufwiesen, hatten sie diese Bezeichnung wohlweislich vermieden, denn Innozenz VIII. war als engagierter Ketzerjäger bekannt und seine Reaktion auf die »riesige Ketzersekte« vorausberechenbar.

Folgerichtig beklagte auch die Bulle »Summis desiderantes«, ganz in der Tradition ihrer Vorgängerinnen zur Ketzerfrage – mit teilweise wörtlichen Übernahmen – zunächst nichts anderes als den gemeldeten Glaubensabfall.

> Mit dem sehnsüchtigsten Verlangen wünschen wir, daß sich, zumal in unseren Zeiten, der katholische Glaube überall mehre und erstarke, und daß jede ketzerische Verworfenheit aus den Grenzen der Gläubigen vertrieben werde.
>
> Aus diesem Grunde wird von uns von neuem all das unterstützt, wodurch dieser unser frommer Wunsch verwirklicht werden kann.

Nach dieser Eingangsformel folgte dann mit der ersten, nahezu vollständigen Aufzählung aller den Hexen vorgeworfenen Verbrechen der Teil, dem die Bulle ihren Namen »Hexenbulle« verdankt.

> Nicht ohne übergroße Kümmernis kam uns neulich zu Ohren, daß in einigen Teilen Oberdeutschlands und ebenso in den Diözesen und Provinzen von Mainz, Köln, Trier, Salzburg und Bremen, eine große Anzahl von Personen beiderlei Geschlechts, des eigenen Heiles uneingedenk und vom katholischen Glauben abfallend, mit dem Teufel Unzucht treiben, und mit ihren Zaubesprüchen und Beschwörungen und anderen abscheulichen Hexenkünsten, also

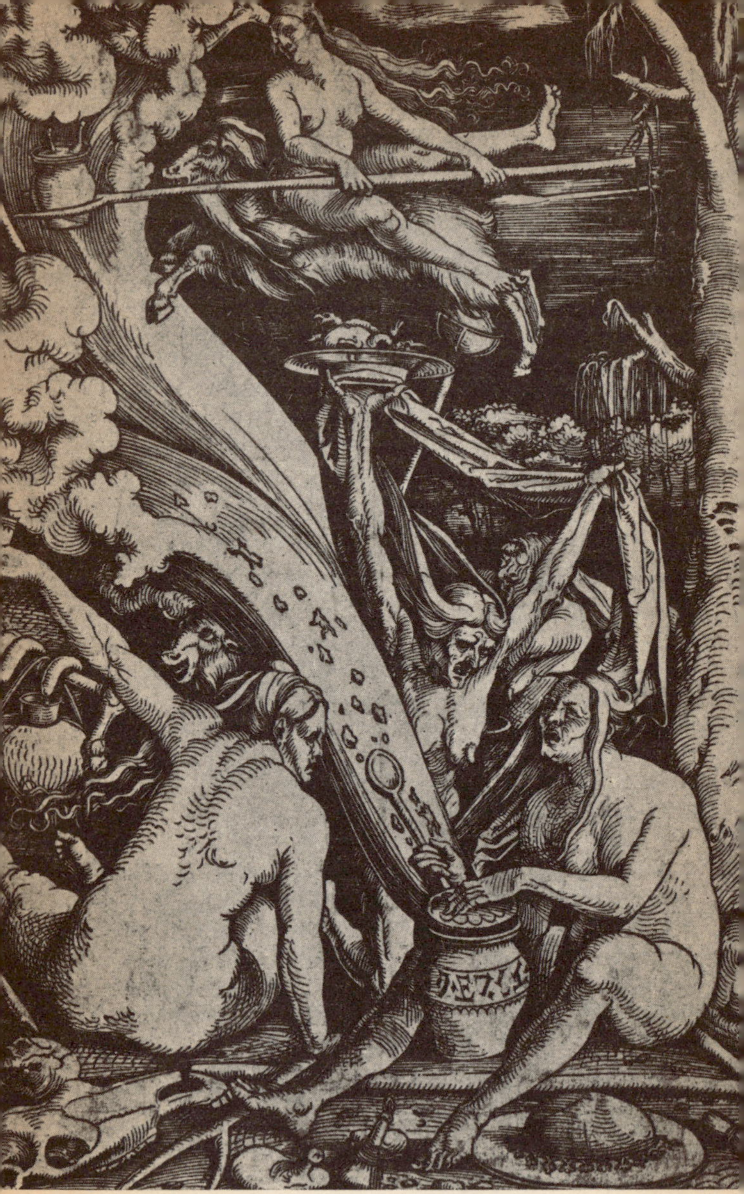

Abb. 1: Zubereitung der Hexensalbe. Holzschnitt Hans Baldungs, genannt Grien. (Entstanden 1510); kurz nach Baldungs Weggang aus der Dürer Werkstatt.

> durch Verbrechen und Frevel, die Kinder der Menschen, wie die Jungen der Tiere töten, die Saaten der Felder, die Trauben der Weinberge und die Früchte der Bäume zugrunde richten, Mensch und Tier mit entsetzlichen inneren und äußeren Qualen peinigen und das eheliche Zusammensein der Männer und Frauen sowie die Empfängnis verhindern.

Diese Zusammenstellung ging Sprenger und Institoris aber noch nicht einmal weit genug. Ihrer Ansicht nach fehlten zwei Tatbestände, die sie an sich hatten auch durchsetzen wollen, der des Hexensabbats und damit in Zusammenhang der des Hexenflugs. Das aber scheiterte am Widerstand der römischen Kirchenrechtler, die zu diesem Zeitpunkt eine solche Unvereinbarkeit mit dem Kanon Episcopi noch nicht akzeptieren wollten.

Drei Jahre später hatten die Inquisitoren die Lücke eigenmächtig geschlossen und es dazu noch verstanden, auch diese unzulässige Ausweitung als von päpstlicher Autorität gedeckt erscheinen zu lassen. In dem von ihnen als Anleitungsbuch zur Hexenverfolgung verfaßten Malleus maleficarum, dem »Hexenhammer«, hatte die Vorstellung vom Flug der Hexen zum Teufelssabbat einen festen, nicht mehr wegzudenkenden Platz gefunden. Innerhalb kürzester Zeit entwickelten sich diese beiden Merkmale zum festen Bestandteil des Hexenbildes. Daß dies trotz der bis zum Ende des 15. Jahrhunderts vertretenen Auffassung, gerade der Glaube an den Hexenflug sei der zu strafende Aberglaube, geschehen konnte, hatte einen guten Grund.

Mit ungeheurem Fanatismus – nach dem Motto, was unserer gerechten Sache nützt, ist erlaubt – gingen Sprenger und Institoris daran, die hinter der Bulle stehende päpstliche Autorität im Sinne ihrer Vorstellungen auszunutzen. Gleichzeitig bemühten sie sich um weltliche Unterstützung ihrer Arbeit und um wissenschaftliche Befürwortungen der Aussagen des »Hexenhammers«, um beidem eine über den kirchlichen Bereich hinausgehende Geltung zu verschaffen. Mit drei Schritten erreichten sie dieses Ziel.

Von dem späteren Kaiser Maximilian, dem damals noch höchsten römischen König, einem, wie seine Kontakte mit Trithemius zeigten, hochgradig von der Macht des Teufels und der Realität der Hexen überzeugten Herrscher erreichten sie die Ausfertigung einer Urkunde, die der Bulle Unterstützung und damit den Inquisitoren Schutz verhieß.

In der Druckausgabe stellten sie die Bulle dem Text des »Hexenhammers« voran und erweckten so den Eindruck, als seien die in ihr gemachten Appelle zur Unterstützung der Inquisitoren gleichermaßen auch auf deren Schrift bezogen.

Der Straßburger Bischof Albert von Bayern erhielt den Auftrag, die Gegner der Hexenverfolgung,

weß Standes sie auch seien,

zunächst mit Kirchenstrafen (Bann, Suspension, Interdikt) zu belegen und sofern dies nicht ausreiche, die weltlichen Stellen anzurufen. Mag man den Versuch, den »Hexenhammer« als eine dem Inhalt der Bulle entsprechende Erläuterung erscheinen zu lassen, noch als legitim betrachten, mit der nächsten Maßnahme wurde die gesetzliche Grenze bei weitem überschritten.

Vor allem wohl im Hinblick auf Sprengers frühere Lehrtätigkeit an der Universität Köln hatten er und Institoris ihre Kollegen von der theologischen Fakultät um die Erstellung eines Gutachtens zum »Hexenhammer« gebeten.

Die Kölner Fakultät war päpstlich anerkannte Zensurbehörde und hatte noch kurz zuvor von Papst Sixtus ein Anerkennungsschreiben erhalten, in dem ihre Bemühungen zur Unterdrükkung des Zauberer- und Hexenwesens lobende Erwähnung gefunden hatten.

Die inhaltlichen Ausführungen des Gutachtens schon waren für Sprenger und Institoris eine arge Enttäuschung. In seiner betonten Zurückhaltung entsprach es so ganz und gar nicht ihren Erwartungen. Vielleicht noch schlimmer war, daß nur vier Professoren es für nötig befunden hatten, die nichtssagenden Formulierungen zu unterschreiben. Die theoretischen Grundlagen seien zwar nicht falsch, den strafrechtlichen Ausführungen könne man aber nur insoweit folgen als sie

den kirchenrechtlichen Vorschriften nicht widersprechen.

Im Klartext eine eindeutige Absage an den dritten, den entscheidenden Teil des Werkes.

Dennoch erlangten die prozeßrechtlichen Kapitel die Stellung eines strafrechtlichen Sondergesetzes.

Verglich man die Formulierungen der vier Kölner Professoren mit dem Text der Approbation, die dem inzwischen gedruckten »Hexenhammer« vorangestellt war, konnte man sich des Eindrucks nicht erwehren, als handle es sich hier um zwei völlig verschiedene Gutachten.

Aus den vier waren acht Unterschriften geworden, und auch die strafrechtlichen Ausführungen der Inquisitoren waren nun von den Kölner Theologen abgesegnet.

Die vorgedruckte Erklärung war eine nachweisbare Fälschung. Er

habe ein derartiges Instrument nie unterschrieben

erklärte 1491 Thomas de Scotia, dessen Schriftzüge deutlich unter dem Dokument zu erkennen waren. Auch der Universitätsbedienstete Johann von Vörde, den ein Notar als Zeuge für die Richtigkeit der zweiten Approbation angeführt hatte, legte schriftlichen Protest ein.

Aber da war es schon zu spät. Nach 1491 setzte sich der »Hexenhammer« in einem Maße weiter durch, als seien die Einsprüche nie erfolgt.

Späte »Rache« nach dem Tode Sprengers übte die Universität, sie sah davon ab, ein Seelenamt zugunsten ihres Ex-Professors lesen zu lassen. Der Rektor dieses Jahres war einer der Professoren, dessen Name ebenfalls für die Approbationsfälschung mißbraucht worden war.

6 Der Hexenhammer: Malleus maleficarum

1487. Der »Hexenhammer« erschien, ein Werk

> so barbarisch an Sprache wie an Gesinnung, spitzfindig und unverständlich in der Argumentation, originell nur in der Feierlichkeit, mit der die abgeschmacktesten Märchen als historische Belege vorgetragen werden[1],
>
> das verruchteste und zugleich das läppischste, das verrückteste und dennoch unheilvollste Buch der Weltliteratur[2].

Diese Schrift der Dominikaner Heinrich Institoris und Jakob Sprenger schuf die Grundlagen für das Entstehen eines bis zur Massenhysterie gesteigerten Verfolgungswahnes.

Ob es, wie teilweise behauptet wird, tatsächlich neun Millionen Menschen waren, die zwischen 1480 und 1780 in Europa als Zauberer und Hexen verbrannt worden sind, oder ob es »nur« eine Million war – beide Zahlen sind geeignet, die Dimension des Wahnes zu verdeutlichen.

Der Titel des Buches spielt auf eine Auszeichnung an, die von der römischen Kirche an verdiente, das heißt erfolgreiche Ketzerjäger verliehen wurde: Malleus haereticorum. Sogar einem ehemaligen Ketzer gelang es, sich diese Auszeichnung zu verdienen, Robert le Bougre, einem Katharer, der sich den Ehrentitel des »Ketzerhammers« gegen seine früheren Glaubensgenossen erkämpfte.

Literarische Vorlage des »Malleus« war das damals allgemein anerkannte Handbuch der Ketzerverfolgung »Directorium inquisitorum« von Nicolaus Eymericus (1376). Deutlich wird dies insbesondere aus der Übernahme des Aufbaus: theoretische Fundierung in den beiden ersten Büchern und eigentliche Prozeßanleitung im dritten Buch.

6.1 Erscheinungsgründe

Es fragt sich, warum der Hexenhammer trotz der Bulle Papst Innozenz VIII. vom 5. 12. 1484 überhaupt noch geschrieben werden mußte, denn Institoris und Sprenger waren in der Bulle ja ausdrücklich zum Vorgehen gegen Hexen ermächtigt worden.

Auslösendes Moment waren wohl die für Institoris bitteren Erfahrungen, die er zu Beginn seiner Tätigkeit in der Diözese Brixen (Innsbruck) machen mußte. Zwar hatte der Bischof von Brixen, Georg Golser, die päpstliche Bulle am 23. Juli 1485 bekannt gemacht, doch war er, wie sein erheblicher Widerstand gegen Institoris zeigte, alles andere als von deren inhaltlicher Richtigkeit überzeugt.[4]

Nach Verkündung der Bulle »Summis desiderantes« versuchte Institoris, die von ihr ausgehenden Wirkungen auszunutzen und zu verstärken. Während der Monate August und September rief er in Predigten zur Vernichtung der Hexen auf, alle verdächtigen Frauen seien ihm anzuzeigen.
Gegen sieben der denunzierten Frauen begann im Oktober der Prozeß. Institoris war von einem für ihn günstigen Ausgang überzeugt, immerhin wurde vor einem geistlichen Gericht verhandelt, wobei es sich bei vieren der neun Richter um Dominikaner handelte, also Ordensbrüder des Anklägers. Nicht zuletzt dieser Umstand ermutigte ihn, von Anfang an für die Hinrichtung der Angeklagten zu plädieren. Das Urteil: Freispruch für alle sieben Angeklagten; der Prozeß sei, da nicht den Gesetzen entsprechend geführt, null und nichtig.
Dieser für die Frauen glückliche und unerwartete Ausgang des Prozesses war das Verdienst des Mediziners Johann Merwais von Wendingen.[5] Wendingen, zugleich Lizentiat des Kirchenrechts, verstand es, Institoris von Anfang an in die Defensive zu drängen. Den von vornherein aussichtslosen Versuch, das Gericht von der Unwirklich- und damit Unmöglichkeit der hexischen Zaubereien zu überzeugen, unternahm er erst gar nicht. Ebenso wie Institoris berief auch Wendingen sich auf die päpstliche Bulle, anhand deren Wortlautes er nachwies, daß die Forderungen der Anklage nicht im Sinne des Papstes sein konnten.
Daneben mußte Institoris das Urteil auch dem eigenen Verhandlungsungeschick zuschreiben. Die von ihm gestellten Zwischenfragen bezüglich des Geschlechtsverkehrs der Angeklagten mit dem Teufel wurden vom bischöflichen Generalkommissar als Gerichtsvorsitzendem als nicht zur Sache gehörig zurückgewiesen. Dieser war schließlich sogar gezwungen, die Leichtfertigkeit des Inquisitors bei der Verfolgung von Hexen ausdrücklich ins Protokoll aufzunehmen.
Das Urteil, eine persönliche Niederlage für Institoris, ließ den

Verdacht aufkommen, Bischof Golser habe bei diesem Verfahren die Fäden in der Hand gehalten. Golser äußerte über Institoris und seine Bemühungen, den Prozeß zu einem erfolgreichen Ende zu bringen:

> mich verdriest des Mönchs . . . er bedünkt mich ganz kindisch sein worden, als ich ihn hie zu Brixen gehört hab.

Was die beiden Inquisitoren in Konstanz noch durchgesetzt hatten mit 47 Hexenverbrennungen zwischen 1481 und 1486[6], blieb ihnen in Tirol versagt: eine groß angelegte Hexenverfolgung mit Unterstützung durch Adel und Geistlichkeit.
Institoris wußte zwar den Erzherzog Sigismund hinter sich, nicht jedoch den Bischof und die Landstände. So warf auch der Tiroler Landtag des Jahres 1487 dem Erzherzog vor, daß

> viele Personen gefangen, gemartert und ungnädiglich gehalten worden seien,

und daß dies

> doch merklich wider Gott und Sr. Fürstl. Gnaden Seelen-Seligkeit und wider den Glauben

sei. Verunsichert und um seine Seelen-Seligkeit besorgt, dachte der Erzherzog daran, sich zunächst einmal juristisch abzusichern. Er beauftragte Ulrich Molitoris mit der Erstellung eines Gutachtens. Molitoris, Doktor des Kirchenrechts und Prokurator der bischöflichen Kurie in Konstanz, war nicht gerade begeistert von der Vorstellung, dieses heikle Thema abhandeln zu müssen.

> Immerhin übernehme er es auf des Erzherzogs Ersuchen, seine Ansicht zur Sache auszusprechen, obgleich das Thema schwierig und eine Äußerung darüber gefährlich sei.[7]

Molitoris befand sich tatsächlich in einer schwierigen Situation. Einerseits sollte sein Gutachten den Erzherzog gegenüber dem Landtag entlasten, andererseits kannte er seinen Auftraggeber als einen Mann, dem der Papst ein Belobigungsschreiben für entschiedenes Einschreiten gegen die Hexen hatte überbringen lassen.[8]
Der Doppelanspruch trat in den Formulierungen des Gutachtens deutlich zutage. Einige Passagen ließen den Leser an ein zu Beginn der Aufklärung verfaßtes Traktat gegen den Hexenwahn denken:

> auf das bloße Gerede, das Hexen beschuldige, Unwetter hervorbringen zu können, sei nichts zu geben, ebensowenig auf Aussagen, die auf der Folter erpreßt seien. Ebensowenig können Hexen des nachts viele Meilen zurücklegen, sondern indem sie träumen und an allzu reizbarer Phantasie leiden, kommt ihnen eingebildetes so lebhaft vor die Augen, daß sie durch Selbsttäuschung

glauben, sie hätten Nichtverstandenes in Wirklichkeit gesehen.

Nach diesen Überlegungen war die daraus gezogene Schlußfolgerung des Wissenschaftlers Molitoris nicht würdig.

Obschon demnach dergleichen böse Weiber nichts ausrichten, müssen sie nichtsdestoweniger, weil sie von Gott abfallen und mit dem Teufel ein Bündnis eingehen, wegen ketzerischer Bosheit mit dem Tode bestraft werden.

Das Gutachten wurde Anfang 1489 veröffentlicht und widersprach eindeutig der Absicht des »Hexenhammers«, den Hexenprozeß aus seiner engen Verbindung mit dem Ketzerprozeß herauszulösen. Denn nicht der Glaubensabfall allein sollte nach Institoris und Sprenger bestraft werden, sondern in erster Linie die darüber hinausgehende Schadensverursachung.

Deshalb war es geradezu unverständlich, daß etwa von 1580 an die Schrift von Molitoris in die Ausgaben des »Hexenhammers« mit aufgenommen wurde.

Die den Inquisitoren am Beispiel Brixen/Tirol aufgezeigten, aber auch anderswo geleisteten Widerstände machten für beide das Erfordernis einer Schrift deutlich, die das Hexenverfahren abschließend und einheitlich regeln sollte.

In den Jahren 1485 und 1486 wurde die Schrift, die als der »Hexenhammer« allgemein bekannt werden sollte, ausgearbeitet, ehe sie ein Jahr später in Straßburg zum erstenmal erschien.

6.2 Aufbau

Gerade vier Jahrzehnte lagen die entscheidenden Schritte in der Entwicklung der Buchdruckerkunst zurück, und nur dieser Erfindung verdankte der »Hexenhammer« seine ungeheure Bedeutung und Verbreitung. Dreizehn Auflagen hatte er allein in den ersten dreiunddreißig Jahren nach Drucklegung, etwa zwanzig weitere innerhalb der nächsten einhundertundfünfzig Jahre.

Von Anfang an erzielte der speziell den Juristen gewidmete dritte Teil,

der Kriminal-Kodex über die Arten der Ausrottung

der Hexen, die stärksten praktischen Auswirkungen; er entwickelte sich zum Gebrauchskommentar der Richter und Schöffen. Die Verfasser juristisch-theologischer Werke zum Hexenwesen – gleich ob es sich um Befürworter oder Gegner der Verfolgungen handelte – kamen bis weit ins 18. Jahrhundert hinein an den

Ausführungen von Institoris und Sprenger nicht vorbei. Das hatte seinen Grund vor allem darin, daß die beiden Dominikaner in einer bewundernswerten Klein- und Fleißarbeit nahezu alles zusammengetragen hatten, was dem Grundziel ihrer Arbeit, der Ausrottung der Hexen förderlich sein konnte. Auszüge aus den Schriften berühmter Theologen und Juristen wie Augustinus, Azo, Hostiensis, Thomas von Aquin, Nider und Albertus Magnus lagen mit dem »Hexenhammer« zum erstenmal in gedruckter Form vor.

Institoris und Sprenger machten auch selbst gar kein Hehl aus der Unoriginalität ihrer Schrift.

> Alt ist unser Werk gewißlich nach dem Inhalt und dem Ansehen.
>
> Neu aber in Ansehung der Zusammensammlung der Teile, und der Verbindung derselben.
>
> Kurz wegen der Zusammenziehung sehr vieler Autoren ins Kurze.
>
> Nichts destoweniger lang wegen der unendlichen Vielfalt der Materie, und der unerforschlichen Bosheit der Hexen.
>
> Wir sagen auch dieses nicht, anderer Autoren Schriften hochmütig zu verkleinern und unser Werk ruhmsüchtig und eitel zu erhöhen, da aus unserem Kopf gar weniges, und fast nichts ist hinzugetan worden.

Dieser Ausschnitt aus der Vorrede zeugt jedoch von übertriebener, wirklich nicht angebrachter Bescheidenheit. Liebend gern hätten Sprenger und Institoris sich mit der bloßen Rolle der Herausgeber begnügt, um das Werk noch mehr auf die Autorität von Kirchenvätern, berühmten Juristen und der Bibel stützen zu können.

Eine solche Beschränkung erlaubten jedoch die von Institoris und Sprenger vertretenen Neuerungen nicht mehr. Ganz offen trat ihr Einfluß in den drei Hauptunterschieden zum früheren Inquisitionsprozeß zutage, der Betonung des Schadenzaubers, der möglichst weitgehenden Beschränkung der Verfolgungen auf das weibliche Geschlecht und der Absicht, eine grundsätzliche Zuständigkeit der weltlichen Gerichte herbeizuführen.

Weniger offensichtlich, aber in seiner Bedeutung für die Praxis mindestens ebenso wichtig, war der von den Verfassern im Hinblick auf die Lösung der Hexenfrage perfekt gewählte Aufbau einmal des Gesamtwerkes, zum anderen aber auch der einzelnen Kapitel.

Dem ersten Buch wurde gleich einem Dogma die These von der Realität der Hexen und – hier einmal in der wörtlichen Bedeutung – die Verketzerung all derjenigen, die das für fragwürdig halten, vorangestellt.

Ob die Behauptung, es gebe Hexen, so gut katholisch sei, daß die hartnäckige Verteidigung des Gegenteils durchaus für ketzerisch gelten müsse?

Es wird der Beweis geführt, daß es nicht gut katholisch sei, etwas Derartiges zu behaupten.[9]

Die Details des ersten Buches waren vorrangig für die Geistlichkeit bestimmt, Tips für den Aufbau der Hexenpredigten, vorgefertigte Argumente zur Widerlegung der häufigsten von den

blind umhertappenden[10]

Laien vorgetragenen Einwände.

Das zweite Buch beschreibt mit vielen Beispielen die Fähigkeiten der Hexen, führt aber auch eine Liste allgemeiner, geheimer und kirchlicher Heil- und Gegenmittel auf. Die Frage, warum die Ausübung des Zaubers verworfen, gleichzeitig aber die Anwendung des Gegenzaubers gefördert wurde, wagte bis ins 18. Jahrhundert niemand zu stellen.

Soweit es die den Hexen nachgesagten Fähigkeiten anging, nahmen Sprenger und Institoris nun die Gelegenheit wahr, all das in den »Hexenhammer« mit aufzunehmen, was Papst Innozenz VIII. noch wenige Jahre zuvor als nicht mit den Kirchenrechtsvorschriften vereinbar aus dem Entwurf der Bulle »Summis desiderantes« herausgestrichen hatte: die Hexenfahrten und den Geschlechtsverkehr zwischen Teufel und Mensch. Die dem »Hexenhammer« vorgedruckte Bulle versah nun auch diese beiden Bestandteile mit scheinbar päpstlicher Autorität. Ausschlaggebend für die negative Entscheidung des Papstes war vor allem der Widerspruch zum Kanon Episcopi. Dieser Widerspruch war vollständig, denn beide Dominikaner sprachen sich für die Verurteilung der Hexen selbst aus, der Kanon für die Bestrafung derjenigen, die an die Hexerei glaubten.

Das dritte Buch des »Hexenhammers« beschreibt das Gerichtsverfahren – eine ausführliche Anleitung, speziell auf die Bedürfnisse der Richter zugeschnitten, auf ihren Umgang mit Advokaten, Zeugen und Hexen,

die in frivoler Weise . . . appellieren[11].

Eindeutig sind die Akzente gesetzt, die Gewichte verteilt. Sechzehn der fünfunddreißig Kapitel des dritten Buches beschäftigen sich ausschließlich mit dem Urteil, zwei Kapitel befassen sich mit der Verteidigung des Angeklagten, besser gesagt, mit deren Beschränkungen, Erschwernissen.

6.3 Ausschluß der Verteidigung

Die Niederlage, die Heinrich Institoris in dem Prozeß gegen die sieben in Brixen angeklagten Frauen durch deren Verteidiger Johann Merwais von Wendingen hatte einstecken müssen, schlug sich in den Ausführungen des »Hexenhammers« über die Advokaten nieder. Nach solch schlechten Erfahrungen hatte man nur ein Ziel, nämlich jegliche Verteidigung so weit wie möglich aus den Prozessen zu verbannen. Von zwei Instanzen wurden die Verteidiger kontrolliert: der Maxime, einen Hexenprozeß als Sonderverbrechen »summarisch, einfach und ohne Umstände« zu einem schnellen Ende zu bringen, und zweitens dem Richter. Der Richter war es, der zunächst einmal darauf zu achten hatte,

> daß der Advokat nicht nach dem Gutdünken des Angeklagten bestellt wird,[12]

also Ausschluß der Wahlverteidiger. Daneben unterlagen alle Ausführungen des Verteidigers aber auch dem Veto des Richters, wenn sie nicht mit dessen Prozeßstrategie übereinstimmten. Letztlich blieb dem Verteidiger nur die Überwachung einiger weniger unabdingbarer Formvorschriften, die er

> um des Angeklagten willen, so weit er kann, im günstigeren Sinne auslegen

durfte,

> jedoch ohne Ärgernis des Glaubens und ohne Schaden für die Gerechtigkeit[13].

Auch in späteren Jahren – als der Widerstand gegen den Glauben an die Realität der Hexerei erheblich gewachsen war – waren die Advokaten so gut wie nie imstande, einen Klienten mit einer dementsprechenden Argumentation zu verteidigen. Auch dies war von den Verfassern des »Hexenhammers« in die Wege geleitet worden, denn es war eine Ermessensentscheidung des Richters, darüber zu befinden, ob der Verteidiger noch rechtmäßig oder schon als Begünstiger der Hexen gehandelt und sich damit selbst strafbar gemacht hatte. Die den Einschränkungen zugrunde liegenden Idealvorstellungen des völligen Verteidigungsausschlusses hatten Sprenger und Institoris allerdings noch nicht durchsetzen können. Heinrich Schultheiß dagegen war es einhundertfünfzig Jahre später gelungen, das Ideal einer summarischen Prozeßführung zu verwirklichen, als er kurz und bündig erklärte:

> Defension wird in allen Fällen nicht zugelassen.[14]

Die Verfasser des »Hexenhammers« hatten mehr Mühe, erreichten dieses Ziel de facto aber auch.

Hinsichtlich der Integrität der Person und der Seriosität des Auftretens stellten sie (fast) unerfüllbare Ansprüche, und dann sah dieser Verteidiger wie folgt aus:

> Ein rechtschaffener Mann, der bezüglich seiner Legalität keinen Verdacht erweckt –

legal zu verstehen im Sinne der Malleus Normen. Bescheiden.

> daß er nicht frech noch schimpfend, noch mit einem Wortschwall vorträgt[15].

Erfahren, und das war er, wenn er nicht nach

> Aufschub nachsucht, besonders in dieser Sache, wo summarisch, einfach und ohne Umstände

zu verhandeln sei, wenn er nicht

> durchaus Fristen verlangen oder Berufungen einmengen wollte.[16]

Berufungen an das Reichskammergericht und Petitionen an Kaiser oder Papst waren zwar seltene Ausnahmen, von den Hexenrichtern aber aus gutem Grund gefürchtet. Die Verfassungshüter aus Speyer achteten streng auf die Einhaltung der zum Schutz eines Angeklagten vorhandenen Vorschriften, speziell auf eine ordentliche Unterbringung in den Gefängnissen, auf die Voraussetzungen und Beschränkungen der Folter und auf die Zulassung einer ordnungsgemäßen Verteidigung.

Mehrfach hatte das Reichskammergericht bereits Magistrate, Richter und Schöffen gerügt, zu einer genauen Beachtung der Gesetze angehalten und, wenn dies keine Wirkung zeigte, zu Geldstrafen verurteilt. Wie sich diese Bemühungen um eine wenigstens formale Gerechtigkeit aber in das genaue Gegenteil verkehren konnten, stellte sich in Fulda heraus.[17] Nachdem es im Fürstentum Fulda zu offenen Auseinandersetzungen zwischen Katholiken und Protestanten gekommen war, entzog der Kaiser dem regierenden Fürstabt Balthasar von Dernbach die Regierungsbefugnis und stellte das Gebiet unter kaiserliche Verwaltung. Mit den sich wieder normalisierenden Verhältnissen wurde Balthasar von Dernbach Schritt um Schritt mit seinen früheren Befugnissen betraut.

Die zuvor von ihm geübte Diskriminierung der Protestanten konnte er nach den vorangegangenen Geschehnissen nicht weiterführen. Statt dessen verschrieb er seine Energien nun der Hexenverfolgung. Er machte seinen Diener Balthasar Roß zum Zentgrafen und Malefizmeister, zum obersten Richter des ganzen Fürstentums also. Innerhalb von nur drei Jahren ließ Roß mehrere hundert Hexen hinrichten. Der hier zutage getretene Zusammenhang zwischen religiöser Intoleranz und nachfolgender Hexenverfolgung ist eines der wenigen Anzeichen für die zu oft aufgestellte Behauptung, unter dem Deckmantel der Hexenprozesse seien auch noch nach dem Augsburger Religionsfrieden konvertierte Anhänger der anderen Glaubensrichtung hingerichtet worden. Die besondere Grausamkeit der von Roß angeordneten Folterungen und die von ihm zusätzlich neu entwickelten Foltermethoden veranlaßten das Schöffenkollegium mehrfach zum Widerspruch. Einzelne Schöffen versuchten, sich von ihrem Amt freizumachen. In einem Fall glaubte sogar Roß selbst, des Guten zuviel getan zu haben. Eine Frau war mit

> bisher unerhörten Tormenten[18]

derartig gefoltert worden, daß er dem Ehemann einhundert Taler anbot, wenn dieser die Folterung seiner Frau verschweigen würde.

Gleich zu Beginn der Verfolgungen in Fulda hatte ein anderer Mann versucht, seine Frau mit Hilfe des Reichskammergerichts freizubekommen. Zumindest aber, so hatte er gefordert, müsse seiner schwangeren Frau Hafterleichterung gewährt und ihr ein Verteidiger zur Seite gestellt werden.

Das Reichskammergericht gab den Anträgen des Mannes statt, verbunden mit einer an Zentgrafen, Schöffen und Richter gerichteten Strafandrohung

> von 10 Mark löthigen Goldes[19].

Die Richter gingen bei ihrer Entscheidung davon aus, daß die Angeklagte eine fromme, unbescholtene und tugendhafte Person gewesen sei.

> Das alles hintangesetzt habt Ihr ... sie ohne einigen Grund für eine Hexe erklärt.
>
> Und ohne fernere Erkundigung habt ihr sie gewalttätig angreifen (und) in einen Hundestall einsperren lassen ... worin sie dann gekrümmt und gebückt, elendiglich hockend, sich weder regen, bewegen, aufrecht stehen, noch des leidigen Ungeziefers erwehren kann.

Weder diese Umstände, noch das Angebot des Ehemannes, eine Kaution zu stellen, hatten Roß zu einer Erleichterung bewegen können. Die Reichsrichter ordneten an

> der Klägerin ein mildes, leidliches Gefängnis zu geben, ohne erhebliche, in Rechten zugelassene Indizien sie nicht zu torquiren und den ihrer Defension und Verantwortung erforderlichen Zutritt zu gestatten.

Das Mandat des Reichskammergerichts vom 27. Juli 1603 bewirkte bei Roß nichts anderes als sein Eintreten für eine Beschleunigung der Verfahren. Eine, höchstens zwei Wochen sollten fortan zwischen Verhaftung und Urteilsvollstreckung liegen. Noch drei Jahre konnte Roß nach diesen Prinzipien Recht sprechen. Erst als sein Gönner, der Fürstabt, gestorben war, ging dessen Nachfolger Johann Friedrich von Schwalbach den schon seit längerer Zeit einlaufenden Beschwerden und Anzeigen nach. Balthasar Roß, der Mann der Schnellverfahren, wurde nach einem sich über zwölf Jahre hinziehenden Prozeß enthauptet.

Wenn sich die Mitwirkung eines Advokaten nicht vermeiden ließ, waren die Richter gehalten, alles zu unternehmen, was ihn aus der Rolle des Verteidigers in die eines zusätzlichen, mit dem Vertrauen des Beschuldigten ausgestatteten Vertreters der Anklage drängen konnte. Um einem Verteidiger diesen Schritt zu erleichtern, gab der »Hexenhammer« dem Richter mehr oder minder verklausulierte Nötigungsmittel an die Hand.

Nachdem der Richter einem potentiellen Advokaten die oben beschriebenen Bedingungen hinsichtlich der Person und des Auftretens vorgelegt habe,

> füge (er) am Schluß noch bei, daß er sich keiner Begünstigung der Hexerei schuldig mache, weil er dann exkommuniziert würde[20].

Vielleicht hätte der eine oder andere Anwalt eine Kirchenstrafe noch in Kauf genommen; dahinter steckte jedoch die Drohung, auch den Verteidiger als Zauberer und Hexenbeschützer einzuziehen, denn die Begünstigung einer Hexe galt als schweres Indiz für eigene Hexentätigkeit und hätte die Vornahme der peinlichen Befragung gerechtfertigt.

Je schwerer das Delikt, je belasteter der Angeklagte, desto weniger Verteidigung stehe ihm zu. Diese widersprüchliche Argumentation wurde von dem Jesuiten Friedrich von Spee bereits um 1630, also während einer der Hauptverfolgungszeiten, satirisch überspitzt angegriffen.

> Ich will noch deutlicher machen, wie dumm und unsinnig, nein vielmehr niederträchtig es ist, wenn die Leute den Gefangenen bei einem besonders schweren oder Sonderverbrechen einen Rechtsbeistand verweigern wollen, den sie bei anderen Vergehen ruhig bewilligen.
>
> 1. Es klagt mich einer wegen Diebstahls an.
>   Das ist ein arger Schandfleck auf meiner Ehre.
>   Also gestatten mir diese klugen, tüchtigen Leute ungesäumt, mich zu verteidigen, mich von der Schande reinzuwaschen, und, wenn ich das nicht selbst sachgemäß tun kann, mir einen Anwalt zu nehmen, der für mich auftritt.
> 2. Ein anderer klagt mich des Ehebruchs an.
>   Das ist eine noch größere Schande. Also wird mir abermals erlaubt, mich von diesem Schimpf zu reinigen.

3. Ein dritter klagt mich der Hexerei an.

Das ist die denkbar schlimmste, allergrößte Schande.

Folglich verbieten sie mir sofort, mich zu verteidigen und zu rechtfertigen, und geben als Begründung an: Die Magie bedeute eine ungeheure Schande, sei das gräßlichste, tödlichste Verbrechen, darum dürfe ich mich nicht reinzuwaschen versuchen.

Wer sollte sich nicht über eine derart meisterhafte Beweisführung entrüsten.[21]

6.4 Die Frau im Hexenprozeß

Um einem weit verbreiteten Irrtum gleich an dieser Stelle entgegenzutreten: Die Opfer der Hexenprozesse waren nicht ausschließlich Frauen, nicht einmal fast ausschließlich Frauen. Dazu zwei Zahlen aus Zentren der Verfolgung: unter den 157 Hingerichteten der Würzburger Brände (1627/29) befanden sich 76 Knaben und Männer. Ein ähnliches Verhältnis läßt sich aus den Trierer Prozeßzahlen (um 1590) entnehmen.

Dennoch kann sich kaum jemand im Zusammenhang mit dem Wort Hexe gegen die Assoziation der »runzligen Alten auf dem Besen« wehren, ein Bild, das von zeitgenössischen Gegnern der Hexenverfolgungen ebenso propagiert wurde wie von zeitgenössischen und späteren Dichtern, das uns in Abbildungen heutiger Kinder- und Jugendbücher ebenso begegnet wie in Stichen des 16. oder Gemälden des 19. Jahrhunderts. Die Vorstellung hat einen durchaus realitätsbezogenen Hintergrund, denn die Hexenprozesse begannen als Feldzug gegen die alten Frauen.

Ein abstoßendes Äußeres galt als Markenzeichen einer Hexe, ein internationales, wie die Beschreibungen des niederrheinischen Arztes Weyer und des englischen Unterhausabgeordneten Scot deutlich machen. Weyer sah sie als

> Weibsbilder, meistens von hinfälligem Zustand und betagtem Alter, ihrer Sinne nicht völlig mächtig[22].

Für Scot, gleich Weyer ein erbitterter Gegner der Prozesse, waren Hexen

> gewöhnlich alt, lahm, triefäugig, bleich, schmutzig und voll Runzeln[23].

Und als 1847 Heinrich Heines »Atta Troll« erschien, hatten sich die Vorstellungen über das Hexenäußere so gut wie nicht geändert.

> Ob die Alte . . . wirklich eine ausgezeichnet große Hexe, will ich nimmermehr entscheiden. So viel weiß ich, daß ihr Äußeres sehr verdächtig. Sehr verdächtig

triefen ihre roten Augen, bös und schielend ist der Blick.[24]

Die Frau, die Hexe, die Angeklagte, die Hingerichtete. Diese Reihenfolge hatte den Inquisitoren Sprenger und Institoris als normaler Lauf der Dinge vorgeschwebt. Die geplante Eingleisigkeit des Vorgehens hatte religiös-kultische, soziale und rechtliche Gründe.

Daß es dann aber gerade alte Frauen waren, die die ersten Opfer einer Verfolgungsperiode stellten, ging in erster Linie auf praktische Überlegungen zurück. Die Hexenjäger suchten den Weg des geringsten Widerstandes und den glaubten sie – zu Recht, wie sich zeigen sollte – am ehesten über die Alten beschreiten zu können.

Diese Frauen, meist alleinstehend und oft nur durch Bettelei in der Lage sich das Existenzminimum zu beschaffen, stellten eine Randgruppe dar, ohne jeden Einfluß zwar, aber zahlenmäßig überproportional vertreten. Am Ausgang des Mittelalters lag – bedingt durch Kreuzzüge, Kriege und Fehden – das Verhältnis zwischen Frauen und Männern bei 1,15 zu 1 (und damit etwa ähnlich wie nach Beendigung des Zweiten Weltkrieges).[25] Bis zum Beginn des Dreißigjährigen Krieges glichen sich die Zahlen wieder ein wenig an, um dann erneut zu Lasten der Männer voneinander abzuweichen. Gerade aber in diese Zeit (um 1630) fielen die Höhepunkte der Hexenverfolgungen. Ein weiteres kam hinzu: Aufgrund ihrer höheren Lebenserwartung verschob sich in der Gruppe der über 55jährigen das Zahlenverhältnis noch einmal zugunsten der Frauen.

Da wir nunmehr die Alten nahezu erledigen und hinrichten ließen, so geht es jetzt an die Jungen[26],

konnte 1582 der Reichstagsgesandte des Landgrafen Georg von Darmstadt in einem Schreiben seines Fürsten lesen. Ein solcher Tatbestand wurde zur zwangsläufigen Folge längerer Verfolgungsperioden. Gegen Ende der Würzburger Prozesse war nahezu jedes vierte Opfer noch nicht einmal vierzehn Jahre alt.

Eine besonders gefährdete Berufsgruppe waren die Hebammen oder »Amfrauen«, wie sie in Protokollen und Urteilen genannt werden. Mit Argwohn wurde ihre Tätigkeit von den Obrigkeiten überwacht, besonders in Städten und Gemeinden, die bereits die Berufszulassung der Hebamme an die Ableistung eines Eides geknüpft hatten, der sie verpflichtete, ihre Arbeit »one aberglaub und zauberey« zu leisten.

Unter den Hexen einer Stadt nahmen sie nach den Vorstellungen der Ankläger Schlüsselstellungen innerhalb der strengen

Hexenhierarchie ein. So ist in den Würzburger Hinrichtungsprotokollen die Eintragung der »Schickelte Amfrau« mit dem Hinweis versehen

> von der kommt das ganze Unwesen her[27].

Einer Hebamme aus Roermond in den Niederlanden sagte man nach, eine »Hexenprinzessin« zu sein. Zusammen mit dem Stadtchirurgen, den man als »Fahnenträger der Zauberer« entlarvte, wurde sie einer besonders grausamen Folter unterzogen. Ihr als »Hexenprinzessin« mußten die übrigen Hexen und Zauberer der Stadt bekannt sein, und eine große Anzahl von Namen wurde ihr abgefoltert. Innerhalb von fünf Wochen (September und Oktober 1613) kam es zur Hinrichtung von vierundsechzig Personen, denen man das in deutschen Landen nicht generell übliche Privileg gewährte, zuerst gehängt und erst dann verbrannt zu werden.
Wenige Jahre später in Köln. Die Gleichsetzung von Hexen und Hebammen hatte sich inzwischen auch hier durchgesetzt. In der Domstadt nahm man sich vor, das Übel an der Wurzel zu packen, die Hexen ihrer führenden Köpfe zu berauben und so dem Unwesen schnell ein Ende zu machen.
Im Verlauf einer Periode intensiver Verfolgung (1627–1630) wurden die Hebammen der Stadt nahezu ausgerottet. Bei jeder dritten der hingerichteten Frauen handelte es sich um eine Hebamme, wobei die tatsächliche Quote noch höher gelegen haben könnte, da in der Mehrzahl der Fälle eine Berufsbezeichnung aus den Akten nicht ersichtlich ist.
Eine Erklärung für die besonders intensive Verfolgung dieses Berufsstandes mag darin gesehen werden, daß man die Hebammen als prädestiniert dafür ansah, einen der unentbehrlichen Bestandteile der Hexensalbe zu beschaffen, nämlich ein neugeborenes, möglichst ungetauftes Kind. William Shakespeare beschreibt Zubereitung und Zutaten einer Hexensalbe im vierten Akt seines »Macbeth«:

> Um den Kessel dreht euch rund,
> werft das Gift in seinen Schlund.
> Kröte, die im kalten Stein
> Tag und Nächte, drei mal neun,
> zähen Schleim im Schlaf gegoren,
> soll zuerst im Kessel schmoren . . .
>
> Sumpf'ger Schlange Schweif und Kopf
> brat und koch im Zaubertopf:

Molchesaug und Unkenzehe,
Hundemaul und Hirn der Krähe;
zäher Saft des Bilsenkrauts,
Eidechsbein und Flaum vom Kauz . . .

Wolfeszahn und Kamm des Drachen,
Hexenmumie, Gaum und Rachen
aus des Haifisch scharfem Schlund;
Schierlingswurz aus finsterm Grund;
auch des Lästerjuden Lunge
Türkennas und Tartarzunge;

Eibenreis, vom Stamm gerissen
in des Mondes Finsternissen;
HAND DES NEUGEBORNEN KNABEN
DEN DIE METZ ERWÜRGT IM GRABEN . . .
Abgekühlt mit Paviansblut,
wird der Zauber stark und gut.

Ungewöhnlich ist hier nur die Anzahl der Zutaten, die Tatsache an sich war bis zu Beginn des 17. Jahrhunderts nicht ernsthaft bestritten. Auch unter den Wissenschaftlern aller Fakultäten bestand Einigkeit über die durch das Einreiben mit einer Hexensalbe zu erzielenden Wirkungen. Von der Hexe bei sich angewandt, verlieh ihr die Salbe die Flugfähigkeit und machte sie nach der Verhaftung immun gegen die Schmerzen der Folter. Wenn eine verheiratete Frau zum Hexentanz ausfuhr, mußte sie darauf achten, sich nicht von ihrem Mann überraschen zu lassen. Wiederum konnte die Hexensalbe beste Dienste leisten. Mehrere Möglichkeiten standen der Hexe offen; sie konnte das Ohrläppchen ihres Mannes mit der Salbe bestreichen, der daraufhin bis zu ihrer Rückkehr in einen totenähnlichen Schlaf fiel. Oder sie legte einen mit Hexensalbe bestrichenen Besen an die Seite des Mannes ins Bett. Sollte der Mann erwachen, wurde ihm von dem so präparierten Besen das Bild seiner schlafenden Frau vorgegaukelt. Daneben konnte die Hexensalbe natürlich auch zur Durchführung eines Schadenzaubers dienen.
Die vielfachen Anwendungsmöglichkeiten und die latente Bedrohung aller Nichthexen veranlaßte die Hexenjäger, in den Häusern der angeklagten Frauen nach dieser Salbe zu suchen. Fand sich dann ein Gefäß nicht sofort definierbaren Inhalts, galt dies als derart starkes Indiz für die Hexentätigkeit der Frau, daß es die Anwendung der Folter oder, wenn man damit schon begonnen hatte, einen stärkeren Foltergrad rechtfertigte.

Über die Wirkungen der Hexensalbe war sich alle Welt einig, nicht dagegen über die Zusammensetzung. Aus Gerichtsakten sowie aus naturwissenschaftlichen Lehrbüchern ließe sich ein ganzes Rezeptbuch zusammenstellen. Der Arzt und Alchimist Paracelsus teilte die Bestandteile einer solchen Salbe mit:

Kinderhackfleisch, Mohn, Judenkirsche und Schierling.

Wiederum eine andere Mischung bestand aus

Kinderschmalz, Fünffingerkraut, Nachtschatten und Fledermausblut.[28]

So verschieden die einzelnen Zubereitungsarten auch waren, zwei Bestandteile enthielt jede Hexensalbe, Kräuter, die geeignet waren, bestimmte nervliche Reaktionen hervorzurufen und Körperteile eines Kindes. Diese Übereinstimmung hatte religiöse, medizinische, vor allem aber juristische Gründe. Die »Verarbeitung« des ungetauften, also sich noch im Stande der Erbsünde befindlichen Kindes sollte es den Hexen erleichtern, Gott abzuschwören und ihre teuflischen Werke zu vollbringen. In der zeitgenössischen Medizin, fast ausschließlich noch Naturheilkunde, wußte man um die Wirkung der immer wieder zitierten Kräuter. So mußten die auf Vergiftungen beruhenden Ausnahmezustände mancher Hexen auf die Verwendung von Alkaloiden und Überdosen bestimmter Drogen, wie Nachtschatten, Schierling und Bilsenkraut, zurückzuführen sein.[29] Die Symptome, insbesondere der Solaminvergiftungen, sind unter anderem Schweißausbrüche, Krampfbildung und Atemlähmung. In dem geschlossenen Gebäude des Hexenwahns wurde auf diese naheliegende Diagnose verzichtet. Was nicht sein durfte, konnte nicht sein. Daher wurden Krämpfe einer Angeklagten als Mißachtung, ja Verspottung des Gerichts ausgelegt, Atemlähmungen und damit vorübergehender Sprachverlust galten als Schweigezauber, der nur durch einen noch einmal verstärkten Grad der Folter gebrochen werden konnte. Immer wieder finden sich in den Prozeßprotokollen, auch aus zum Teil weit voneinander entfernt liegenden Orten, nahezu identische Aussagen über die Zubereitung der Hexensalbe, das Bestreichen des Besens, den Ausspruch der Beschwörungsformel

oben aus und nirgends an

und das Herausfliegen der Hexe zum Hexensabbat durch den Kamin. Diesen Aussagen konnten keine tatsächlichen Erfahrungen der jeweiligen Angeklagten zugrunde liegen, auch eine Prozeßberichterstattung war, da die Verhandlung unter Ausschluß der Öffentlichkeit geführt wurde, nicht denkbar. Die Gerichtspersonen waren nach außen hin zu absolutem Stillschweigen verpflichtet, dennoch mag der eine oder andere Schöffe, Notar oder Schreiber Andeutungen gemacht haben. Diese konnten aber keinesfalls der Grund für die auffällige Übereinstimmung der Aussagen sein. Der tatsächliche Grund war folgender: Ein Großteil der Richter war, insbesondere in ländlichen Gegenden, nicht genügend juristisch ausgebildet, um einen Hexenprozeß gut, d. h. mit einer Verurteilung der Angeklagten endend, über die Bühne zu bringen. Aus Gründen der Rechtseinheitlichkeit, die weitgehenden Schutz gegen Kritik seitens des Reichskammergerichts und der juristischen Fakultäten der Universitäten bot, waren die Landesherren dazu übergegangen, ihre Richter mit Prozeßablaufplänen auszustatten, der sogenannten »Interrogatia«. Diese Fragebögen arbeiteten mit einer systematischen Anwendung der Suggestivfrage, denn anders war das gewünschte Geständnis nicht zu erreichen. Immerhin sollten die Angeklagten doch über Handlungen und Vorgänge aussagen, die sie nicht selbst ausgeführt, beziehungsweise miterlebt haben konnten.

> Ob sie nie in Gestalt wunderbahrlicher Thiere zu Erschreckung und Verblendtung der Leut erschienen und in was Gestalt, wem wo und wann?

Seit 1532 war nach Artikel 56 der Peinlichen Halsgerichtsordnung Karls V., der »Constitutio Criminalis Carolina«, die Suggestivfrage verboten. Dennoch, die Beispiele aus der »General- und Spezial-Instruction über den Hexenprozeß im Churfürstenthumb Bayrn de anno 1622« zeigen, wie man unter Verwendung eines grammatikalischen Kunstgriffes das Verbot der Carolina umging; man faßte eine unterstellende Aussage mit den zulässigen Fragen nach dem Wo und Wann in einem Satz zusammen.

> Item ob keine Leut von ihr gelembt (= gelähmt) oder gar getötet worden, ob sie die jungen Kinder nit verletzt, gestollen und hinweggeführt oder die ungetaufften ausgegraben oder vor dem hl. Tauf verletzt habe, wie vill, an was Orten und durch was Gestalten?

Oft jedoch machte man sich nicht einmal diese Mühe, stellte reine Suggestivfragen oder setzte bereits in der Frage das zu beweisende Verbrechen voraus und wollte nur noch näheres über den Tathergang wissen, so z. B. in der »Interrogatia« des Landrechts von Baden-Baden aus dem Jahre 1588.

> Wie viele junge Kinder sie geholfen essen, wo solche hergekommen und zuwege gebracht, wem sie solche genommen oder auf den Kirchhöfen ausgegraben, wenn sie solche zugerichtet, gebraten oder gesotten, item, wozu das Häuptlein, die Füße und die Händlein gebraucht, ob sie auch Schmalz von solchen Kindern

bekommen und wozu sie das brauchen?

Wie solche Hexensalbe zugerichtet und was für Farbe sie habe? Da sie so Menschenschmalz haben müssen und consequenter so viele Morde begangen, und, weil sie das Schmalz aussieden, was sie mit dem gekochten oder gebratenen Menschenfleisch gethan?[30]

Unter solchen Voraussetzungen wird die Identität der Aussagen verständlich.

Daß die Rolle des Angeklagten im Hexenprozeß regelmäßig der Frau zufallen sollte, war für Sprenger und Institoris eine ausgemachte Sache – deutlich geworden schon im programmatischen Titel ihrer Schrift »Malleus maleficarum«. Ganz bewußt hatten sie den Gegensatz zu den männlichen Vorgängern des Werkes gesucht, dem »directorium inquisitorum« des Dominikaners Nicolaus Eymericus und dem kirchlichen Ehrentitel des »Malleus heareticorum«.

Die angestrebte Gleichsetzung zwischen Frau und Hexe hielten die Verfasser des »Hexenhammers« für ebenso offensichtlich wie einfach zu beweisen. Das lateinische *femina* gaben sie als Zusammensetzung des spanischen *fe* (Glaube) mit *mina* (lat.: weniger) aus, also die Frau als die »Weniger-Glaubende«.

Eine derartige, höchstens in ihrer Naivität originelle Deutung blieb kein Einzelfall. In Übereinstimmung mit der herrschenden theologischen Schulmeinung gingen die Verfasser davon aus, daß das Weib seit Evas Sündenfall den Verführungskünsten des Teufels weit weniger Widerstand entgegensetzen könne als der Mann. Jedoch müsse man mit der Verwendung des Namens Eva in diesem Zusammenhang vorsichtig sein, denn der Fluch der Eva werde durch das rückwärts gelesene Wort – »ave« –, also durch den Segen der Maria aufgehoben.

Neben dem Schadenzauber hatte der »Hexenhammer« den Geschlechtsverkehr zwischen Teufel und Mensch in den Mittelpunkt seiner theoretischen Grundlegungen gestellt. Für jedermann war leicht einsichtlich, daß der Teufel als traditionell männliches Wesen in erster Linie dem weiblichen Geschlecht nachstelle, daß demzufolge auch seine Anhängerschaft unter den Frauen bei weitem überwiege. Den letzten und endgültigen Beweis für die Tatsache, daß die Männer der Teufelssekte grundsätzlich nicht angehörten, hatten sich Sprenger und Institoris bis zum Schluß des Kapitels aufgespart.

Gelobt sei der Höchste, der die männliche Gestalt ... so sehr vor diesem Verbrechen bewahrt hat; in ihr wollte auch DER erscheinen, welcher für uns geboren ist und gelitten hat und der eben dadurch diese männliche Gestalt selbst so sehr auszeichnete.[31]

Der an vielen Stellen des Werkes durchbrechende, fast schon pathologische Frauenhaß der Dominikanerinquisitoren kam nicht von ungefähr. Er war nichts anderes als die Gesamtschau

jener Entwürdigung des weiblichen Geschlechts, welche kirchenväterlicher Afterwitz und päpstliche Herrschsucht herbeigeführt hatten.[32]

Die aus dem Zusammenhang gerissene Stelle des Matthäusevangeliums,

es ist nicht gut zu ehlichen[33],

wurde zum immer wieder zitierten und erläuterten Schlagwort. Unter anderen gehörte Johannes, Bischof von Konstantinopel, besser bekannt unter seinem ursprünglich nur lobenden Beinamen Chrysosthomos, zu den Kommentatoren dieser Stelle.

Was ist das Weib anderes, als eine Feindin der Freundschaft,
eine unvermeidliche Strafe,
ein notwendiges Übel,
eine natürliche Versuchung,
ein begehrenswertes Unglück,
eine häusliche Gefahr,
ein süßschmeckender Schaden,
ein mit schöner Farbe getünchtes Übel der Natur.[34]

Die längst ad acta gelegten Vorstellungen über die Paradiesehe gewannen neue Aktualität. Das Dilemma war bloß, wie konnte man die Ehe an sich als sittlich gut konstruieren, ihren Vollzug dagegen wegen des damit verbundenen Lustgefühls als sündhaft darstellen?

Die Idee der »hohen Minne« hätte sich durchaus als Ausweg angeboten. Doch in krassem Gegensatz zu dieser Teilvergeistigung der Sexualität – nur gegenüber einer anderen, verheirateten Frau gab man sich minniglich – stand die tatsächliche Bedeutung der Frau. Sie war billige Arbeitskraft und Sexualobjekt, gleichgültig ob als Ehefrau oder »Pfaffenmetze«.

Wissenschaftler und Theologen propagierten die frauenlose Gesellschaft, und wäre dieses

primitive und gefährliche Geschlechtswesen[35]

nicht als

Mittel der Kinderzeugung[36]

geeignet gewesen – zu dem Thomas von Aquin die Frau degradierte – sie wäre ganz verzichtbar gewesen. Unter Berufung auf Platon wurde ihr von dem Juristen Bodin ein Platz zwischen Tier und Mann zugewiesen. Das Wertverhältnis zwischen Frau und Mann bezifferte er auf 1 : 50, aber, um auch eine positiv-versöhnliche Bemerkung zu machen, immerhin seien die Eingeweide der Frau stärker entwickelt als die des Mannes.

Luthers Kampf gegen das Zölibat und sein Eintreten für die Öffnung der Klöster wurden zum Signal einer frauenfreundlicheren Grundstimmung. Die Aufhebung, beziehungsweise Umgestaltung der Frauenklöster wurde zur bedeutsamsten reformatorischen Tat, soweit es die Stellung der Frau in Gesellschaft und kirchlicher Organisation anging. In diesem Zusammenhang aber schon von der Aufwertung des Frauseins zum

> heiligen Orden[37]

– neben Predigern und Obrigkeit – zu sprechen, war verfrüht. Von der Frau als Stütze der Gesellschaft konnte keine Rede sein, aber immerhin kam es innerhalb der Familien zu ersten partnerschaftlichen Ansätzen.
Luther selbst war es, der die Kompetenzen abgrenzte. In seiner Schrift »An die Burgermeyster und Radherrn allerley staedte ynn Deutschen landen« forderte er zur Errichtung von Schulen auf, in denen man den Knaben all das beibringen müsse, daß sie als

> Männer wol regirn können Land und Leutt.

Für die »Meydlin« sah er es als ausreichend an, wenn sie

> wol ziehen und halten können Haus, Kinder und Gesinde[38].

Das neue (Ehe)Frauenbild setzte sich nur ganz allmählich durch, und selbst Förderer der Reformation, wie Ulrich von Hutten, träumten überkommenen Vorstellungen nach, sobald es um die eigene Frau ging.

> Vergebens preist man mir das Glück der Ehelosigkeit, die Vorteile der Einsamkeit an, ich glaube mich nicht dafür geschaffen. Ich muß ein Wesen haben, bei dem ich mich von den Sorgen erholen, mit dem ich spielen, Scherze treiben, angenehme und leichte Unterhaltung pflegen kann.[39]

Die Hexenprozesse wurden von solchen Strömungen nicht berührt. Die frauenfeindlichen Parolen des »Hexenhammers« wurden in katholischen wie protestantischen Gebieten als scheinbar gottgegeben hingenommen, und erst vom Beginn des 17. Jahrhunderts an wurden die Stimmen der Frauenverteidiger lauter. Noch allerdings kämpften sie aus einer eindeutigen Defensivposition heraus. Zu erdrückend waren die »Beweise, daß die Frauen keine Menschen seien« – so der ausdrückliche Titel einer anonymen Dissertation.[40]
Gegen diese Schrift bemühte Andreas Schoppius das Alte Testament, heidnische Autoren und Kirchenväter, um seine These

daß die Weiber gleicher Art mit den Männern und also wahre Menschen sollen genannt werden,[41]

zu untermauern.

Schoppius drang mit seiner Beweisführung jedoch ebensowenig durch wie der Prediger Beermann mit seinen Warnungen vor den frauenfeindlichen Schriftstellern.

Daß man in jetzig Zeit so viele Hexen verbrennt, kommt nit zum wenigst mit daher, daß unzählig viel Scribenten so unflätig von den Weibern schreiben und sie schier alle insgemein für bös, giftig und von teuflischer Natur ausschreien, und rühmen sich dann wohl, daß ungleich mehr Weiber als Unholde und Zäuberische verbrennt würden, dann Männer, so von Natur besser seien und nit so giftig, listig und verschlagen.

Wodurch denn das Volk, das auf solche Scribenten hört, wider die Weiber erböst wird, und wenn sie verbrennt werden, sagen: ihnen geschieht recht, sie sind höllisch und tückisch gleich den Teufeln.[42]

Alle Bedenken und Warnungen blieben zu diesem frühen Zeitpunkt ohne Widerhall. Das Hexenbrennen war noch nicht einmal aus seinem Anfangsstadium herausgekommen.

7 Einzelne Bestandteile des Hexenwesens

> Kauf und lies es, das Geld wird dich nicht gereuen!

Diese Aufforderung befindet sich auf dem Titelblatt der »Hexenhammer«-Ausgabe des Jahres 1519, und die »gelahrten leuthe« kamen ihr nur zu gern nach. Denn vor allem der zweite Hauptteil des Buches bot über längere Passagen spannend-schauerliche Lektüre. Gleich zu Beginn wird der Leser darauf vorbereitet, daß es in den folgenden Kapiteln mit der Wissenschaftlichkeit nicht so genau genommen werde.

> Und weil wir jetzt an einem moralischen Stoffe arbeiten . . ., bitten wir den Leser, daß er nicht in allen Dingen eine Erläuterung verlange, wo eine hinreichende Glaubwürdigkeit genügt, . . . sei es nun durch eigene Erfahrung mit Auge oder Ohr, sei es durch die Berichte Glaubwürdiger.[1]

So unwissenschaftlich vor allem die Bearbeitung des zweiten Teiles des »Hexenhammers«, so leicht er sich lesen ließ, an der Ausbreitung des Hexenglaubens hatte er vielleicht gerade deshalb entscheidenden Anteil. Hier wurde der Wahn systematisiert.

7.1 Wetterzauber

Der Umgang mit Dämonen, mit magischen Kräften und Vorstellungen und mit dem Teufel war für die meisten Geistlichen ein ausschließlich theologisches Problem. Daher waren es in erster Linie die Bibel und die Lehren der Kirchenväter, die man zur Bewältigung heranzog. Diesem Grundsatz folgten auch Sprenger und Institoris, jedenfalls so weit wie möglich. Jedoch waren ihnen die hier gefundenen Aussagen in vielen Fällen nicht weitgehend genug, einiges war vollständig ausgeklammert. So waren sie gezwungen, auch andere Quellen zu verarbeiten, die Schriften des Generalinquisitors von Aragon, Nicolaus Eymericus (1320–1399) und die des schwäbischen Dominikaners Johannes Nider. Vor allem die Fallbeispiele, die Nider in seinem bereits 1441 veröffentlichten »Formicarius« mitteilte, wurden von Sprenger und Institoris der besonderen Anschaulichkeit wegen mit Vorliebe zitiert. Die ihnen vorliegende Handschrift –

der erste Druck des »Formicarius« erfolgte erst 1517 – diente gut ein dutzendmal zur Untermauerung der Thesen des »Hexenhammers«. Speziell zum Gebiet des schädigenden Wetterzaubers, zu den von Hexen hervorgebrachten Hagelstürmen und Gewittern, hatte Nider reichlich Material gesammelt, das nun im »Hexenhammer« zum erstenmal in Auszügen gedruckt vorlag. Wie es ein Zauberer oder eine Hexe bewerkstelligte, einen Feind vermittels eines Blitzschlags zu töten oder seine Ernte zu vernichten, gestand ein Zauberer dem Gewährsmann Niders, einem Richter.

> Zuerst flehen wir mit gewissen Worten auf den Feldern den Fürsten aller Dämonen an, daß er jemand von den seinen sende, der den von uns Bezeichneten treffe.
>
> Wenn dann ein bestimmter Dämon kommt, opfern wir ihm an einem Zweigwege ein schwarzes Küken, indem wir es hoch in die Luft werfen.
>
> Aber freilich nicht immer wirft der Dämon Hagelkörner und Blitze auf die von uns bestimmten Plätze, sondern je nach Zulassung des lebendigen Gottes.[2]

Das Opfer aber hatte es in dem konkreten Fall verstanden, sich mit einem der vielfältigen Gegenmittel zu schützen, so daß der Anschlag scheiterte. Der beschworene Dämon war an den Grenzen seiner Macht angelangt und mußte bekennen.

> Er (= das Opfer) schützt sich fleißig mit dem Zeichen des Kreuzes.
>
> Deshalb kann ich ihn nicht an seinem Leibe, sondern, wenn du willst, am elften Teil seiner Früchte auf dem Felde schaden.[3]

Institoris und Sprenger führten zusätzliche Gegenmittel an, wobei sie sich aber durchaus der Gefahr bewußt waren, daß diese Mittel als Einfallstor eines abergläubischen Gegenzaubers in Betracht kommen konnten. Um dem entgegenzutreten, stellten sie die Voraussetzung auf,

> man solle darauf sehen, daß das Werk (= das Gegenmittel), welches getan wird, von Natur zu der Wirkung, die man erwartet, geeignet sei.
>
> Sonst nämlich, wenn es das nicht hat, wird es für abergläubisch erachtet.[4]

Also keine schwarze Magie, keine abergläubischen Riten und Formeln zur Abwehr des Hexenzaubers. Mißt man dagegen den von Sprenger und Institoris gemachten Vorschlag zur Bekämpfung eines Hagelsturmes an der von ihnen aufgestellten Forderung, so kann man nur zu dem Ergebnis gelangen, daß diese Voraussetzung zwar für andere, nicht aber für die Verfasser selbst Geltung haben sollte.

> Drei Körner von dem Hagel werden unter Anrufung der heiligsten Dreieinigkeit ins Feuer geworfen.
>
> Das Gebet des Herrn samt dem Engelsgruße wird zwei- oder dreimal hinzuge-

Abb. 2: Wetterzauber. Holzschnitt aus: Tractatus von den bösen Weiben, die man nennet die Hexen, Augsburg 1508.

fügt und das Evangelium Johannis »Am Anfang war das Wort« mit dem Zeichen des Kreuzes überall hin gegen das Gewitter, vorn und hinten und nach jeder Seite des Landes vorgetragen . . .

Wenn dann dreimal gesagt ist: Bei den Worten des Evangeliums, dies Gewitter soll weichen, wird das Gewitter sofort aufhören.[5]

Die Kunst des Wettermachens gehörte zu den Bestandteilen des Hexenwesens, die von Anfang an, auch unter den Befürwortern der Verfolgungen an sich, den verschiedensten Auslegungen unterworfen waren, ein Spektrum, das sich noch erheblich ausdehnte, wenn man auch die Ansichten der Gegner des Hexenwahns berücksichtigte. Nur der Tatbestand war unstrittig.

Sie machen Wetter, unzeitigen unmäßigen Regen, Wind, Donner, Hagel, Schnee, Reif, Frost, Raupen, Käfer und anderes Ungeziefer, damit Korn, Wein, Eicheln und andere Früchte auf dem Felde und in den Wäldern verderben.[6]

Im Mittelpunkt stand dabei die Frage, was von all dem allein Hexenwerk sei, was die Hexen nur mit Hilfe des Satans hatten bewirken können, was ausschließlich auf die Macht des Teufels zurückzuführen sei und welches dieser Werke nur mit Einwilligung Gottes geschehen könne.

Zugegeben, daß gerade dieses theologische Problem die Befürworter der Verfolgungen in eine schwierige Lage brachte. Einerseits waren sie daran interessiert, einen den Hexen zurechenbaren Anteil am »gemachten Wetter« möglichst hoch darzustellen, um den einfachen Ablauf der Verfahren im Beweisstadium zu sichern. Andererseits konnte und wollte man einen Einfluß der Menschen – sei er auch mit Hilfe des Teufels zustandegekommen – nicht höher bewerten als den Einfluß Gottes. Betonte man die Allmacht Gottes zu sehr, sahen sich die Hexenrichter außerstande, einer Hexe den Vorsatz zu einem schädigenden Verhalten nachzuweisen.

Von solch theologischen Rücksichtnahmen unbetroffen, konnte der Heidelberger Philosoph und Mathematiker Herman Witekind, genannt Wilcken, alias Augustin Lerchheimer, das Problem angehen. Zusammen mit Agrippa von Nettesheim und Johann Weyer war er einer der ersten, die sich dem Wahn entgegengestellt hatten. Augustin Lerchheimer – unter diesem Pseudonym veröffentlichte er seine Schriften, und so soll er auch hier genannt werden – hatte keine Schwierigkeiten, seinem Kapitel

Ob die Hexen Wetter können machen?

gleich eine ganze Reihe von Bibelzitaten voranzustellen, die auf den alleinigen Einfluß Gottes hinwiesen, die sicher auch den beiden Inquisitoren und Binsfeld bekannt gewesen waren, aber nicht in deren Konzept paßten.

> Er will ihnen Regen geben zu seiner Zeit, so sie in seinen Geboten wandern.
>
> Bittet Gott um zeitigen Regen,

heiße es in Zacharias X, und nicht

> bittet ein alt Weib um Regen.
>
> Ja, wenn solche Kunst und Macht in Weibern wäre, sollte man die selbige nicht allein nicht töten, sondern auch in Ehren und hoch halten, daß sie uns jederzeit das Wetter macheten wie wirs haben wollten.

Die Wetterzauberei, in den ländlichen Gebieten naturgemäß besonders stark gefürchtet, geriet dort immer mehr in den Mittelpunkt der Verfahren.

> Er hab den Vorschlag getan, die Fruchten zu verderben,

heißt es im Bekenntnis eines Angeklagten.

> ... den Weiberen befohlen, dasselbe ins Werk zu richten. Die Weiber wissen, wie sie die Wetter machen, dazu sie der Teufel anhalte, schlagen in die Bäche oder Wasser, in Teufels Namen, daraus kommen kalte Nebel, Regen und Schäden.

War einer Hexe erst einmal die Aussage abgefoltert, sie habe mit einem Wetterzauber die Ernte vernichten wollen, war das Todesurteil nur noch eine Frage der Zeit, erfolgte oft sogar direkt anschließend. Ein Gegner der Sache, wie Lerchheimer, mußte daher gerade den Wetterzauber mit überzeugenden Argumenten angreifen. Vor 1600 war die literarische Bewältigung des Hexenproblems eine Domäne der Theologen. So wird verständlich, daß auch bei Lerchheimer in seinem »Christlichen Bedencken von Zauberey« (1585) die theologische Argumentation bestimmend war. Der geschickte Aufbau des Kapitels gipfelt in dem Vorwurf an die Hexenrichter, sie und nicht die Hexen seien die wahren Sünder. Unter Hinweis auf den

> hochachtbaren Philosophus Seneca

stellte Lerchheimer fest, daß nicht einmal die Heiden an die Möglichkeit der Wetterbeeinflussung glaubten.

> Und wir, die wir Christen heißen und sein wollen, schämen uns nicht wider diese heidnische Wahrheit, wider die göttliche Lehre und Ehre das Widerspiel zu halten und zu verteidigen.
>
> Wenn ein nasses oder ein dürres Jahr, ein Mißwuchs an Korn und Wein sich zuträgt, müssen es Menschen getan haben, an denen wir unseren Schaden und Leid rächen, weil Gott, der rechte Verursacher, uns zu hoch gesessen, daß wir ihn nicht erreichen und ergreifen mögen.
>
> Sonst wehe ihm, wenn unsere Hexenrichter und -brenner seiner mächtig wären.[7]

Diesem schweren Angriff ging der auch von späteren Gegnern der Hexenverfolgung immer wieder ergänzte Fragenkatalog voran, ein Fragebogen unter dem Motto, wie es komme, daß die Hexen mit all ihrer Macht nie einmal sich selbst begünstigten. Ausreichende Antworten auf solche Fragen hatten die Hexenjäger nicht geben können.

> Wann ein dürre Zeit ist, warum vermögen sie keinen Regen über ihr Gärtlein oder Äckerlein zu machen?
>
> Wanns ihnen und ihren Kindern an Brot mangelt, wann sie zerlumpet und barfuß gehen, wanns ihnen das Feuer daheim erloschen,

nie gelang es den Hexen, ihre Fähigkeiten zum eigenen Vorteil einzusetzen.

Dagegen konnte es vorkommen, daß eine Hexe auf dem Hexensabbat den Teufel mit der Aufzählung der von ihr angerichteten Schäden nicht zufriedenstellte und sich dann selbst, etwa mit einer Krankheit, bestrafen mußte. So bekannte eine Hexe aus einem Moselort über ihre ebenfalls als Hexe denunzierte Nachbarin:

> Maxmeins Traudt sei der rechter auch eine, man findt (sie) etwas krank liegen, uß Ursachen, daß sie ihr selbst Schaden tun müssen, weil sie bei andern nit geschaffen.[8]

Nicht nur soweit es den Wetterzauber anging, diente Niders »Formicarius« den Verfassern des »Hexenhammers« als Grundlage. Auch Nider kannte schon den Geschlechtsverkehr zwischen Dämonen und Menschen und auch das Bild der kinderfressenden Hexe haben Sprenger und Institoris von ihm übernommen.

> ... in seinem Formicario auch viele Fabeln von den Bündnissen und Beyschlaff des Teuffels mit denen Hexen, und dergleychen Possen mehr ..., denn er war ein sehr einfältiger und leichtgläubiger Mann.[9]

Johannes Nider war Theoretiker, Professor für Theologie in Wien, und da er sich an Inquisitionsverfahren nicht selbst beteiligt hatte, war er auf Gewährsleute angewiesen, die ihm eine praxisbezogene Ausmalung seiner Schriften ermöglichten. Und in dieser Hinsicht war er nicht gerade wählerisch, wie Christian Thomasius in seiner »Historischen Untersuchung vom Ursprung und Fortgang des Inquisitionsprozesses wider die Hexen« (1712) nachwies.

> ... ist gewiß, daß der Niderus niemals auf seine eigene Erfahrung sich berufft, sondern alle die Fabuln die er erzehlet aus dem Leben der Altväter, des Basilii legende ..., des Bernardi legende ... Caesarii Helsterbacensis Buch, und dergleichen Schrifften genommen, die übrigen Histörchen ...

stammten aus mündlichen Prozeßberichten eines Berner Hexenrichters und aus den Anekdoten, die ihm ein Benediktinermönch mitteilte, ein Mann, der Anlaß zu Zweifeln an seiner Glaubwürdigkeit bot, der lange Jahre als Schwarzkünstler, Schauspieler und Spaßmacher durch die Lande gezogen war. Auch die Aussagen der übrigen Gewährsleute waren mit Vorsicht zu genießen. Sehen wir uns noch eine der Quellen Niders, gleichzeitig also eine mittelbare des »Hexenhammers« etwas genauer an, den »Dialogus miraculorum« des Zisterziensermönchs Caesarius, mit dem vom Standort seines Klosters abgeleiteten Beinamen, von Heisterbach:
Caesarius, von Hansen in höflichem understatement als »leichtgläubiger Anekdotensammler« charakterisiert, schilderte in sechsundfünfzig Kapiteln den letztlich erfolgreichen Versuch eines alten Mönchs, den ihm anvertrauten Novizen anhand von Teufels-, Dämonen- und Hexengeschichten von der Richtigkeit der kirchlichen Lehrsätze zu diesem Thema zu überzeugen. So mit der Geschichte der Frau aus Hasselt, die mit den Worten

> hier springe ich aus der Gewalt Gottes in die Gewalt des Teufels

von einem Faß springt, vom Teufel ergriffen und über die Wälder entführt wird. So mit der Geschichte des Glöckners, dem der Teufel in Gestalt eines schwarzen Ochsen erschien und der ebenso wie die Frau durch die Lüfte entführt, dann aber auf den Zinnen des Schlosses Isenburg abgesetzt wird. Und so auch mit der Geschichte des Kreuzfahrers, den der Teufel auf seinem Zauberroß innerhalb von nur einer Stunde von Jerusalem nach Lüttich brachte.
Der Teufel, wie Caesarius ihn vorstellt, ist kein

> Mephistopheles voll Menschenkenntnis, Erziehung und feiner Berechnung. Er ist gleichsam der Teufel in den Flegeljahren, plump, hochfahrend und trotzig, prahlend und gewalttätig wie ein nordischer Recke, oft linkisch in der Wahl seiner Mittel.[10]

Den größten Teil seiner Zeit verbringe der Teufel mit Verführungsversuchen an frommen Mädchen und Frauen, denen er, zum Beweis der eigenen Frömmigkeit, das Pater noster und das Glaubensbekenntnis vorbete, allerdings, wie es sich für einen rechten Teufel geziemt, durchsetzt mit grammatikalischen Fehlern und Sinnverdrehungen.

7.2 Teufelspakt

Voraussetzung eines jeden Schadenzaubers, sei es des Wettermachens, sei es der Verursachung einer Krankheit bei Mensch oder Vieh, war ein Pakt zwischen der Hexe und dem Teufel. Die Hexe wurde vom Teufel gegen Einsatz ihres Seelenheils mit übernatürlichen Kräften ausgestattet, die sie befähigten, aber auch verpflichteten, den übrigen Menschen bei jeder sich bietenden Gelegenheit größtmöglichen Schaden zuzufügen. Auf dem Hexensabbat schworen die neuen Mitglieder der Teufelssekte ihrem alten Gott, der Kirche und den Sakramenten ab, Stichwort Hostienschändung. Die Hostie, das äußere Zeichen des Leibes Christi, wurde während des Sabbats verhöhnt, beschimpft, bespuckt und schließlich kleingerieben zur Herstellung der Hexensalbe verwandt.

Schon 1233 hatte Gregor IX. in einer Bulle darüber geklagt,

> ... sie empfangen jährlich um Ostern den Leib des Herrn aus der Hand des Priesters, tragen ihn im Munde nach Hause und werfen ihn in den Unrat zur Schändung des Erlösers[11].

Diese noch aus der Zeit der Ketzerverfolgungen stammende Aussage hätte sich ebensogut in einer Schrift aus der Zeit des Hexenwahns finden können. Auch während der Hexenprozesse stand mit an oberster Stelle der Indizienkataloge die Beschuldigung, diese oder jene habe nach dem Empfang der Hostie die Hand zum Mund geführt, oder es

> ... nahm eine Hexe den Leib des Herrn, und plötzlich sich (vor dem Altar) verneigend, wie es die verfluchte Weiberart ist, brachte sie das Kleid an den Mund und nahm den Leib des Herrn heraus ... und legte ihn, also vom Dämon unterwiesen, in einen Topf, in dem eine Kröte war ... unter Beifügung anderer Dinge, mit denen sie ihre Hexentaten hätte vollbringen sollen[12].

Daneben versuchten die Hexen, um nicht ihren neuen Teufelsglauben durch das Hinunterschlucken der Hostie zu verleugnen, diese unter die Zunge zu schieben, ebenfalls ein schweres Indiz. In einer Ortschaft, die gerade von den Inquisitoren, oder später den Hexenjägern, heimgesucht wurde, konnte der Empfang des Sakramentes zu einem wahren Spießrutenlauf werden. Die Priester und letztlich auch die übrigen Bewohner des Dorfes als potentielle Denunzianten waren angehalten

> die höchste Aufmerksamkeit darauf zu haben, daß die Weiber mit ganz offenem Munde, wohl ausgestreckter Zunge, das Tuch weit vom Munde, das Abendmahl einnehmen.
>
> Je größerer Fleiß hierauf verwendet wird, um so mehr Hexen werden auf diese

Weise entlarvt.[13]

Nach Beendigung der Messe konnte die Notiz über eine etwaige Beobachtung in einen an der Kirche angebrachten Denunziationssammelkasten geworfen werden – ein Relikt aus der Zeit der kirchlichen Inquisition.

Die theoretische Begründung des Teufelspaktes brachte für Theologen und Juristen beider Rechte, des weltlichen und des Kirchenrechts, einige nicht leicht zu umgehende Schwierigkeiten mit sich. Aus der Versuchungsgeschichte Jesu –

dies alles will ich dir geben, wenn du niederfällst und mich anbetest! –

wurde gefolgert, ein Pakt könne nur zustandekommen, wenn auch ein nach außen erkennbares Zeichen für diesen Vertragsschluß vorhanden sei. Im vorstehenden Fall hätte also ein Niederknien Christi seinen Bund mit dem Teufel rechtskräftig gemacht. Damit befand sich die theologische Auslegung in Übereinstimmung mit der juristischen Lehre vom Zustandekommen eines Vertrages. Auch die Vertragsparteien Hexe und Teufel mußten eine gegenseitige, von einem Außenstehenden erkennbare Abmachung treffen, eine Abmachung, die zum Prozeßgegenstand werden konnte, also mindestens theoretisch beweisbar sein mußte. Die Aufgabe war wenigstens dadurch etwas erleichtert, daß der Nachweis nur hinsichtlich der Beteiligung der Hexe zu führen war; den Teufel selbst konnte man ja schlecht als Angeklagten oder Belastungszeugen vor die Gerichtsschranken zitieren.

Zur Abblockung der Beweisschwierigkeiten, denen die Gerichte lange Zeit ausgesetzt waren, wurde eine ganze Reihe von Lösungen angeboten, die es nach genauerer Betrachtung verständlich erscheinen lassen, daß noch heute von vielen das Reizwort Jurist mit der Assoziation der Spitzfindigkeit beantwortet wird.

Die Lehre vom »stigma diabolicum« wurde entwickelt, dem Hexenmal, das der Teufel seiner neuen Gefolgsfrau auf dem Hexensabbat aufdrücke. Parallel dazu erfolgten Zulassung und Begründung der Nadelprobe.

Das Hexenmal war erfunden worden, um den Pakt nachweisen zu können, die Nadelprobe diente zum Beweis, daß das Hexenmal tatsächlich vom Teufel eingebrannt war. Als dieser Zusammenhang erst einmal in die allgemein herrschenden Vorstellungen eingegangen war, konnte es gefährlich werden, die Richtigkeit der Hexenstigmatheorie mit der Frage nach dem Warum anzugreifen.

Er habe noch keine Hexen gefunden, die das Hexenmal nicht hätten, schrieb Ostermann. Von ihm als Befürworter der Prozesse war die Frage auch nicht zu erwarten. Aber auch von Friedrich von Spee, der immerhin bemerkte,

> gewiß werden die Richter und Henker um so leichter welche finden, je mehr ihnen daran gelegen ist[14],

wurde sie nicht gestellt. Dabei drängte sie sich geradezu auf. Warum hatte der Teufel seine Hexen gebrandmarkt? Sollte er vergeßlich sein? Aus Besitzerstolz? Wollte er die Hexenjäger unterstützen, um etwas eher in den »Genuß« der Seele zu kommen? Alles sicher nicht.

Aber solange die Nadelprobe und die Bedeutung des Hexenmals unwidersprochen blieben, brauchte sich niemand um den Ursprung und die Grundlagen dieser Institute Gedanken zu machen. Vielmehr konnte man sich mit der Fertigstellung des Netzes beschäftigen. Zwar hatte Ostermann keine Hexe ohne das Zeichen gesehen, doch wer wollte ausschließen, daß es das nicht gab.

Eine Frau, an der man das Hexenmal nicht finde, sei deshalb besonders verdächtig, schloß der französische Jurist Jean Bodin, sei eine eigene Braut des Teufels, der sich ihrer Treue vollkommen sicher sei. Der juristischen Spitzfindigkeit folgte die theologische. Hinsichtlich der gezeichneten Frauen könne jedermann beruhigt sein, denn es sei unvorstellbar, daß Gott zulassen werde, daß auch einer Unschuldigen ein solches Zeichen eingebrannt würde. Wieder eine bequeme, aber unbewiesen unterstellte Voraussetzung, zugleich aber der Ansatzpunkt für die Kritik Spees.

> Die Richter sollen vorerst einmal den Beweis ganz sicher in Händen halten, Gott werde niemals zulassen, daß die Bosheit des Teufels Schuldlosen solche Male aufbrenne.

Die Berechtigung des Vorwurfs ergibt sich schon aus der Tatsache, daß ein derartiger Beweis gar nicht geführt werden konnte. So versuchten also die Hexenjäger, Richter und Kommissare mit einem Trick, um diese Klippe herumzukommen.

> Wenn Gott das erlauben würde, so würde Unheil daraus entstehen, weil man Unschuldige für Verbrecher halten und hinrichten würde.

Diese Umgehung ließ Spee jedoch nicht gelten.

> *So* soll dieser Beweis aber nicht lauten. Denn damit wird also vorausgesetzt, daß derartig gekennzeichnete Personen von Rechts wegen als schuldig angesehen werden dürfen – während gerade dies in Frage steht.
> Darum bewegt sich dieser Beweis im Kreise.[15]

Auch dieser scharfsinnige Vorwurf hatte keine praktischen Auswirkungen. Weiterhin wurden die Prozesse nach dem Grundsatz geführt,

> daß, wenn unter zweihundert verurteilten Menschen sich auch nur ein Schuldiger finde, es doch besser sei, daß die Unschuldigen mit den Schuldigen verbrannt, als daß ein einziger Schuldiger verschont würde[16].

Einige neuere Autoren haben die wissenschaftliche Ausbildung der Lehre vom Teufelspakt Thomas von Aquin zugeschrieben. Das ist nur bedingt richtig. Unstrittig hat sich Thomas von Aquin mehrfach und in verschiedenen Werken mit der Frage des Teufelsvertrages beschäftigt.

Seine Thesen stützten sich entscheidend auf die von den römischen Juristen übernommene Entscheidung zwischen dem »pactum« und dem »contractus«. Aber der Unterschied war minimal, schon Juristen gerieten in Schwierigkeiten, wenn man von ihnen eine exakte Abgrenzung verlangte, für normale Sterbliche vermischte er sich noch weiter, bis die Worte Pakt und Kontrakt synonym auf einen bindenden Vertrag angewandt wurden. Für Thomas von Aquin galt nur der »contractus« als förmlicher Vertrag, das »pactum« stand eine Stufe tiefer, bezeichnete ein Bündnis, eine gewisse Zusammengehörigkeit. Eine ausdrückliche oder stillschweigende Anrufung des Teufels genügte zur Begründung des Paktes, es fehlte eben nur das äußere Zeichen für die gegenseitige Verpflichtung, wie die Hexenjäger es sich später mit dem »stigma diabolicum« schufen. Wie gering der Unterschied auch für Thomas von Aquin selbst war, zeigt eine Stelle, in der er von dem »pactum« als dem

> quasi quendam contractum[17]

spricht, dem beinahe Kontrakt.

Daß sich eine derart feine Unterscheidung nicht über mehr als zwei Jahrhunderte hinweg in der ursprünglich konstruierten Form erhalten konnte, war vorauszusehen.

Schon der »Hexenhammer«, auch wenn sich die Verfasser ausdrücklich auf Thomas von Aquin beriefen, sprach nurmehr von dem einheitlichen Pakt, übernahm aber die Aufteilung in eine ausdrückliche und eine stillschweigende Anrufung des Teufels.[18]

In der täglichen Prozeßpraxis war es natürlich einfacher, mit der Kombination formeller Vertrag/Hexenmal zu arbeiten, als den Versuch zu unternehmen, einen stillschweigenden Vertrag zwischen Hexe und Teufel nachzuweisen. Es konnte aber immerhin vorkommen, daß man an einer Angeklagten das Hexenmal nicht fand und ein wenigstens formell gerechter Richter das auf diesen Fall zugeschnittene »Jetzt-erst-recht«-Argument Jean Bodins ablehnte. Dann konnte dieser Richter aber die Möglichkeit nutzen, die ihm mittelbar durch Thomas von Aquin an die Hand gegeben war: die Frau aufgrund eines schweren Indizes oder einer Denunziation peinlich zu befragen und sie zu dem Geständnis zu bestimmen, ja, ein solcher stillschweigender Vertrag sei geschlossen worden.

7.3 Teufelsbuhlschaft

Man ging davon aus, daß der Teufelspakt in der Mehrzahl der Fälle durch einen Geschlechtsverkehr zwischen Teufel und Mensch, die sogenannte Teufelsbuhlschaft, besiegelt wurde. Handelte es sich um eine weibliche Hexe, trat der Teufel in Männergestalt als Incubus (= der Aufliegende) auf, den Männern erschien er als weiblicher Succubus.

Schon um 1225 hatte Caesarius von Heisterbach in seinen »Mirakeldialogen« die Existenz von Incubus und Succubus beschrieben. Er war allerdings einer der ersten Autoren, der diese Vorgänge in Verbindung mit den hexischen Zauberkünsten sah. Die Vorstellung, daß Götter, Dämonen oder überhaupt überirdische Wesen in direkten Kontakt mit den Menschen treten konnten – bis hin zur letzten Konsequenz Geschlechtsverkehr und Zeugung –, geht auf heidnische und biblische Mythen zurück.

Zwei Tatbestände gewannen entscheidende Bedeutung. Die biblische Vorstellung vom Geschlechtsverkehr der Söhne Gottes mit den Töchtern der Menschen, Gen. 6, 1–4. Eine expansive Auslegung schon dieser Stelle allein hätte zur Begründung der Teufelsbuhlschaft ausgereicht. Dazu kam dann aber noch die von den Kirchenvätern bejahte und dadurch mit besonderer Autorität ausgestattete Meinung, bei den Göttern und Halbgöttern der antiken Mythologie handle es sich um reale Wesen und, da heidnische Götter, also um Dämonen. Gestalten wie Achilles und Aeneas, hervorgegangen aus einer Ehe zwischen Mensch und Dämon, waren der Beweis für einen direkten Kontakt. Augustinus befand es bereits

schamlos dergleichen zu leugnen[19].

Wieder war es Thomas von Aquin, dessen Beschäftigung mit dem Thema Anlaß zu Mißverständnissen gab, der aber letztlich die Verbreitung beträchtlich förderte.

Als Thomas von Aquin mit der Ausarbeitung seiner Theorie über das Wesen der Dämonen begann, hatte er sich mit zwei früheren Ansichten auseinanderzusetzen. Mit der der Peripatetiker, die eine Existenz der Dämonen überhaupt leugneten, für die allein die Himmelskörper als Verursacher der den Geistern nachgesagten Handlungen in Betracht kamen und mit der der Platoniker. Diese letztere war im Mittelalter ganz überwiegend herrschende Auffassung: Dämonen, Engel und Geister bestanden aus teils geistigen, teils körperlichen Elementen, eine Zusammensetzung entsprechend der im Menschen vorliegenden Vereinigung von Seele und Körper, das ganze eben nur auf einer höheren Ebene.

Diese materialistische Dämonologie barg schon alle Voraussetzungen in sich, die für einen körperlichen Kontakt zwischen Mensch und Dämon erforderlich waren. Eine praktische Anwendung dieser Theorie etwa war die Propaganda des Goten Jordanis, der die Hunnen als von Dämonen und bösen Weibern gezeugt ansah.[20]

Was beinhaltete diese Theorie weiter? Eine detaillierte Aufzählung war bereits um 260 n. Chr. von den Neuplatonikern Plotin und Porphyrius vorgenommen worden. Danach gab es

> gute und böse Dämonen, die alle, unter dem Monde wohnend, luftartige, leidensfähige, vergängliche Leiber besitzen . . .
> Die schlechten haben mißgestaltete Körper, sogar erdartige, betastbare, sind gewalttätig, heimtückischen Wesens . . .
> sind Urheber von Seuchen, Erdbeben, Unfruchtbarkeit, fallen den Menschen unter allerlei Ziergestalten an, vermischen sich mit ihnen geschlechtlich . . .
> verleiten die Menschen zur Meinung, daß auch Böses von den Göttern komme.[21]

Dagegen stellte Thomas von Aquin seine, wie er sie selbst nannte, »Lehre des christlichen Glaubens«, nach der die Natur der Dämonen eine rein geistige war. Dann folgten die »Aber« – in einer wissenschaftlichen Theorie notwendige und berechtigte Differenzierungen –, die jedoch von späteren, auch geistlichen, Autoren ihrer Subtilität wegen kaum einmal nachvollzogen wurden. Das geistige Dasein der Dämonen und Engel schloß

> in keiner Weise etwas Körperliches als natürlichen Wesensbestandteil in sich –

so die Grundthese – jedoch sollte es möglich sein, daß diese Geister

> zuweilen äußerlich Körper annehmen.
> Aber da sie diese Leiber nur äußerlich annehmen, nicht als natürlich mit ihrer

Natur vereinigte Mitprinzipien ihrer Tätigkeit, besitzen Engel und Dämonen weder Sinnesleidenschaften, noch können sie durch den angenommenen Leib vitale Tätigkeiten hervorbringen.[22]

Diese theoretische Verrenkung war das Ergebnis des Bemühens, seine Ausführungen in Einklang mit dem Alten Testament zu bringen. Denn ohne einen hin und wieder zutage tretenden äußerlichen Körper wären etwa die Engelerscheinungen nicht erklärbar gewesen. So aber konnte ein Engel zu Tobias sagen:

Ich schien zwar mit Euch zu essen und zu trinken, aber ich bediente mich einer unsichtbaren Speise.

Ein Geist also, der sich in bestimmten Situationen einer äußeren Hülle bediente, dem aber die Körpersinne fehlten. Davon ausgehend mußte Thomas von Aquin die direkte Dämonen- oder Teufelszeugung verneinen und einen mittelbaren Weg wählen.

Die Teufel dienen in Menschengestalt nur als Samenvermittler, indem sie den in Weibsgestalt erhaltenen männlichen Samen – Succubus – nachher in Mannesgestalt auf das Weib übertragen – Incubus –.[23]

Damit war der Grundstock zu einer ganzen Verkettung von Mißverständnissen gelegt, die in dem Vorwurf gipfelten, Thomas von Aquin habe eine wissenschaftliche Theorie über den Geschlechtsverkehr zwischen Dämonen und Menschen begründet. Derartig absolut sind diese Aussagen sicherlich falsch. Eines aber darf man nicht übersehen: Thomas von Aquin hat eine Problematik des Incubus/Succubus-Bereiches umfassend neu gestaltet und das Thema insgesamt wieder ins Gespräch gebracht.

Die sachliche und persönliche Autorität, die er genoß – Leo XIII. bezeichnete ihn in einer Enzyklika als Lehrer der gesamten Philosophie und Theologie –, versah natürlich jede einzelne seiner Aussagen mit ganz besonderem Gewicht, auch wenn diese, wie es in der Folgezeit häufig geschah, aus dem Zusammenhang herausgerissen zitiert wurden. Doch darunter hatten die meisten Autoren zu leiden.

So zum Beispiel auch Luther, den man an seiner Aussage maß,

ich wollte Hexen und Zauberinnen selber verbrennen,

dessen Einschränkungen hinsichtlich der Luftfahrt und der Tierverwandlungen aber nahezu unbeachtet blieben. Ähnliches widerfuhr Thomas von Aquin nun mit seinen Differenzierungen zur Geistigkeit beziehungsweise Körperlichkeit der Dämonen.

Während die Verfasser des »Hexenhammers« diese Unterscheidung, wenn auch schon vereinfacht, noch in ihr Werk aufnahmen, wurde sie gut einhundert Jahre später bei Petrus Binsfeld bereits unterschlagen. Binsfeld, selbst

> der H. Schrifft Doctor

und Weihbischof in Trier, schrieb unter ausdrücklicher Berufung auf Thomas von Aquin, daß

> die Teuffele mit den Weiberen sich vermischeten un Kinder zeugete, daß solches nit geschehe auß krafft eygenen samens, dessen sie auß ihnen selbst keinen haben, sonder mit huelff eins Menschen, in dem sie den samen von dem Mannen, mit schaendtlichem underleigen empfahen und noch schaendtlicher mit den Weiberen vermischendt von sich geben[24].

Die Samenvermittlerrolle des Teufels, ebenso wie der Geschlechtsverkehr zwischen Dämonen und Menschen überhaupt, wurde schon früh entschieden bekämpft. Dies geschah jedoch fast ausschließlich mit medizinischen und psychologischen Argumenten. Es handle sich um Wahn- oder Wunschvorstellungen der Frauen,

> es müssen beide, der männliche und der weibliche Samen zur Stund ohn Mittel zusammen kommen, sonst verschwindet der lebendige Atem daraus . . .
> . . . (und) werden untauglich zur Empfängnis und Geburt[25].

Es fand sich aber niemand, der das Problem mit der an sich unpassenden, dennoch entscheidenden theologischen Argumentation angegriffen hätte, und damit waren alle Bemühungen von vornherein zur Erfolglosigkeit bestimmt. Unter der Folter bekannten die Frauen weiterhin ihre Teufelsbuhlschaften, siebenjährige Kinder wie siebzigjährige Greisinnen.

Schließlich sah man die Welt voller Buhlteufel. Das Konzil von Konstanz brachte Hochkonjunktur für die Damen des ältesten Gewerbes der Welt. Der Kurfürst von Sachsen stellte siebenhundert Frauen fest, die sich anschickten, den geistlichen und weltlichen Fürsten die Verhandlungsnächte zu versüßen. Viele dieser Frauen seien Teufelinnen, hieß es, die alles daransetzen würden, einen Kleriker zu verführen, um so – aus der Sicht der Satansgemeinde – zu Märtyrern zu werden.[26] Daß die Hunnen als Teufelsbrut galten, hielt man für ausgemacht. Entsprechendes sagte man Luther nach, er sei der Sohn eines Buhlteufels und einer Wirtstochter aus Wittenberg. Auf Jahrmärkten wurden Mißgeburten und Krüppel vorgeführt, die der Teufel gezeugt habe,

> Wechselbelge, wie man sie nent[27].

Berühmtestes Beispiel war ein Wechselbalg des 13. Jahrhunderts, der nach sechs Monaten vollkommen ausgezahnt und die Größe eines siebzehnjährigen Jünglings erreicht[28]

habe.

Als aber die Menschen anfingen, sich auf der Erde zu mehren und ihnen Töchter geboren wurden, sahen die Gottessöhne, daß die Töchter der Menschen schön waren und sie nahmen sich zu Weibern welche sie wollten.

Zu jenen Zeiten, als die Gottessöhne zu den Töchtern der Menschen sich gesellten, und diese ihnen Kinder gebaren, waren die Riesen auf Erden.

Lange Zeit ging man davon aus, die von den Dämonen mittelbar oder unmittelbar gezeugten Kinder seien mit besonderen Geistes- und (oder) Körperkräften ausgestattet. Noch deutlicher als aus dem obigen Genesiszitat geht dies aus dem ersten Henochbuch hervor, einer allerdings außerbiblischen Schrift, einem der sogenannten Pseudepigraphen. Das Henochbuch beginnt mit der Beschreibung der Engelwelt an der Stelle, wo die Genesis endet.

Zweihundert Engel steigen auf die Erde hinab, um sich mit den Töchtern der Menschen zu vermählen, und die Menschenfrauen bringen 3000 Ellen große Riesen zur Welt, können sie aber nicht ernähren. Die Riesen greifen zur Selbsthilfe, brauchen die Vorräte der Menschen auf und werden zu Kannibalen, fressen die Menschen und fallen sich letztlich gegenseitig an. Der Fortbestand der Menschheit ist ernstlich gefährdet. Die Väter der Riesen hatten

die Bosheit in die Welt getragen.

Sie machten die Menschen mit Waffen, Krieg und Abtreibung bekannt, lehrten sie Zauberei und Magie und unterrichteten die Frauen in Herstellung und Anwendung von Kosmetika.

Auf Befehl Gottes greifen die vier Hauptengel ein: Gabriel, Rafael, Uriel und Michael. Henoch teilt den abgefallenen Engeln das Urteil Gottes mit.

Warum verließet ihr den hohen, heiligen und ewigen Himmel,
schliefet bei den Frauen,
verunreinigtet euch mit den Menschentöchtern ...
tatet wie die Erdenkinder
und zeugtet Riesensöhne ...
Ihr werdet keinen Frieden haben![29]

Die Anführer der abtrünnigen Engel werden überwältigt, die Riesensöhne gegeneinander aufgehetzt. Dennoch, das Böse bleibt auf der Welt; die aus den erschlagenen Riesen ausfahrenden Geister verführen die Menschen zu Sünde und versuchen sie, soweit Gott es zuläßt, zu schädigen.

> Die Riesen aber, die von den Geistern
> und vom Fleisch erzeugt wurden,
> wird man auf Erden böse Geister nennen ...
> Die Geister der Riesen handeln böse,
> begehen Gewalttaten, zerstören,
> greifen an, kämpfen, wirken verheerend auf der Erde
> und bringen Verwirrung.[30]

Die Vorstellung der mit besonderer Kraft und Größe begabten Dämonenkinder ist nicht auf biblische oder der Bibel nahestehende Mythen begrenzt. Die Gründer Roms, Romulus und Remus, gelten als Söhne des Kriegsgottes Mars und Rhea Sylvia, der Tochter des albanischen Königs Numidor. Das Urbild der Kraft: Herkules, Sohn des Jupiter und der Alkmene, der Frau des Thebanerkönigs Amphitryon,

> in dessen angenommener Gestalt der Vater der Götter die reizende Königin betrügerisch überlistet hatte.

Georg Conrad Horst entrüstete sich in seiner Zauberbibliothek über den Trick Jupiters,

> denn diese Olympier, diese feinen Unsterblichen, achteten Lug und Trug zur Erreichung ihrer Zwecke für Nichts.[31]

Überhaupt Jupiter: die schöne Helena, ein Produkt seines Seitensprunges mit Leda, Zethus und Amphion

> geboren aus der Umarmung Jupiters

mit Antiope.

Die Fülle der Beispiele zeigt, daß Sprenger und Institoris auf gesichertem und wohl vorbereitetem Boden bauen konnten. Ihre Auslegung der Moses-Stelle über den Geschlechtsverkehr der Söhne Gottes mit den Töchtern der Menschen machte aus den abtrünnigen Engeln die dem System des »Hexenhammers« besser entsprechenden Incubi. Dies, wie die Autoren offen zugeben,

> unbeschadet der Meinung einiger, die behaupten, daß die Dämonen in den angenommenen Körpern auf keine Weise zeugen könnten ...
> Weil jedoch das Gegenteil,

und damit die Meinung der Inquisitoren, die sie mit zahlreichen Literaturangaben belegten,

> von vielen behauptet wird, und, was viele glauben, nach den Grundsätzen des Philosophen (= Aristoteles) nicht schlechterdings falsch sein kann,[32]

hielten sie ihre Incubus-Theorie für ausreichend abgesichert. Daß es sich um ein hochaktuelles Problem handeln müsse, entnahmen sie den Aussagen einiger gefolterter Hexen, die eine

Teufelsbuhlschaft zugegeben hatten.
Nicht anders Martin Luther.

> Was aber die Buhlteufel, Incubus und Succubus genannt, betrifft, so bin ich darwider nicht, sondern glaube, daß es geschehen könne ...
> Denn ich habe ihrer viele gehört, die von ihren eigenen Exempeln gesagt haben: dem Satan geschieht gar lieb damit, wenn er uns in einer angenommenen Jünglings- oder Weibsgestalt betrügen kann.[33]

Luthers Auffassung war in diesem Punkt identisch mit der der beiden Dominikanerinquisitoren, was an sich nicht ganz verständlich ist, denn den gemeinsamen Ausgangspunkt (Genesis 6, 1–4) legte er genau entgegengesetzt aus.

> Hier erdichten abermal die Juden viel närrisches Dinges und sagen, die Söhne Gottes seien Buhlteufel.

Die Teufelsbuhlschaft entwickelte sich vor allem in den Prozessen gegen die Frauen neben dem Schadenzauber zum Kernstück des Verfahrens. Kaum eine Verhöranleitung, die nicht nach Art, Umständen und Häufigkeit des Geschlechtsverkehrs fragte.

> Wie ihr teuflischer Buhl heiße, was für Gemeinschaft sie mit demselben gehabt, und was Gestalt sie ihm verbunden?
> Wie sie überall zusammen kommen und was sie miteinander verbringen?

Diese und andere Fragen stellten die Richter aus Bayern, die nach einer Verhöranleitung aus dem Jahre 1622 vorgingen, der Interrogatia,

> darauf ungefehrlich die zauberisch und Hexen Persohnen peinlich examiniert werden mochten.

Das schnelle Anwachsen der Hexengemeinde sah man ebenfalls in Zusammenhang mit der Teufelsbuhlschaft. Als Succubus und Incubus sorgte der Teufel für Nachwuchs. Die Welt war voller Teufelshuren – in Bologna wurde 1486 ein ganzes Bordell voll Succubi ausgehoben, der Inhaber verbrannt.[34]
Aber auch ohne eigenes Zeugungszutun des Teufels vergrößerte sich seine Anhängerschaft. Die Hexen weihten ihre natürlichen Kinder den Dämonen, meist ohne Wissen der Väter, oder es waren die im »Hexenhammer« besonders verdächtigten Hexenhebammen, die eine solche Weihe in aller Heimlichkeit vornahmen.

> Wenn nämlich das Kind geboren ist, trägt es die Hebamme, falls die Wöchnerin nicht schon selber eine Hexe ist, gleichsam, als wollte sie eine Arbeit zur Erwärmung des Kindes vollbringen, aus der Kammer heraus und opfert es, indem sie es in die Höhe hebt, dem Fürsten der Dämonen, d. h. Luzifer und allen Dämonen.

Diese These des »Hexenhammers« hatte schwerwiegende Folgen, die Verwandtschaft mit einer Hexe galt als starkes Indiz für eigene Hexentaten, und die Fragen, ob Vater oder Mutter als Hexe verbrannt worden seien, standen in den Verhöranleitungen an oberster Stelle. Dabei waren nur wenige Verfasser solcher Instruktionen so zurückhaltend wie der Kölner Hexenkommissar Heinrich Schultheiß. Die meisten seiner Kollegen schlossen von der Hexentätigkeit der Eltern auch auf die der Kinder, eben weil in einem solchen Fall auch diese regelmäßig dem Satan geweiht seien. Schultheiß hielt diesen Schluß für nicht immer anwendbar, denn es bestehe die Möglichkeit, daß ein Hexenpaar auch fromme Kinder habe.

> Also daß von der Eltern auff die Kindern, als nemlich die Elteren seyn Hexen gewesen, ergo seyn die Kinder auch Hexen, nicht recht noch bestendig kann argumentirt und von den Eltern auff die Kindern das Laster nicht sicher unfelbar gezogen werden.[35]

Wohin die Vorstellung einer erblichen Hexerei in letzter Konsequenz führen konnte, zeigt die Ausrottung der Bamberger Familie Haan.[36]

Mehrere hundert Menschen wurden zwischen 1625 und 1630 in Bamberg unter dem Fürstbischof Johann Georg hingerichtet, sechshundert lautete die Zahl in einem mit bischöflicher Druckerlaubnis versehenen Flugblatt des Jahres 1659, neuere Schätzungen nach dem noch vorliegenden Aktenmaterial liegen wesentlich höher. Die »weltlichen Herren Räthe, deputirte Commissäre, Malefiz-Räthe, die Directoren und Scharpffrichter zu Bamberg« hatten sich in einen Hexenrausch hineingesteigert, der auch vor den angesehensten Familien der Stadt nicht halt machte.

Dr. Georg Haan war Kanzler des Fürstentums, ein weit über dessen Grenzen hinaus bekannter und seines diplomatischen Geschickes wegen geachteter Mann. Seine Frau Katherina stammt aus Mergentheim. Während der intensiven Hexenverfolgungen war es in Amtshilfe üblich geworden, daß die Gerichte die Listen der Verurteilten mitsamt deren Aussagen über sonstige Teilnehmer an Hexensabbaten auch anderen Gerichten zugänglich machten. Wohl aus einer solchen Zusammenstellung hatten die Bamberger Hexenjäger in Erfahrung gebracht, daß sowohl die Mutter Katharina Haans als auch ihre Großmutter in Mergentheim als Hexen verbrannt worden waren. Damit war sie bereits stark belastet, und schon eine einzige zusätzliche Denunziation konnte ihre Verhaftung bewirken.

Am 29. Dezember 1627 war es soweit. Zusammen mit ihrer

ältesten Tochter, die man nach den oben angedeuteten Grundsätzen ebenfalls als Hexe ansah, wurde sie eingezogen. Ihr Mann begab sich nach Speyer, wo er vor dem Reichskammergericht eine Klage gegen das ungerechtfertigte Vorgehen der Bamberger Obrigkeit einreichte und ein kaiserliches Mandat beantragte, mit dessen Hilfe er die Freilassung der beiden Frauen durchsetzen wollte.

Noch während der Kanzler in Speyer auf die Entscheidung der obersten Richter wartete, wurden

> auf feindliche, neidhässige, rachsüchtige Verhetzung und Anstiftung etlicher Mißgünstiger die Frau und Tochter des Kanzlers im Feuer jämmerlich hingerichtet.

Ohne das Verfahren weiter fortzusetzen, um wenigstens eine nachträgliche Rehabilitation der Verurteilten durchzusetzen, kehrte Haan nach Bamberg zurück in der Meinung, er selbst könne

> seinem Amte wie früher treulich vorstehen.

Doch was sich schon in dem Schnellverfahren gegen seine Frau angedeutet hatte, wurde auch jetzt wieder offenbar. Er besaß einflußreiche Feinde, die seine Abwesenheit dazu genutzt hatten, das Vertrauen des Fürstbischofs in seinen Kanzler zu untergraben und die auch in dem entscheidenden Gremium, dem

> Collegium der Weltlichen Herren Räthe,

entschieden Stimmung gegen ihn erzeugt hatten. Wenn auch kaum mit fairen Mitteln. Als Georg Haan vor dem Rat erschien, hatte er sich mit einer Kopie seiner in Speyer eingereichten Klageschrift auseinanderzusetzen, die, vorsichtig gesagt, nicht ganz mit dem Original übereinstimmte, die, weniger vorsichtig ausgedrückt, gefälscht worden war, um ihn im Rat der Stadt in Mißkredit zu bringen. Von

> vielen unschuldig Hingerichteten

war die Rede, ein Vorwurf, der auch in dieser Form seine Berechtigung gehabt hätte, der aber so nie Verwendung gefunden hatte. Anhand des Originals gelang Haan der Nachweis, daß eine derartige Formulierung den kaiserlichen Richtern nicht zugegangen war.

> Viele beschuldigte Hingerichtete

hatte es dort geheißen.

Die Rechtfertigung hatte den Bischof nicht davon abgehalten, schon vor der Ratssitzung die Inhaftierung des Kanzlers anzuordnen und gleichzeitig die seines ältesten Sohnes, Dr. Georg Adam Haan, da auch dieser die Anrufung des Reichskammergerichts unterstützt habe.

Wäre der Kanzler nur nicht gleich nach Speyer gegangen, hieß es in einer gemeinsamen Verlautbarung von Bischof und Stadtrat,

> würden seine Frau und seine Tochter noch am Leben, oder wenigstens nicht öffentlich auf einem Heuwagen, sondern vor Tagesanbruch in einer Kutsche zur Hinrichtung hinausgeführt worden sein.

Wieder mußte sich ein Mitglied der Familie Haan auf den Weg zum Reichskammergericht machen, Carl Haan, der zweite Sohn des Kanzlers.

Da er in Speyer auf den zu spät ergangenen ersten Beschluß des Gerichts hinweisen konnte und auf den, im wahrsten Sinne des Wortes, kurzen Prozeß, den man seiner Mutter und seiner Schwester gemacht hatte, erging diesmal bereits nach verhältnismäßig kurzer Verfahrensdauer ein gegen den Fürstbischof Johann Georg gerichtetes Mandat.

Die Bamberger Vorgänge bedeuteten

> eine nicht zu duldende Verletzung der im Reiche geltenden Rechtsordnung und der oberstrichterlichen Gewalt des Kaisers.

Beide Verhaftete seien unverzüglich freizulassen und dürften

> in keiner Weise in der Verfolgung ihres Rechtes bei dem obersten Reichsgericht gehindert werden.

Wiederum vorsichtig formuliert: Es bestand die Möglichkeit, daß diese Entscheidung den Bamberger Behörden erst nach Vollstreckung der Urteile zugegangen war. Wahrscheinlicher aber ist, worauf auch die spätere nachweisbare Nichtbeachtung anderer kaiserlicher Mandate hinweist, daß der Kanzler und sein Sohn trotz oder wegen der Entscheidung des Reichskammergerichtes verbrannt wurden.

Ein Jahr später wurden zwei weitere Angehörige der Familie als Hexen hingerichtet, die zweite Tochter des Kanzlers, Ursula, und die Witwe seines Sohnes Georg Adam.

Die Ausrottung der Familie Haan war kein Einzelfall. Die besondere Stellung Dr. Haans als Kanzler und die mit dem Reichskammergericht gewechselten Schriftsätze ermöglichten aber eine verhältnismäßig genaue Rekonstruktion des gesamten Vorganges. Deshalb wurde das Beispiel der Familie Haan hier ausgewählt, obwohl es nicht in jeder Hinsicht typisch für die Annahme der Vererblichkeit der Hexerei innerhalb einer Familie war; persönliche und gemeindepolitische Eifersüchteleien spielten ebenfalls eine erhebliche Rolle. In vielen anderen Fällen läßt sich heute nur noch die Tatsache dieser Ausrottung an sich aus den Hinrichtungsprotokollen herauslesen, wie etwa aus den Würzburger Aufzeichnungen der Jahre 1627/28, wo jeweils mehrere Verurteilte in einem »brandt« hingerichtet worden waren.

> Verzeichnis der Hexen-Leut, so zu Würzburg mit dem Schwert gerichtet und hernacher verbrannt worden.
>
> Im sechsten Brandt: Der Rath-Vogt, Gering genannt.
>
> Im sechszehenden Brandt: Des obgedachten Raths-Vogts zwo Töchter und seine Magd.
>
> Im sechsundzwanzigsten Brandt: Des Raths-Vogts klein Söhnlein.

oder

> Im einundzwanzigsten Brandt: des Stolzenbergers Rathsherrn Söhnlein, zween Alumni.
>
> Im zweiundzwanzigsten Brandt: Des Stolzenbergers Rathsherrn große Tochter.
>
> Die Stolzenbergerin selbst.[37]

Letzten Endes waren auch diese Hinrichtungen der Incubus/Succubus-Vorstellung und der Theorie über die Vererbbarkeit der Hexenmacht zu verdanken, wenn auch in der Urteilsbegründung ein entsprechender Hinweis meist fehlte. Juristisch einwandfrei führte man nur das Geständnis der Hexe über einen Schadenzauber als entscheidungserheblich an.

8 Verfahrensgrundsätze

8.1 Indizien

Zu Beginn des 16. Jahrhunderts lag die komplette theoretische Begründung des Hexenwesens vor. Das Hauptverdienst dieser Arbeit ging auf das Konto von Sprenger und Institoris, nicht so sehr wegen der Originalität ihrer Aussagen, sondern aufgrund des Fleißes, mit dem sie die vorhandene Literatur auswerteten, systematisierten und in einem praktischen, allgemeinverständlichen Werk zusammenfaßten.
Daneben setzten sie allerdings auch eigene Akzente. Mit der Betonung der Schadenzauberei schufen sie die endgültige Voraussetzung für die Ablösung des Ketzerprozesses durch den Hexenprozeß, wobei das Hauptgewicht der Verhandlungen fortan vor den weltlichen Gerichten liegen sollte. Um diese Zuweisung zu erreichen, um aber gleichzeitig die Anwendung der Verfahrensgrundsätze des Inquisitionsprozesses – geheime, schriftliche Verhandlung, Folter als Beweismittel – sicherzustellen, machten sie aus der Hexerei ein Sonderverbrechen, ein »crimen exceptum«.
Für den Beschuldigten bedeutete dies eine nur noch minimale Chance, sich der Bestrafung entziehen zu können. Die Zuweisung stellte die Hexerei auf eine Stufe mit den übrigen Sonderverbrechen, mit Majestätsbeleidigung, Verrat und Verschwörung, mit Falschmünzerei und Raubmord.[1] Gemeinsames Kennzeichen dieser Verbrechen war eine starke, unmittelbare Gefährdung oder sogar schon Schädigung des Gemeinwesens. Aus diesem Grunde befand man die gewöhnlichen Gesetzesbestimmungen als zu nachsichtig; zur Bekämpfung der außerordentlichen Verbrechen sollten dem Staat auch außerordentliche Mittel zur Verfügung stehen. Benedikt Carpzow, *die* strafrechtswissenschaftliche Autorität des 17. Jahrhunderts, sprach den Richter für die Führung der Hexenprozesse von der sonstigen Verpflichtung frei, sich gewissenhaft an die Prozeßregeln zu halten.[2] Carpzow aber erweiterte nur die Grundsätze, die bereits der »Hexenhammer« – unter Berufung auf die »Anleitung zum Inquisitionsprozeß« von Nikolaus Eymericus – ausgesprochen

hatte. Der Prozeß solle

> summarisch, einfach und ohne Umstände, ohne viel Aufhebens seitens der Advokaten und Richter, und ohne Formalitäten[3]

zu Ende gebracht werden. In der praktischen Anwendung bedeutete dies für den Richter, daß jedes Mittel, die Wahrheit, will sagen ein Geständnis, herauszulocken, herauszupressen oder sonstwie zu erlangen, von vornherein gerechtfertigt war. Vorschläge, wie dieses Ziel zu erreichen sei, konnte ein Hexenrichter fast allen ausführlicheren Veröffentlichungen entnehmen, so bei Jean Bodinus im ersten Kapitel des vierten Buches der »De Magorum Daemonomania«. Während des ersten Zusammentreffens mit einer Hexe solle der Richter gütig und mitleidsvoll erscheinen, dann der Beschuldigten die Folterinstrumente zeigen, unter Umständen probeweise anlegen, schließlich einen Gerichtsdiener im Nebenzimmer schreien lassen und dabei die Hexe erneut auf die Qualen der Folter hinweisen.

1591 verhandelte man in Trier gegen den ehemaligen Schöffen Nikolaus Fiedler. Ganz im Sinne Bodins betonte der kurfürstliche Statthalter Johann Zandt von Merl vor dem ersten Verhör und bevor er Fiedler nach insgesamt neunmaliger Folter hinrichten ließ, er habe

> sich zu Niclaßen Fiedler verfügt, ihn angesprochen und ihm angezeigt: »Fiedler, uns ist allen dies Euer Kreuz und Beschwernis hochlich leid.
> Auch Schultheiß und Schöffen haben dies Euer Kreuz mitleidig beweget.
> Wollet deswegen auch nicht denken, daß wir dieser Dinge Ursache wären, sondern was geschehen wird durch uns ist nur, daß wir die uns anbefohlene Justitiam exerciern.«
> Darauf fährt der Herr Statthalter fort: er solle die Scham zur Seite tun, die Wahrheit bekennen, wir seien alle Menschen und könnten alle einmal in Versuchung geraten.

Nach dreistündigem Verhör:

> »Fiedler, Ihr sollt wissen, dieweil Ihr gutwillig, trotz soviel denuntiationes nichts bekennen wollt, daß schärfere Mittel und die Folter bereitstehen.
> Ihr mögt Euch diesen Abend und morgen bedenken und dann die Wahrheit in der Güte bekennen.«

Drohung, Überredung, Lüge, Nichteinhaltung gegebener Versprechen, all dies waren erlaubte Mittel. Setzten sich Bodin und Carpzow offen für diese Praktiken ein, so lag den Vorschlägen des »Hexenhammers« in vielen Fällen ein Wortspiel, eine Doppeldeutigkeit oder Sinnverdrehung, eine Mentalreservation zugrunde. Etwa sollte der Richter für den Fall des Geständnisses der Angeklagten das Leben versprechen. War die Aussage erfolgt, könne er gegenüber der Hexe jederzeit geltend machen, natürlich habe er das »ewige Leben« gemeint, das sich die Hexe mit ihrem Geständnis gewänne.[4]

Mehrfach kam es auch vor, daß Hexenrichter einen ausdrücklichen und eindeutigen Freispruch versprachen und das Todesurteil nach dem solchermaßen erzielten Geständnis von einem Kollegen des Richters ausgesprochen wurde.[5]

Diese Zweideutigkeit der Verhörmethoden kam nicht von ungefähr. Einmal, und das war das Hauptziel, sollte die Zahl der Geständnisse erhöht werden, wobei sich der angenehme Nebeneffekt ergab, daß sich die Hexenrichter keiner Sünde schuldig machten. Sie konnten ihr Gewissen ebenso wie das ihrer Beichtväter immer mit dem Hinweis beruhigen, leider seien ihre Aussagen von den Angeklagten nicht verstanden oder falsch ausgelegt worden, denn es müsse einer der Hexerei beschuldigten Person doch klar sein, daß ein Geständnis nicht zur Freilassung führen könne.

Darüber waren sich die meisten tatsächlich im klaren; nur eine verschwindend geringe Anzahl legte ein nicht auf der Folter erpreßtes Geständnis ab.

Weit wichtiger und einschneidender waren die Folgerungen, die man aus der Theorie des Sonderverbrechens hinsichtlich der Schwere der Schuldanzeichen, hinsichtlich der Dauer und Intensität der Folter und hinsichtlich der Aussagen von Zeugen und Denunzianten zog.

Der Hexenprozeß brachte in jedem dieser Punkte eine erhebliche Änderung, soweit es Sinn und Zweck der Folter betraf, eine Umkehrung der bisherigen Rechtspraxis. Hatte die Folter im Rahmen eines normalen mittelalterlichen Strafverfahrens einem Angeklagten, der keine Zeugen zu seinen Gunsten auftreten lassen konnte, die Möglichkeit geschaffen, sich durch die überstandene Folter von dem Verdacht zu reinigen, so war sie nun das Mittel, seine Schuld zu beweisen. Im Hexenprozeß gab eine überstandene Folter dem Richter das Recht, sie am folgenden Tag und dann verschärft fortzusetzen und das Geständnis beim zweiten Anlauf zu erzielen. Der Grund dafür lag in der Tatsache, daß, wollte man mit der ersten Folter beginnen, bereits ein Indiz gegen den Angeklagten vorliegen mußte. Die Schuldanzeichen waren aber im Laufe der Zeit trotz ihrer Fragwürdigkeit immer mehr in die Rolle des endgültigen Schuldbeweises gewachsen. Trotzdem hatte das Geständnis die von allen Beweismitteln stärkste Beweiskraft beibehalten, und eine Verurteilung lediglich aufgrund von Zeugenaussagen oder Indizien wurde vor allem von den weltlichen Herrschern nicht gern gesehen. Unter der Voraussetzung der fast vollständig nachgewiesenen Schuld ordneten die Richter daher guten Gewissens immer wieder eine erneute Folter an.

So wurden die Indizien zum entscheidenden Moment der Hexenprozesse.

> Wir würden in unserer Zeit noch ebenso viele Hexen finden und verbrennen können, wenn man dasselbe Mittel, sie zu finden, bei uns noch anwenden wollte . . . die Folter.[6]

Dieser vielzitierte Satz, den ein bedeutender Rechtswissenschaftler sogar jedem deutschen Strafgesetzbuch als Mahnung voranstellen wollte, bleibt zwar grundsätzlich richtig, prangert das Verfahren jedoch in einem zu späten Stadium an. Es gäbe in unserer Zeit genausoviele Hexen zu verbrennen, wären damals wie heute die gleichen Indizien zur Einleitung eines Verfahrens ausreichend. Diese Formulierung entspräche weit eher dem Ablauf eines Hexenprozesses, da ein mehr oder, wie meist, minder schweres Schuldanzeichen die Voraussetzung jeden richterlichen Handelns war.

Die Indizien bildeten das Kernstück des Hexenwesens überhaupt, das Verbindungsstück zwischen dem für sich allein betrachtet ungefährlichen Wahn und dem, isoliert und formaljuristisch gesehen, durchaus gerechten Prozeß. Nur über die Indizien wurde der Wahn Bestandteil des Prozesses.

> Was aber galt als Indizium?

fragten Soldan-Heppe in ihrer »Geschichte der Hexenprozesse« und gaben selbst die Antwort:

> Alles![7]

Jedes Verhalten, jedes Wort, jede zufällige Begebenheit war geeignet, als Indiz für die Hexerei und Zauberei einer Person zu dienen. Hier nun einige Indizien, die der Kölner Hexenkommissar Heinrich Schultheiß in seiner »Ausführlichen Instruction wie des greulichen Lasters der Zauberei zu procediren« als ausreichenden Grund zur Verhaftung, damit letztlich auch zu Folter und Verbrennung ansah.

> Wenn die Eltern Zauberer waren. Ob die Hexe aus einem Dorf komme, wo viele Hexen waren oder sind. Ob sie von dort weggezogen als die Verfolgung da begann.
>
> Wenn die Nachbarn einen ungern im Haus sehen. Wenn im Hause Knochen oder Hostien gefunden werden. Ob sie gesehen sei auf verdächtigem Ort, wo sie

nichts zu schaffen hat.[8]

Dieser Fragekatalog ließe sich beliebig fortsetzen und ergänzen, denn fast alle Befürworter der Hexenprozesse hatten ein entsprechendes Kapitel in ihre Werke aufgenommen, seien es nun die Theologen Delrio und Binsfeld oder die Juristen Heinrich Bodinus und Jakob Brunnemann. Eines der am häufigsten angeführten Schuldmerkmale war die Tatsache, daß die Hexe oder der Zauberer sich während oder kurz vor einem Gewitter im Freien aufgehalten hatte.

Daneben wurden aber auch

> die entgegengesetztesten Dinge zu Indizien gestempelt, so daß, wer die Scylla vermeiden wollte, notwendig in die Charybdis geriet.[9]

Besondere Frömmigkeit galt als Indiz ebenso wie eine auffallende Nachlässigkeit im Kirchgang oder im Empfang der Sakramente.

Und weiter bei Schultheiß:

> Ob einer wegen dessen, daß man gegen die Hexen inquiriert, sich erzürnet und sich darüber unlustig macht.

Dies konnte ihm eine Anklage wegen einer »Oratio pro domo« einbringen, dagegen folgte die Anklage aufgrund einer »Captatio benevolentiae«, wenn die Arbeit der Hexenjäger und Hexenrichter in etwas zu großem Maße gelobt wurde.

Um überhaupt Wirkungen erzielen zu können, um von den Juristen als entscheidungserheblich betrachtet zu werden, mußten die Indizien über eine der geltenden Strafrechtsbestimmungen in den Prozeß eingebracht werden. Wichtigstes Einfalltor waren die Strafbestimmungen der Peinlichen Halsgerichtsordnung Karls V., der »Constitutio Criminalis Carolina« aus dem Jahre 1532. Mehr als dreißig Jahre zuvor schon hatte das Reichskammergericht auf die Mißstände der deutschen Strafrechtspflege hingewiesen und damit den Anstoß zur Abfassung eines einheitlichen Reichsstrafgesetzes gegeben.

> ... offtermals unschuldige Leute wider Recht und Billigkeit um ihren Leib, Leben und Gesundheit kämen, auch etwa die schuldigen Übeltäter ungestraft blieben.[10]

Trotz der langwierigen Verhandlungen und Beratungen stellte die »Carolina« in vielen Einzelbestimmungen nur die wörtliche Übernahme der Bambergischen Halsgerichtsordnung aus dem Jahr 1507 dar. So auch hinsichtlich der Zauberei im Artikel 109 der CCC.

> So jemand den Leuten durch Zauberei Schaden oder Nachteil zufüget, soll man strafen vom Leben zum Tode, und man soll solche Straf mit dem Feuer tun.

> Wo aber jemand Zauberei gebraucht, und damit niemand Schaden getan hätte, soll sonst (irgendwie) gestraft werden, nach Gelegenheit der Sach, darinnen die Urteiler Rats gebrauchen sollen, als von ratsuchen geschrieben steht.

Die Todesstrafe sollte also nur verhängt werden, wenn durch die Zauberei ein tatsächlicher Schaden entstanden war. Ansonsten waren die Richter angehalten, eine mildere Ermessensstrafe auszusprechen, über deren Höhe sie sich mit Sachverständigen zu beraten hatten. Aber auch diese Vorschrift für sich allein war nicht geeignet, die im 16. Jahrhundert anlaufende und im 17. Jahrhundert ihren Höhepunkt erreichende Prozeßlawine in Gang zu setzen. Die Beschränkung der Todesstrafe auf die Schadenzauberei bot in Verbindung mit dem strengen Beweisverfahren der »Carolina« einen ausreichenden Schutz vor ungerechtfertigten Verurteilungen.

Die eigentlich verhängnisvolle Vorschrift findet sich im Artikel 44 der »Constitutio Criminalis Carolina«, dessen Aufgabe an sich darauf beschränkt war, dem Richter einige Anhaltspunkte zu geben, wann der nicht fest umrissene Zaubereitatbestand vorliegen könne und wann man sich durch eine peinliche Befragung Gewißheit verschaffen dürfe.

1. Item so ymandt sich erpeut (erbietet), andere menschen zauberey zu lernen,
2. oder ymands zu bezaubern betröwet (androht) Vnnd dem betröwten der gleichenn beschicht,
3. Auch sonnderliche gemeinschaft mit zaubern oder zauberin hat,
4. oder mit sollichenn verdachtlichen dingen, geberden, worten und weisen vmbgeet, die zauberey uff sich tragen
5. vnd dieselbig persone desselben sunst auch beruchtigt:
6. Das gipt ein Redliche Anzeigung der zauberey und genugsam ursach zu peinlicher frage.

Nur eine dem Sinn der Vorschrift entgegenlaufende Auslegung konnte in den Artikel 44 der »Carolina« ein nun reichseinheitliches Begehren hineininterpretieren, Zauberer und Hexen endgültig auszurotten. Aus der Entstehungsgeschichte des Gesetzes lassen sich eine ganze Reihe von Anhaltspunkten zur Begründung des Gegenteils entnehmen. Wichtigster Punkt war die schon erwähnte Klage des Reichskammergerichts, daß

> im heiligen römischen Reich deutscher Nation an den peinlichen (= Straf)Gerichten recht großer Mißbrauch geschehe.[11]

Dem wollte man also abhelfen. Von dieser Absicht her wird folgendes wichtig. Der Wortlaut des Artikel 44 entspricht exakt dem des Artikel 55 der Bambergischen Halsgerichtsordnung, mit Ausnahme des Zusatzes, daß diese Personen auch sonst im

Gerücht der Zauberei stehen müßten. Wollte man daher dem »Mißbrauch« abhelfen, so durfte die Auslegung dieses Indizes nur zugunsten der Angeklagten erfolgen. In dem Sinne nämlich: lag eines der vier übernommenen Indizien vor, so mußte es ein zusätzliches Erfordernis sein, daß auch die nachträglich eingeschobene Voraussetzung gegeben war. Die Kommentatoren und Richter handelten genau entgegengesetzt.
Stand jemand im Gerücht der Zauberei, wurde dieses Indiz allein schon als eine peinliche Befragung rechtfertigend angesehen, und die Dehnbarkeit der Formulierung ließ all das in den Prozeß eindringen, was Institoris/Sprenger, Binsfeld und Heinrich Bodinus in ihre Indizienkataloge aufgenommen hatten.
War ein solches Gerücht erst einmal bei Gericht bekannt, ließ der Prozeßbeginn meist nicht lange auf sich warten, obwohl es bei strikter Befolgung der strafprozessualen Vorschriften noch eines umständlichen, aber dem Schutz des Beschuldigten dienenden Vorverfahrens bedurft hätte. Der tatsächliche Nachweis einer Bezauberung konnte wegen der, je nach Standpunkt, Heimlichkeit oder Unmöglichkeit des Vorganges nicht angetreten werden. Daher wäre es in jedem Einzelfall die Aufgabe des Richters gewesen, den Anzeigenden darauf hinzuweisen, daß,

> so er nur etliche Umstände, Wahrzeichen, Argwohn oder Verdacht beweisen will, er das zum allerwenigsten mit zwei guten tauglichen und unverwerflichen Zeugen tun müsse.[12]

Auch an die Zeugen selbst waren erhebliche Anforderungen gestellt. Ihnen mußte die Bedeutung des Begriffes »Gerücht« klar sein, sie mußten das Gerücht von der Mehrzahl der Einwohner des betreffenden Ortes gehört haben und über die Entstehungsgründe des Gerüchtes soweit befriedigende Auskunft geben können, daß die Richter Streit und Verleumdung als Ursache der Anzeige ausschließen konnten.
Mit der Verdrängung des alten Anklageprozesses durch die Regeln des Inquisitionsprozesses kam diese Vorschrift nur noch selten zur Anwendung. Mit dem Anschwellen der Hexenprozesse ging die Bedeutung des privaten Klägers in diesem Bereich immer weiter zurück und wurde schließlich durch die Einleitung der Prozesse »von Amts wegen« endgültig verdrängt.
War die Anwendung der zitierten Vorschrift dennoch einmal geboten, entzogen sich die Richter dieser umständlichen Prozedur mit dem Hinweis auf die Zugehörigkeit der Hexerei zu den Sonderverbrechen, und diese Ausrede war auch immer dann zu hören, wenn die Verteidiger auf die Nichteinhaltung der übrigen

zum Schutz der Angeklagten erlassenen Vorschriften hinwiesen. Da die Gerüchte nie auf Ursprung und Glaubwürdigkeit untersucht wurden, da die Richter keine Zeugen verlangten, kam es immer häufiger vor, daß man sich unliebsame Nachbarn oder mahnende Gläubiger mittels eines Hexenprozesses vom Halse schaffte.

> Die meisten Gerüchte haben ihren Ursprung in Zank, Streit, Verleumdung, Ehrabschneiderei, falscher Verdächtigung, unüberlegten Urteilen, Wahrsagerei, kindischem Gespött und ähnlichen Anlässen, und werden aus unglaubhafter Schwatzhaftigkeit und Mißgunst überall verbreitet[13].

schrieb Friedrich von Spee um 1630, während einer der stürmischsten Verfolgungswellen. Doch nicht immer waren Gerücht und Denunziation geeignet, die Bezichtigten auch tatsächlich vor den Richter zu bringen.

In einem Fall war sogar die Beschuldigung hochgestellter Persönlichkeiten die Ursache der Einstellung einer Hexenverfolgung. So geschehen in Köln 1630.

8.2 Der Prozeß Christina Plum

Das Verfahren gegen Christina Plum ist aus den verschiedensten Gründen bemerkenswert. Zunächst hinsichtlich seines Zustandekommens überhaupt. Christina Plum beschuldigte sich bei verschiedenen Geistlichen selbst, die diese Aussage an die städtischen Behörden weiterleiteten. Die beiden Stimmeister, da für öffentliche Sitte und Gemeinwohl zuständig, auch mit den Anzeigen der Hexerei befaßt, verhörten die Frau, und schon in ihrer ersten Aussage beschuldigte sie eine Reihe hochgestellter Persönlichkeiten der Hexerei. Als die Stimmeister den Sachverhalt ihrer vorgesetzten Behörde mitteilten, gab man ihnen den Auftrag, daß die Plum

> ganz ernstlich erinnert und angemahnet werden soll, keine unschuldigen Personen zu benennen oder zu verleumden, damit einer und ander ehrlicher Mann und Frau an seinem guten Namen, Ruf und Ehre in keinen ungleichen Verdacht gezogen werden.

Bis zu diesem Zeitpunkt hatte es sich noch um ein städtisches Vorverfahren gehandelt, in dessen Verlauf die Stimmeister Lebenswandel und Leumund der Beschuldigten sowie den Ursprung des Gerüchts überprüften. Die hierbei erzielten Ergebnisse wurden dem Stadtrat unterbreitet, der aufgrund dieser Ermittlungen beschloß, ob der Beschuldigte dem Hohen Gericht überantwortet oder freigelassen wurde. Als die Plum die vorherigen Aussagen wiederholte, wurde sie an das Hohe Gericht zur Aburteilung überwiesen. Allerdings weigerte sich der Rat der Stadt entgegen der sonstigen Übung, die von den Stimmeistern zusammengestellten Vernehmungsprotokolle dem Gericht zu übergeben. Die Richter schenkten ihren Aussagen keinen Glauben, und schon nach dem ersten Verhör wurde sie entlassen.

Wesentlich größeres Interesse an ihren Aussagen hatte offensichtlich der Dechant von St. Severin, Glimbach. Er suchte die Plum privat auf und erhielt neben einer langen Liste von Kölner Zauberern und Hexen auch die Beschreibung eines Jesuiten, den die Frau auf einem Hexentanz getroffen haben wollte und der versucht habe, sie zu vergewaltigen. Diesen Jesuiten, einen Mann

> so gelb von Bart und vollig von Angesicht

sollte die Plum nun suchen, indem sie an den Beichtstühlen der Kölner Kirchen vorüberging.

Trotz eines vom Gericht verhängten Schweigegebots, teilte sie die Denunziationen auch den Schöffen Aldenhoven und Birkmann mit. Da die Namen der Beschuldigten nur gerüchteweise bekannt wurden, entstand in der Stadt erhebliche Unruhe, und Christina Plum wurde erneut verhaftet.

Es folgte ein in der Geschichte der Hexenprozesse höchst ungewöhnlicher Vorgang. Der Stadtrat beschloß den von Christina Plum beschuldigten Bürgern die sie betreffenden Auszüge aus den Vernehmungsprotokollen zukommen zu lassen,

> dieweil die behafte Christina Plum so viel ehrlicher Leut besagt und diffamiert hat, deren Ehr und guter Name dadurch merklich interossiert und ladiert worden.

Wirft man einen Blick auf den von ihr vorgebrachten Denunziationskatalog, wird dieser Schritt des Rates ohne weiteres verständlich. Da findet man den Domherrn Hartger Henot, den Stadtsyndicus Dr. Wissius, die Frau des Bürgermeisters Hardenroth, den Schöffen Romeßwinckel, nach anderen Unterlagen den Erzbischof Ferdinand von Bayern und seinen Weihbischof Otto Gereon von Gutmann.[14] Unsicherheit und Verwirrung wuchsen weiter. Einzelne Schöffen und Richter wurden vom weiteren Verlauf des Prozesses wegen Befangenheit ausgeschlossen – auch sie standen auf der Liste. Der Rat der Stadt ersuchte alle Pfarrer

> die christliche Gemeinde zur Stärkung eines allgemein eifrigeren Gebets zu

ermahnen, damit der allmächtige Gott bei diesem Prozeß seine göttliche Gnade erteilen wolle ...

daß der Unschuldigen Unschuld an Tag kommen, der Schuldigen Bösheit und Laster aber dem Verdienst nach bestraft werden möge.

Flugblätter eines anonymen Praelaten tauchten in der Stadt auf. In einer »Lamentatio« beklagte der Verfasser die Existenz einer Hexensekte im Heiligen Köln und warf dem Stadtrat in dieser Sache Untätigkeit vor. Verständlich, daß auch dies nicht gerade dazu beitrug, die Gemüter zu beruhigen. Wenig später wurde der »Praelat« ermittelt, es war der Beichtvater von Christina Plum, der Dechant Glimbach.

Aber auch andere Geistliche zeigten ein erhebliches Interesse an zusätzlichen Denunziationen und einer somit möglichen Ausweitung der Prozesse. Mehrfach wurde die Plum im Gefängnis von Priestern aufgesucht, die von ihr eine Vervollständigung der Denunziationslisten verlangten. Diese Besuche häuften sich so sehr, daß der Rat die Anordnung traf, jegliche Kontakte mit der Gefangenen seien zu unterlassen und die Stadtwache mit der Überwachung dieser Anordnung beauftragte.

Allen Beteiligten war klar, daß die leidige Sache nur mit einem Todesurteil gegen Christina Plum aus der Welt zu schaffen war. Bei einer erneuten Durchsicht der Vernehmungsprotokolle fand man die Begründung für das Todesurteil. Christina Plum hatte von einem Bündnis zwischen ihr und anderen Hexen gesprochen, das darauf gerichtet gewesen sei, Unschuldige zu denunzieren und auf diese Weise die Justiz zu behindern. Durch die

Ihrerseits ins Werk gerichte teuflische Conspiration, damit also das abscheuliche Laster der Zauberei ungestraft verbleiben mochte,

hatte sie ihr Interesse an einer Schadensverursachung zugegeben und konnte hingerichtet werden. Zuvor allerdings verlangte man von ihr den Widerruf aller Denunziationen. Die sonst herrschende Meinung, daß der Widerruf einer Denunziation von den Richtern keinesfalls geduldet, geschweige denn geglaubt werden durfte, wurde diesmal unter dem Beifall kirchlicher und weltlicher Stellen ins Gegenteil verkehrt.

Auf dem Weg vom Gefängnis zum Richtplatz trug sie ein Aktenbündel mit sich, das man mit einer Schnur um ihren Hals gebunden hatte und das die Namen der Denunzierten enthielt.

Nun, nach ihrem Tode, begann der Prozeß seine eigentlichen Wirkungen zu zeigen. Stadt und Bischof hatten plötzlich ein auffälliges Interesse an der Vernichtung der gesamten Prozeßakten und aller mit der Verhandlung gegen Christina Plum in Zusammenhang stehenden Schriftstücke. Dieser zunächst von dem offensichtlich auch denunzierten Erzbischof eingebrachte Vorschlag wurde nach einem zweieinhalbjährigen Tauziehen in der Form verwirklicht, daß man das gesamte Material – aus den übrigen Gerichtsprotokollen ausgekoppelt und diebstahlsicher – im Schöffenschrein ablegte. Daß dies nicht früher geschah, lag an dem Widerstand, den die erzbischöfliche Seite dem Verlangen des Rates entgegensetzte, auch die Aufzeichnungen Glimbachs und seiner Kollegen in die Vereinbarung mit einzubeziehen.

Während der nächsten fünfzehn Jahre wurde in Köln kein einziges Todesurteil verkündet, und auch später, als wieder vereinzelte Prozesse stattfanden, war man im Rat bezüglich vorgetragener Denunziationen besonders vorsichtig.

Die aus dem Fall Plum gezogenen Lehren wären noch anerkennenswerter gewesen, hätte der Rat seine Skepsis konsequenter durchgehalten. Kurz nach Christina Plum wurden nämlich in einigen Schnellverfahren acht Frauen zum Tode verurteilt, die von der Plum zu Beginn des Prozesses denunziert worden waren, als man sich noch nicht vorstellen konnte

> es seien zuviel unschuldige Personen denunziert[15].

Der Versuch, hochgestellte Personen in einen Prozeß zu verstricken, tauchte recht häufig auf. Nicht immer wurde diesen Beschuldigungen so gewissenhaft nachgegangen wie in Köln. Eine Trierer Hexe versuchte sich auf eben diese Weise zu retten oder zu rächen, jedoch erhielt der Stadtschreiber den Befehl, diesen Teil der Aussage nicht in das Protokoll aufzunehmen. Seltsamerweise war er dann aber doch so korrekt, das Verbot zu notieren.

> Die besagt (= beschuldigt) etliche Personen, so niemals in einen Verdacht kommen können, so mir zu verzeichnen untersagt worden.

8.3 Denunziation

Nicht alle der vorgetragenen Indizien waren von gleicher Wertigkeit. Sowohl in den Augen der Richter als auch im Hinblick auf die Ausweitung der Prozesse erlangte die von einem zum Tode Verurteilten vorgebrachte und nicht in letzter Sekunde widerrufene Denunziation die größte Bedeutung. Im Anblick des Todes traute man nicht einmal mehr einer Hexe eine unwahre Beschuldigung zu, obwohl man doch sonst grundsätzlich davon ausging, daß die Schädigung anderer das höchste Ziel der Hexen sei. Vertrauen allein wurde aber nicht als ausreichend angesehen, und man bot den Hexen für die Beibehaltung der Denunziation einen erheblichen Anreiz, nämlich die Zusage, daß sie in diesem Fall nicht lebendig verbrannt, sondern zuvor möglichst schmerzlos getötet würden. Diese Gnade wurde in vielen Fällen von den Beichtvätern der Verurteilten erwirkt, wenn die Hexe sich bereit erklärte, den Teufelspakt zu widerrufen und hinsichtlich ihrer begangenen Sünden Reue zeigte.

In Bamberg wurden die Verurteilten zunächst enthauptet, in anderen Städten, oft schon auf dem Scheiterhaufen stehend, vom Scharfrichter erwürgt. Im Laufe von nur fünf Jahren (1625–1630) waren in Bamberg neunhundert Hexen verbrannt worden, die meisten von ihnen nach Erhalt eines Gnadenzettels.

Die große Anzahl der Prozesse hatte ein rationalisiertes Schnellverfahren notwendig gemacht. Die Todesurteile waren auf mehrere Personen gleichzeitig bezogen, man hatte die Namen der Verurteilten nicht verzeichnet, sondern sie nur noch unter Nummern aufgeführt. Jeweils bis zu neun Personen wurden gleichzeitig hingerichtet, und auch die Gnadenzettel waren formularmäßig vorbereitet, so daß nur der Name des Verurteilten noch eingesetzt werden mußte.

> Obwohl gegenwärtig vor Gericht gebrachte Person dem jetzt verlesenen Urteil auf ihrem schweren Verbrechen und Verdienst nach, billig mit dem Feuer vom Leben zum Tode zu strafen, so läßt jedoch der hochwürdige, unser allerseits gnädige Fürst und Herr von Bamberg aus sonderbaren bewegenden Ursachen ihnen diese hohe fürstliche Gnad erzeigen, daß sie nämlich erstlich mit dem Schwert vom Leben zum Tod hingerichtet, alsdann mit dem Feuer zu Pulver und Asche verbrannt werden soll.

Mit der regelmäßigen Wirkung der Denunziation hat uns der Fall Plum schon bekannt gemacht; die von ihr zu Beginn des Verfahrens »besagten« acht Frauen wurden verbrannt. Die eigentlichen Auswirkungen einer Denunziation konnten aber nur in Verbindung mit dem Sonderverbrechen Hexerei entstehen. Denn nur im Falle der Sonderverbrechen konnte die hergebrachte Klage einer Privatperson durch eine von Amts wegen eingeleitete Untersuchung ersetzt werden. Die in den schädigenden Zauberhandlungen zutage getretene Mißachtung des Gemeinwesens sollte auch von den offiziellen Stellen bekämpft werden können. In dem bisher im gesamten Strafrecht allgemein gültigen Anklageprozeß übernahm eine Privatperson zugleich mit der Anschuldigung ihres Widersachers vor Gericht auch die Beweislast für deren Richtigkeit. Der Kläger war gezwungen, eine Sicherheitsleistung zu stellen, sei es, daß er eine Kaution hinterlegte, sei es, daß er Bürgen benannte. War er dazu nicht in der Lage, bestand er aber auf einer Festnahme, konnte es vorkommen, daß er mit dem Beschuldigten zusammen verhaftet und mit diesem

> Fuß bei Fuß[16]

ins Gefängnis gebracht wurde. Unter diesen strengen Voraussetzungen aber hätte es nie zu einer Prozeßhysterie kommen können. Befreite man dagegen den Kläger von allen Prozeßrisiken, vor allem von der Last, seine Beschuldigung auch beweisen zu müssen, so – und das hatten schon die Verfasser des »Hexenhammers« festgestellt – konnte man der Hexenplage Herr werden. Sprenger und Institoris rieten ihren Lesern ausdrücklich von einer Anklage ab, mit einer Denunziation könne man den gleichen Effekt erzielen. Damit hatten sie recht. Denn mit der Übernahme der Regeln des Inquisitionsprozesses ruhte die Beweislast nun beim Gericht. Aber auch dies mußte sich nicht unbedingt zu Ungunsten der Angeklagten auswirken. Ziel der Veränderung des Beweisverfahrens war es, die

> Erforschung der materiellen Wahrheit auf dem Wege einer rationalen Tatsachenermittlung und Beweiswürdigung[17]

zu erreichen.

Bisher galt ein rein formales Beweisverfahren. Mit einem Reinigungseid konnte ein Angeklagter sich von jeder Schuld befreien. Hatte der Kläger einen gleichwertigen Gegenbeweis vorgetragen, kam es zum Gottesurteil. Eine Klage etwa konnte niedergeschlagen werden, wenn der Kläger sich erbot, eine Aussage mit drei Zeugen zu beweisen, am Tag der Verhandlung jedoch nur zwei Zeugen beibringen konnte.

Vergleichbar ist dieses Verfahren mit den für den heutigen Zivilprozeß geltenden Grundsätzen. Dort hängt es vom Verhalten der beiden Parteien ab, welche Tatsachen dem Gericht zur Entscheidung unterbreitet werden, was wie bewiesen wird und ob und wie es zur Feststellung bestrittener Tatsachen kommt. Die Richter dürfen in der Regel nur berücksichtigen, was von den Parteien vorgetragen wurde, und sie müssen, nach dem Prinzip der formellen Wahrheit, all das als wahr hinnehmen, was zwischen den Parteien unstreitig ist. Im mittelalterlichen Prozeß noch weit mehr als heute konnten Fehler bei der Einhaltung gewisser Formen und Fristen zu einer Niederlage führen. Gegen solchermaßen zustande gekommene, zwar formal rechtmäßige, materiell jedoch unbefriedigende Urteile war die Übertragung der Verantwortung für die Wahrheit in die Hände des Richters ein an sich vernünftiger Schritt. Bezüglich der Verbrechen mit einem erforschbaren Tatbestand stellte sich das auch als richtig heraus, auf die Hexenprozesse bezogen hatte der Schritt allerdings verhängnisvolle Folgen.

Die besondere Heimlichkeit, mit der die Hexerei begangen wurde, das Fehlen von Augenzeugen und die besondere Macht der Hexen gäben diesem Verbrechen nach Carpzow auch unter den Sonderverbrechen einen ganz besonderen Rang. Der gesamte Ablauf des Verfahrens stelle sich als Kampf des Richters mit dem Teufel dar, der die Hexe bei ihrem Leugnen und Lügen unterstütze,

> der sie gegen den Schmerz verhärtet, die Augen der Richter blendet, das Gedächtnis der Zeugen verwirrt.[18]

Um die Macht der Hexen zu mindern sowie zur Unterstützung des Richters und der Schöffen war es etwa üblich geworden, eine Hexe mit dem Rücken zum Richter ins Verhandlungszimmer zu führen oder ihr die Augen zu verbinden.

Einen solchen Kampf, so Carpzow, könne der Richter daher nur siegreich bestehen, wenn ihm besondere Inquisitionsmittel zur Verfügung stünden. Bei der Hexerei als nicht oder nur schwer nachweisbarem Verbrechen sei es für eine Verurteilung ausreichend, wenn eine Vermutung für die Schuld des Angeklagten bestehe.

Mit mehr oder minder großen Abweichungen war dies die allgemein herrschende Meinung der juristischen Kommentatoren. So auch die des Tübinger Professors Wolfgang Adam Lauterbach, der ganz im Sinne des alten formalen Beweisrechts lehrte, ein Geständnis sei für die Verurteilung genügend, selbst wenn andere Beweise oder Indizien nicht zur Verfügung gestanden hätten.

Solchermaßen angeleitet verwundert es nicht, wenn viele Richter das neue, ungewohnte Ermessen nicht dazu nutzen konnten, die Hexerei oder wenigstens einzelne Tatbestandsmerkmale des Verbrechens als unwirklich zu entlarven. Wohin die Ansicht Lauterbachs führen konnte, zeigt ein Fall aus Lindheim, den Horst im zweiten Band seiner Zauberbibliothek mitteilt.

Mehreren Hexen hatte man vorgeworfen, ein kurz zuvor beerdigtes Kind wieder ausgegraben zu haben, um es bei der Herstellung ihrer Hexensalbe zu verwenden. Nach mehrfacher Folter gestanden alle Frauen dies auch zu. Der Ehemann einer der Angeklagten setzte nun die Öffnung des Kindesgrabes in Gegenwart des Pfarrers und anderer Zeugen durch; immerhin ein kleiner Erfolg des neuen Verfahrens. Das Kind befand sich ohne eine äußerliche Verletzung im Grab. Dann aber zeigte sich die freie Beweiswürdigung von einer negativen Seite. Mit der Begründung, das von allen gesehene Kind sei nichts anderes als ein Blendwerk der Dämonen, verurteilte man alle Frauen zum Feuertod.

Die von einer Hexe ausgesprochene Denunziation galt als vollwertige Zeugenaussage. Auch in dieser Hinsicht unterschied sich der Hexenprozeß von den übrigen Strafverfahren. Die Denunziationen wurden meist während oder nach der Folter ausgesprochen, also zumindest von einer bereits verhafteten, oft von einer bereits zum Tode verurteilten Hexe.

Die aus dem römischen Recht übernommenen Grundsätze über die Glaubwürdigkeit von Zeugen verboten dem Gericht die Verwendung der Aussagen eines übel Beleumdeten, eines infamis. Noch weniger aber sollte es möglich sein, die von einem bereits Verurteilten ausgesprochene Beschuldigung anzuerkennen. Jeder Zeuge müsse in der Lage sein, für die Richtigkeit seiner Aussagen einzustehen. Von diesem Ausgangspunkt her war das Zeugnis eines Verurteilten wertlos.

Waren sonst auch die Ansichten der römischen Juristen zum Gebetbuch ihrer deutschen Kollegen geworden, hinsichtlich dieser beiden Punkte verstand man es, sich davon frei zu machen.

Eine sehr weite Auslegung des Art. 31 der »Constitutio Criminalis« konnte bereits die Anwendung der Folter zur Bekanntgabe der Mitschuldigen rechtfertigen. Mit Binsfeld ging man davon aus, daß eine Hexe schon aufgrund ihrer Teilnahme am Hexensabbat nie als Alleintäter in Frage komme, daß der Richter daher

> unter Todsünde dazu gehalten (sei), einen Geständigen auf Mitschuldige zu befragen; und der Schuldige ist im Gewissen verpflichtet, die Genossen, die er kennt, bekannt zu geben.[19]

Den römischen Rechtsgedanken wollte man jedoch nicht frontal entgegentreten, und so konstruierte man weiter. Wenn diese Verpflichtung bestehe, müsse es auch das Mittel geben, die Aussage eines der Zauberei Angeklagten wieder anerkennenswert zu machen. Und dieses Mittel gab es: die Folter.

Die Folter, statt den Wert einer Aussage zu mindern, gab ihr größere Glaubwürdigkeit.[20] Dieser Schluß gewann seinen besonderen Wert aus der Nähe zu der von den römischen Juristen vertretenen Auffassung der Folter als Reinigungsmittel. Dabei ging man großzügig darüber hinweg, daß diese Regelung ursprünglich nur für Ehrlose und Sklaven galt. Nur deren Aussagen sollten auf diese Weise rechtserhebliche Bedeutung erlangen.

In Deutschland nun erfolgte eine analoge Anwendung auf bereits Inhaftierte, wobei man sogar noch einen Schritt weiter ging und die Frage stellte, ob eine Folterung für die Bestätigung aller Namen ausreichend sei oder ob für jeden Denunzierten eine erneute Anwendung der Folter stattzufinden habe.[21]

Für die Praxis war diese Frage bedeutungslos. Hier kam es den Hexenjägern auf eine möglichst große Anzahl von Denunziationen an, was dazu führte, daß man einem Angeklagten Befreiung von der Tortur in Aussicht stellte, wenn er freiwillig eine das Gericht befriedigende Anzahl von Mitschuldigen nannte. In diesem Fall sah man die Drohung mit der Folter als vollzogene Anwendung an. Von dieser Möglichkeit machte ein Gefangener natürlich nur zu gerne Gebrauch, insbesondere wenn ihm die Aussage über seine eigene Beteiligung am Hexensabbat schon auf der Folter erpreßt worden war.

Derartige Begünstigungen aber waren die Ausnahme. Meist wurden die Denunziationen abgefoltert und

> in der Verzweiflung des Schmerzes, und um nur eine Antwort zu geben, vielleicht oft auch aus absichtlicher Bosheit oder Rachsucht, um beneidete oder angefeindete Personen ins Unglück zu bringen, eine Menge Namen von nahen und fernen Individuen nannten, und auf diese als Mitgenossen der Hexerei und Teilnehmer an den gemeinschaftlichen Teufelstänzen bekannten.
>
> Dadurch ward der Hexenprozeß auf unglaubliche Art vervielfältiget, und es kam um die Mitte des siebzehnten Jahrhunderts, da er einen ganz besonders grausamen und fanatischen Charakter annahm, so weit, daß fast kein Mensch mehr seines Hausfriedens, ja seines Lebens sicher war.
>
> Kein Stand, keine Würde, keine Tugend schützte vor dergleichen sogenannten Hexenbesagungen ...[22]

Weit weniger Schwierigkeiten hatte man bei der theoretischen Begründung des zweiten Punktes, der Besagung durch einen bereits zum Tode Verurteilten. Unter Berufung auf die Autoritäten Sprenger/Institoris und Bodin und deren Theorie über das Sonderverbrechen kam man hier leicht zu dem Ergebnis, daß die Verwertung dieser Aussagen zulässig sein müsse.

8.4 Zeugen

Wer konnte als Zeuge in einem Strafprozeß auftreten, spezieller, wen sah das Gericht als glaubwürdig an?

> Genugsame Zeugen sind die, die unbeleumdet, und sonst mit keiner rechtmäßigen Ursache zu verwerfen sind.

Das war die anzuwendende Gesetzesstelle, der Artikel 66 der Halsgerichtsordnung Karls V. Dazu standen die Bestimmungen des »Hexenhammers« in krassem Widerspruch.

> So groß ist der Schandfleck des Verbrechens . . ., daß zu dessen Verhandlung auch Knechte gegen ihre Herren, und jedwede Verbrecher und auch Infame gegen jedweden zugelassen werden.[23]

An die Qualität der Zeugen wurden nur geringste Anforderungen gestellt. Auch dies war ein Bestandteil der Theorie des Sonderverbrechens ebenso wie jedes andere Mittel, das geeignet war, dem Richter die Führung des Schuldbeweises zu erleichtern. Und die Praktiker verschafften sich die gewünschten Vereinfachungen des Prozeßablaufs. Lassen wir noch einmal Heinrich Schultheiß, den Kölner Hexenkommissar, zu Wort kommen. Seine Ansprüche an einen glaubwürdigen Zeugen stehen sogar noch hinter denen des »Hexenhammers« zurück.

> Minderjährige sind als Zeugen zugelassen . . . auch diejenigen, die 9, 10 und 11 Jahre erreicht, und das Gute und Böse erkennen, werden nicht gänzlich von Eröffnung ihrer Wissenschaft abgewiesen.

Zwar enthielt die »Constitutio Criminalis« keine ausdrückliche Bestimmung über das Alter der Zeugen, doch läßt sich die nach unten vorgesehene Begrenzung aus den beiden vor der endgültigen Verabschiedung formulierten Entwürfen entnehmen.

> Item die Zeugenn sollenn . . . nicht vnter Zwainzig Jhare alt sein.[24]

Doch für den Fall, daß man in einer Strafsache andernfalls gar nicht vorankäme, stünde es im Ermessen des Richters, auch einmal jüngere Zeugen zu vernehmen. Der ganz besondere Ausnahmecharakter geht aus der Originalformulierung der Vorschrift deutlich hervor. Eine strikte Befolgung der Vorschriften und Absichten der »Carolina« hätte viele Prozesse erst gar nicht entstehen oder bereits im Anfangsstadium scheitern lassen. So war es für die Juristen einfacher, den Vorschlägen des Franzosen Bodinus zu folgen, der das Prinzip der »Carolina« verkehrte. Zuerst seien die Kinder zu befragen, da die

> alten erhärteten Hexen nur schwer zu Denunziationen bereit[25]

seien, während die Kinder leichter ausplauderten.

Auch in einer Vielzahl deutscher Prozesse traten Kinder als

Denunzianten oder Zeugen auf und wurden von den Gerichten als vollwertige Zeugen anerkannt. Die Auswirkungen dieser Gleichbehandlung lassen sich aber am besten anhand der inzwischen schon berühmten Hexenverbrennungen im schwedischen Mora darstellen. Hier waren es sogar die Aussagen vierjähriger Kinder, die schließlich dazu führten, daß zweiundsiebzig Frauen und fünfzehn Jugendliche zum Tode verurteilt wurden.

1669 waren in den beiden kleinen Gemeinden Elfdale und Mora einige Kinder plötzlich und nahezu gleichzeitig von einer nicht erklärbaren Krankheit befallen worden, die sich in Krämpfen, Ohnmachten und Halluzinationen äußerte. Übereinstimmend berichteten sie von einem in der Hexensprache Blocula genannten Ort, zu dem sie von den Hexen mitgenommen worden seien. Als die ersten Namen von Hexen bekannt wurden und man diese Frauen verhaftete, begann sich auch in den anliegenden Provinzen eine regelrechte Hexenhysterie auszubreiten. Schließlich sah sich sogar der schwedische König Karl XI. gezwungen, eine Juristenkommission von Stockholm nach Mora zu senden, die er mit der Untersuchung der Anschuldigungen betraute. Zusammen mit den Provinzialrichtern und den Predigern der Region bildeten sie ein Sondergericht für die gesamten Prozesse, und es scheint, als seien auch die aus der Hauptstadt hinzugekommenen Richter sehr bald von der Hexenhysterie infiziert worden. Versuchte man anfangs noch den angeklagten Frauen goldene Brükken zu bauen, indem man ihnen die Entschuldigungsgründe geradezu in den Mund legte, etwa

> ob es ihnen vielleicht nur so im Traume oder bei Ohnmachten vorgekommen?[26]

ging man später dazu über, auch die unsinnigsten Aussagen zu protokollieren; unsinnig nicht nur im heutigen Sinne, sondern unsinnig selbst für die Zeit des Prozesses. Zum Beispiel die Aussagen über die Krankheiten und den, wenn auch nur kurzzeitigen, Tod des Teufels – eindeutige Widersprüche zu den Lehren der christlichen Kirchen.

Insgesamt sagten an die dreihundert Kinder aus, sie seien von den Hexen zum Hexensabbat nach Blocula entführt worden. Eine Auswertung, ergänzt durch die Aussage der gefolterten Hexen, ergab folgendes Bild:

> Auf Blocula erscheint der Teufel unter allerhand Gestalten, gemeiniglich aber in einem grauen Rock, roten Beinkleidern und blauen Strümpfen.
>
> Er hat einen roten Bart, trägt einen hohen Hut mit einer Menge bunter Bänder.

Er führt sie durch die Luft nach Blocula, jedoch müssen sie Kinder, die sie zur Nachtzeit raubten, mitbringen, und zwar jetzt mehrere als vormals, indem er sie hart schlage, wenn sie nicht wenigstens fünfzehn bis sechzehn Kinder mitbringen.

Zu Blocula muß sich jede Hexe in den Finger schneiden und ihren Namen mit ihrem eigenen Blut in des Teufels Buch schreiben.

Darauf läßt sie der Teufel durch einen Geistlichen oder Priester taufen.

Wenn sich der Teufel einen rechten Spaß machen will, so läßt er alle Hexen auf langen Spießen vor sich die Kreuz und Quere durcheinander herumreiten, zieht ihnen dann plötzlich die Stangen unter den Beinen hervor und prügelt sie dermaßen damit ab, daß sie oft braun und blau nach Hause kommen.

Hernach nimmt er diejenige Hexe, so ihm am besten gefällt, mit sich in ein Nebenzimmer.

Der Teufel hat auch leibliche Söhne und Töchter, welche er zu Blocula verheiratet, aus ihrer Ehe aber werden keine natürlichen Kinder, sondern nur Schlangen, Eidechsen und Kröten erzeugt.[27]

Erst nachdem schon ein Großteil der Todesurteile vollstreckt worden war, gelang es mehreren jüngeren Juristen, die Prozesse zu einem Ende zu bringen. Vorhergehende Versuche hatten die Theologen jeweils mit dem Hinweis auf die Psalmstelle abgeblockt:

Aus dem Munde der jungen Kinder und Säuglinge hast du dir eine Macht zugerichtet, daß du vertilgest den Feind und den Rachgierigen.[28]

Der Jurist, der diese Vorfälle bei einem Besuch in Halle an Christian Thomasius weitergab, hatte als Assessor an den Verhandlungen des Sondergerichts in Mora teilgenommen. Er berichtete,

wie er und die andern Adsessores gleich Anfangs leicht gemercket, daß gar kein Fundament vorhanden, eine Inquisition wider die angeklagten Personen anzustellen, indem kein ander Merkmal und Anzeigung vorhanden gewesen, als eine phantastische Aussage einiger minderjähriger Knaben.[29]

Dem widersprachen die Geistlichen mit der Behauptung, der Heilige Geist werde eine Falschaussage eines der Kinder nicht zulassen.

Damit war der Weg zur Beendigung der Prozesse gewiesen. Einem der Kinder mußte eine unrichtige oder willkürliche Beschuldigung einer Hexe nachgewiesen werden. Als schließlich ein allgemein geachteter Mann von einem der Jungen »besagt« wurde, habe einer der Assessoren den Jungen mit Wissen des Gerichts beiseite genommen

und ihm einen halben Thaler versprechen lassen, wenn er gestehen würde, daß er geirret, und an stat des angegebnen einen andern anzeigen wolte. Da nun solches mit leichter Mühe von ihm erhalten worden, (haben) auch die Theologi augenscheinlich gesehen, daß der Heilige Geist nicht durch die Knaben geredet.[30]

Für den Prozeß in Mora bedeutete dies das Ende.

Nicht nur Kinder galten dem Kölner Hexenkommissar Heinrich Schultheiß und mit ihm fast ausnahmslos auch den übrigen Autoren als vollwertige Zeugen. Folgt man der »Ausführlichen Instruction« von Schultheiß weiter, muß man sich fragen, wie er das selbst gesteckte Ziel, nämlich »ohn Gefahr der Unschuldigen zu procediren« erreichen wollte. Seine Liste umfaßt nahezu alle die Personen, die von einem Angeklagten oder seinem Advokaten in jedem anderen Strafprozeß

mit rechtmäßiger Ursache zu verwerfen

gewesen wären:

Zum vierten die im geistlichen Bann sind, die werden auch in diesem Fall nicht verworfen.

Zum fünften werden auch verleumbdte Personen, des erschröcklichen Lasters und des beschwerlichen Beweises halber zu Zeugen aufgenommen.

Zum sechsten, der Herren Mitgesellen Zeugnis ist auch gültig.

Zum siebenten werden alle Personen, welchen nur ein Mangel an Rechten kann vorgeworfen werden, um Zeugnis zu geben zugelassen.[31]

Bis zur Mitte des 17. Jahrhunderts hatte die Hexenliteratur einen derartigen Umfang angenommen, daß ein Richter nahezu jede Prozeßhandlung – und da waren die rechtswidrigen eingeschlossen – unter Berufung auf eine Autorität rechtfertigen konnte.

8.5 Hexenproben

8.5.1 Die Wasserprobe – »gleichzeitig ein Beitrag zur Geschichte der Entwicklung wissenschaftlicher Theorien und der Taktik ihrer Widerlegung, dargestellt an der Kontroverse zwischen Wilhelm Adolf Scribonius und Herman Neuwalt«

Hauptproblem der Hexenrichter war es, eine genügende Anzahl oder ausreichend starke Indizien gegen eine Angeklagte beizubringen. Ein Prozeß, dessen Mittelpunkt nicht ein tatsächlich verübtes Delikt, sondern nur Vermutungen über die bestimmte Einstellung einer Person bildeten, mußte daher dem Gericht zusätzliche Hilfsmittel an die Hand geben, die geeignet waren,

die Voraussetzungen zur Anwendung der Folter zu schaffen. Das war die Aufgabe der Hexenproben.
Ursprünglich nur als ergänzendes, wenn auch schwerwiegendes Indiz gedacht, übernahmen die Hexenproben faktisch bald die Rolle des vollen Beweises.
Gegenüber einer Angeklagten, die eine Hexenprobe nicht bestanden hatte, konnte ein Richter auf zusätzliche Folterung durchaus verzichten, ohne Gefahr zu laufen, kritisiert zu werden. Vielfach galt die Tortur dann schon als Gnadenerweis; man wollte der Angeklagten Gelegenheit zu einem Geständnis und ihr so die Möglichkeit geben, reuig und mit kirchlichen Gnadenmitteln versehen den Scheiterhaufen zu besteigen. Regelmäßig entfiel in einem solchen Fall auch die Verbrennung bei lebendigem Leib, die man nur gegenüber verstockten Sündern beibehielt.
Verschiedenste Hexenproben fanden Anwendung, teils übernommen und in ihrer Ausgestaltung den Gottesurteilen entsprechend – wie die Wasserprobe und die Eisenprobe, teils speziell im Verlauf der Hexenprozesse entwickelt – wie die Nadelprobe und die Wiegeprobe – und mit stärkerem Beweischarakter versehen.
Schon die Kelten kannten die Wasserprobe als rechtlich bedeutsamen Vorgang, eine Art Ehelichkeitsnachweis im Kindschaftsverfahren.

> Die Celten so am Fluß dem Rhein
> In Teutschem Landt gesessen seyn /
> Erkunden in deß Wassers flut /
> Wie sichs mit jren Kindern thut.
>
> Verhalten / ob sie recht und fein /
> In dem Ehebette erzeuget seyn.
> Die Mutter nimpt nicht an das Kind /
> Bis sie sich bey dem Wasser find.
>
> Alsbald ergreiffet sie gar wilt /
> gleich wie ein Schiff ein runden Schilt /
> Und legt darein das Kindelein /
> erwartet was aussag der Rhein.
>
> Also wirds Kind ehrlich gemacht/
> Oder Ehebruch an tag gebracht.[32]

Auf ähnliche Weise wurde nun auch die Hexerei an den Tag gebracht. Die Angeklagten wurden

> zu mehrer Erforschung der Wahrheit auff das Wasser geworfen, daß man sehen

Abb. 3: Wasserprobe. Stich aus dem 17. Jahrhundert. Im Detail eingearbeitet: das Fesselungsschema.

möcht, ob sie undergehen würden oder nicht.

Zwar Hände und Füsse waren ihnen hart gebunden, die Kleider abgezogen.

Auff folgende Weise aber wards Binden also angeschlagen:

Die rechte Hand war an der lincken grossen Zehen, und wiederumb die lincke Hand an den rechten grossen Zehen verknüpffet, daß sie sich mit dem ganzen Leibe gar nicht regen konndten.[33]

Dreimal wurde eine Angeklagte ins Wasser geworfen, oft

in Beywesen etlicher tausent Menschen,

die zusammen mit dem Gericht darüber wachten, ob die Frau sank oder schwamm.

Sey es denn Sach, daß sie oben schwimmt, hat sie Schuld. Geht sie zu Grunde, so findet man an ihr keine Schuld.[34]

So die fast einhellige Deutung des Vorganges – fast, denn in verschiedenen deutschen Gebieten war die entgegengesetzte Auslegung gewohnheitsrechtlich verbreitet.

Noch bevor aber die Hexenprozesse zu Ende des 16. Jahrhunderts einen ersten Höhepunkt erreicht hatten, wurde die Wasserprobe zum Gegenstand einer heftigen wissenschaftlichen Kontroverse, die letztlich darauf hinauslief, daß die

prob uffm kalten Wasser

als Teufelstrug in Zukunft keine Verwendung mehr finden sollte.

Hauptkontrahenten waren zwei Professoren, der Marburger Philosoph Wilhelm Adolf Scribonius, pro, also für Rechtmäßigkeit und Beibehaltung der Wasserprobe, und der Mediziner Herman Neuwalt aus Helmstädt, contra.

Dabei hatte die ganze Auseinandersetzung mehr zufällig begonnen.

Im September 1583 hielt sich Scribonius für einige Tage in Lemgo auf, wo er Zeuge mehrerer Hexenverbrennungen, aber auch einer Wasserprobe wurde, die für

die drey Zäuberinnen

einen schlechten Ausgang nahm,

alldieweil sie gleich wie ein Holz oder Block oben geschwommen und keine untergegangen.

Eine völlig neue Erfahrung für Scribonius, in dem sich plötzlich der Wissenschaftler regte.

Ob diesem neuen Brauch verwundert – als der an andern Orten Teutscheslandes unerhört, hätte ich gerne Bericht entpfangen von den Gründen und Ursachen dieser Erforschung,

über die ihm jedoch weder Bürgermeister noch Schultheiß

Auskunft geben konnte. Alles was er recherchieren konnte,

> es sei dies ein Gebrauch aus etlicher Völker Erfahrung und Wahrnehmung. Derhalben hab ich in grosser Verwunderung der Sache mit Ernst nachgedacht.

Bürgermeister und Rat von Lemgo zeigten Interesse an seinen Überlegungen und baten Scribonius um ein Gutachten, das schon wenige Tage später, am 4. Oktober, gedruckt vorlag.
Scribonius schickte sich an, den Nachweis zu führen, daß die Wasserprobe erstens göttlich und gerecht, zweitens ein in jedem Fall sicheres Erkennungsmittel einer Hexe sei.
Dabei kam es vor allem auf die Beantwortung einer Frage an:

> Nemlich auß was Ursachen die Hexen vor anderen Weibern oben schwimmen und nicht untergehen?

In der Tat ein ernstes Problem – tödlicher Ernst für die der Probe unterworfenen Frauen. Aber wieder einmal konnte sich Augustin Lerchheimer – wie Scribonius Philosoph – einige sarkastische Anmerkungen nicht verkneifen.
Mit Scribonius war auch er der Überzeugung, mit der Wasserprobe gehe man auf »Nummer sicher« – todsicher.

> Schwimmen sie dann, so sind sie Zauberinnen

und könnten verbrannt werden. Andererseits bleibt nur die Tatsache

> ungeachtet, daß die Unschuldigen im sinken ertrüncken, bis sie wieder herausgezogen[35].

Das war die Praxis Lerchheimers, wie nun sah die Theorie von Scribonius aus?
Mit der Frage, warum eben nur die Hexen schwämmen, war die Antwort vorgegeben: Die Hexen mußten wesentlich leichter sein als die Nichthexen. Mit einiger Umständlichkeit und unter Bemühung

> aller Philosophi, so wol der Academici als der Peripatetici

kam er zu der Erkenntnis:

> Was leicht ist, lenket sich obwärts hin und eilet nach einem jeglichen hohen Orte, was aber schwer ist gehet niederwärts, will seiner Natur nach gerne am untersten Orte sein.[36]

Ausgangspunkt der weiteren Entwicklung seiner Theorie war für Scribonius die Vorstellung des Teufels als eines

> bösen Engels, eines Geistes und Herrschers der Luft,

der mit dem Zeitpunkt des Teufelspaktes Herz und Körper der Frauen in Besitz nehme, bis

> er durch die gantze Sunbstantz und derer aller Teile wesentlich ausgebreitet ist.

Unter diesen Voraussetzungen war die Begründung des unterschiedlichen Gewichtes nahezu problemlos geworden.

> Schließe ich derhalben,

führte Scribonius den letzten Hieb,

> daß der leicht und lufftig Geist in der Hexen Leibe wohnend, diesselbigen Leibe mit seinem geistlichen fliegenden und leichten Wesen auch viel leichter mache, wiewol andere Leute dasselbe nicht mercken können.

Das war die eine Lösung. Die zweite Möglichkeit:

> Oder aber, daß er sie mit seiner Lufft, welche er in sie wesentlich eingeschüttet und innen festgehäftet, daß sie durch die Leichte gehalten werden, und, ob sie wöllen oder nicht, oben schwimmen müssen.

Dieser Gedankengang hatte es Lerchheimer angetan. In seiner unnachahmlichen Art, den Kollegen eins auszuwischen, ohne den Namen nennen zu müssen, aber doch so, daß jedermann wußte, um wen es sich handelte – einer Kunst, die er bis zur Perfektion beherrschte –:

> Den Brauch der Wasserprobe vermeinen etliche, die sich gelehrt dünken, zu verteidigen als natürlich und rechtens.
>
> Sagen, der Teufel, der die Hexen durch und durch eingenommen und besessen, mache sie leicht und schwimmend.
>
> Gleich als wenn er ein Luft wäre, sie füllete wie eine Blase oder Sackpfeife, und nicht ein Geist und unleiblich Wesen wäre.
>
> Lieber,

»Scribonius« ist zu ergänzen,

> warum müssen sie also verschränkt und nicht anders, und je an die grosse Zehe und nicht an die kleine gebunden, und dreimal, nicht zwei oder viermal aufs Wasser geworfen werden?[37]

Mit Spott allein war es jedoch nicht getan, wollte man verhindern, daß sich die Theorie von Scribonius allgemein durchsetzte. »Den Anfängen wehren« war das Motto Hermann Neuwalts, der die Widerlegung seines Marburger Kollegen als erster in die Hand nahm.

> Es ist schwer und mühselig, eine Gewohnheit, die bei dem gemeinen Pöbel eingerissen und verjähret, auch in ihren Herzen eingesessen und das Aussehen der Wahrheit hat auszutilgen.

Nahezu ebenso schwer sei es aber

> gelehrte Leute, die einen Wahn und Meinung gefasset, von ihrem Glauben abzuführen und wieder zu Recht zu bringen.

Zunächst mußte Neuwalt dagegen ankämpfen, daß die Wasserprobe im gerichtlichen Verfahren weiterhin zur Anwendung kam. Das Interesse der Bevölkerung an diesem Spektakel war beträchtlich, und nur zu gern gaben die Schultheißen dem nach.

Es bestand die Gefahr, daß

die Erkündigung und Prob durchs Wasser so viel Ansehen erlanget, daß sie wie eine löbliche Satzung, ja fast höher gehalten wird.

In dem noch stark gewohnheitsrechtlich bestimmten Strafverfahren wäre dann ein Kampf gegen die »normative Kraft des Faktischen« ziemlich aussichtslos gewesen. Aus diesem Grunde fuhr Neuwalt gleich zu Beginn starkes Geschütz auf. Es sei

von diesem Schauspiel Abstand zu nehmen, denn sonst werden die ordentlichen Gerichte zu Gauckelspielen und Zauberschulen.

Erst dann begann die Abrechnung mit Scribonius.

Wer fürgibt, der Teufel ändere die Form eines Dinges derselbige ist aberwitzig und nicht bei Sinnen, ist auch in den philosophischen Prinzipien gar übel bewandert.

Neuwalt hatte es aber nicht nötig, polemisch zu bleiben, denn das innerhalb weniger Tage und fast ohne Hinzuziehung von Literatur angefertigte Gutachten von Scribonius bot genügend Ansatzpunkte zu sachlicher Kritik.

Und Neuwalt konnte sich auf Autoritäten stützen, in erster Linie auf Andreas Alciatus, einen italienischen Juristen, der als solcher ohnehin mit einem zusätzlichen Autoritätsbonus ausgestattet war. Der Teufel habe die Wasserprobe

aus wüterischem Haß und vergifteter Abgunst erdacht,

sie stelle eine unzulässige Versuchung Gottes dar, bei der und das war der Hauptpunkt,

offtermals Unschuldige herhalten müssen.

Mit ähnlicher Argumentation hatte Johann Weyer die Wasserprobe verworfen, ohne jedoch damit durchzudringen. Die Ablehnung Weyers, unter anderem auch durch Scribonius, war auf einen einzigen Grund zurückzuführen: Seine Ausführungen waren zu theoretisch, er hatte es unterlassen, seine Thesen mit Beispielsfällen zu untermauern.

Diesem Vorwurf, nämlich

kein sonderliches gewisses Exempel[38]

angeführt zu haben, wollte sich Neuwalt nicht aussetzen. Schließlich rang er sich zu einem Beispiel durch, ließ aber durchblicken, daß er von dessen Wahrscheinlichkeit zumindest nicht ganz überzeugt war.

Auf den Ponto Inseln werden Leute gefunden, welche ein Bild eines Pferdes in einem Auge, im andern zwei Augäpfel haben.

Die können auch mit keiner Last so beschweret werden, daß sie unter das Wasser sinken.

Da man aber nicht davon ausgehen könne, daß jeder einzelne

dieser Menschen ein Zauberer sei, führe die Wasserprobe hier zu irregulären Ergebnissen. Der Nachweis, daß die Wasserprobe nicht in jedem Fall zu einem gerechten Resultat zu führen brauchte, war erbracht.
Auch Neuwalt war ein grundsätzlicher Gegner Weyers, des Mannes,

> der den Hexen keine gebührliche Strafe zu erkennet.

Andererseits war er aber fair genug zuzugestehen:

> Mitler weil aber belangend dise Purgation durch das kalte Wasser, achte ich, von seiner Meinung sei nit ein Haar breit zu weichen.

Damit waren die Weichen für den künftigen Ausschluß der Wasserprobe aus den Hexenprozessen gestellt.
Obwohl sich sogar Delrio, Bodin und Binsfeld

> – von dem Pöbel erfunden und von dem Baumeister dem Teufel gezimmert, eine Todsünde[39] –

gegen die Anwendung aussprachen, setzte sich die Wasserprobe zunächst in Westfalen durch und gewann später auch in Lothringen und Mecklenburg einige Bedeutung.
Die genannten Autoren lehnten zwar die Wasserprobe als rechtswidrig ab, verzichteten aber auf naheliegende Schlußfolgerungen aus dieser Feststellung – die dann Friedrich von Spee nachträglich für sie zog.

> Viele Richter haben in vergangenen Zeiten ihr Verfahren auf die Wasserprobe gestützt und sie tun es noch heute, also müssen Delrio und Binsfeld folgerichtig zugeben, daß viele Schuldlose umgekommen sind und noch umkommen.[40]

8.5.2 Die Wiegeprobe

Es war nur eine der in Zusammenhang mit den Hexenprozessen immer wieder auftretenden Widersprüchlichkeiten, daß die gerade widerlegte Theorie von Scribonius bei einer der anderen Hexenproben erneute Bedeutung erlangte, beifällig begrüßt sogar von jenen, die sie kurz zuvor noch verworfen hatten: bei der Wiegeprobe.
Ebenso wie die Wasserprobe hatte sie ihren Ursprung in der Vorstellung des gegenüber »normalen« Menschen leichteren spezifischen Gewichtes der Zauberer und Hexen.
Wem es wie den Hexen gelang, sich durch die Lüfte fortzubewegen, wer wie sie im Wasser nicht unterging, dessen geringes Körpergewicht mußte auch auf der Waage festgestellt werden können.

Eng verknüpft mit dem Begriff des Hexenwiegens ist die kleine niederländische Stadt Oudewater in der Nähe von Utrecht. Karl V. habe die Marktwaage des Städtchens mit besonderen Privilegien ausgestattet, hieß es. Den in Oudewater erzielten Meßergebnissen sei überall vollster Glaube entgegenzubringen; hier stehe die einzige Waage, die eine der Hexerei verdächtigte Person für den Fall, daß sie die Wiegeprobe bestand, von allen anderen Hexenproben befreie.

Ob an dieser Sache etwas dran war, ließ sich spätestens seit 1575, dem Jahr, in dem das Rathaus der Stadt von den Spaniern zerstört worden und sämtliche Urkunden verloren gegangen waren, nicht mehr mit letzter Sicherheit feststellen.

Es ist jedoch wenig glaubhaft, daß eine solche Urkunde je existierte.

1555 wurde Philipp II. als Nachfolger seines Vaters Karl V. König der Niederlande. Die Urkunde mußte also früheren Datums sein. Aber erst von 1644 an, nachdem die Hexenprozeßwelle in den Niederlanden ausgelaufen war, tauchten die Waageprotokolle mit einiger Regelmäßigkeit in den Gerichtsbüchern auf. Unwahrscheinlich, daß man diesen Eintrag in den peinlich genau geführten Urkundsbüchern nahezu einhundert Jahre lang unterschlagen hätte.

Zwar unternahmen auch Bürgermeister und Rat nichts, um die Legende aus der Welt zu schaffen – immerhin fiel einiges an Waage- und Protokollgebühren an –, daß sie sich jedoch mit dieser Hartnäckigkeit hielt, war sicherlich zu einem Großteil der Verbreitung durch die der Hexerei verdächtigten und reinigungsgewogenen Frauen und Männer zuzuschreiben.

Diese stammten meist aus den Erzdiözesen Köln und Trier sowie den westfälischen Bistümern. Und wenn sie dann schon mit einem protestantischen Waagezertifikat in ihre Heimat zurückkehrten, war es ganz gut, wenn sie darauf hinweisen konnten, daß der ganz Vorgang schließlich auf einer Initiative Karls V. beruhe, also des Kaisers, der den wenn auch vergeblichen Versuch unternommen hatte, die protestantischen Reichsstände mit Gewalt zur Rückkehr zum katholischen Glauben zu bewegen.

> Wir, die Bürgermeister, Schöffen und Ratsmitglieder der Stadt Oudewater in Holland, tun kund und bestätigen hiermit auf Gesuch ...

folgen Name und persönliche Daten des Verdächtigten

> ... daß das Gewicht der Person in rechtem Verhältnis zu ihrer Größe und Körperform steht.[41]

Das war oft schon alles; nicht einmal das zahlenmäßig bestimmte

Gewicht erschien notwendig auch in den Zertifikaten. Ebensowenig ging daraus hervor, daß die Wiegeprobe in einem wie auch immer gearteten Zusammenhang mit den Hexenprozessen stand. Der Inhaber sei berechtigt, die Urkunde jederzeit vorzulegen,

wann und wo es für ihn ratsam sein sollte.

Wie nicht anders zu erwarten, wurde in Oudewater in keinem einzigen Fall ein den Verdächtigten belastendes Wiegezeugnis ausgestellt. Dennoch ist die Tatsache erwähnenswert, wenn man sich Meßmethoden und Ergebnisse anderer Hexenwaagen ansieht.

In Extremfällen – nicht in Einzelfällen – schlugen Waagen bei einer Hexenprobe überhaupt nicht aus.

In Oudewater hatte man es sich zur Angewohnheit gemacht, dem Waagezertifikat detaillierte Personenbeschreibungen beizugeben. Einerseits wollte man sich damit vor einer mißbräuchlichen Verwendung schützen, andererseits stand dies im Zusammenhang mit einem weiteren Hexenerkennungsversuch, der Nadelprobe.

8.5.3 Die Nadelprobe

Obwohl das Oudewater-Zertifikat den Inhaber vor weiteren Hexenproben bewahren sollte, schien das nicht immer der Fall gewesen zu sein.

Nur so ist zu erklären, daß der Stadtschreiber auch Warzen, Narben, Leberflecke etc. in die Urkunde mit aufnahm. Vielerorts ging man davon aus, daß eine solche Unregelmäßigkeit auf der Haut das Hexenmal bildete, ein Zeichen, das der Teufel seiner Anhängerin während deren erster Teilnahme am Hexensabbat einbrannte.

Das Hexenmal, so die Vorstellung vieler Richter, sei schmerzunempfindlich und blute nicht, wenn man mit einer Nadel hineinsteche. In der Regel fand sich ein »stigma diabolicum«, wobei es jedoch ebenso wie bei den übrigen Hexenproben häufig zu betrügerischen Manipulationen der Henker und Folterknechte kam.

Schließlich gingen die Gerichte in erhöhtem Maße dazu über, die Nadelprobe von Chirurgen oder Ärzten durchführen zu lassen. Blieb die Suche nach dem Hexenmal erfolglos, führte dies nicht, wie zu vermuten wäre, zu einer Entlastung der Verdächtigen – ganz im Gegenteil.

Es handle sich um die

eigene Braut des Teufels, denn dieser brennt nur den weniger treuen Hexen das Mal ein, nicht aber den Hexen, deren Treue er sicher ist.[42]

Lange Zeit war die Lehre vom Teufelsmal in der Wissenschaft nicht ernsthaft bestritten. Der Kölner Rechtsgelehrte Peter Ostermann behauptete, er

habe noch keine Hexe gesehen, die es nicht hat.

Ostermann versuchte sogar, das Hexenmal mit noch größerer Beweiskraft auszustatten. Es allein sei schon als zur Überführung einer Hexe ausreichendes Indiz anzusehen.

Der Teufel brennt es keinem Unschuldigen ein, denn das kann (!) Gott nicht zulassen.

Während der wissenschaftlichen Auseinandersetzung um die Hexenprozesse gelangte man im Bereich nahezu jedes Einzelproblems an den Punkt, an dem sich die Juristen theologischer Voraussetzungen und Schlüsse bedienen mußten, um eine an sich in ihr Fachgebiet fallende Frage zu klären. Andererseits kamen Theologen vielfach nicht umhin, zur Darlegung oder Richtigstellung theologischer Sachverhalte juristische Methoden anzuwenden.
So auch hier, wo Ostermann zum Beweis der Durchschlagskraft »seines« Indizes einen etwas gewagten theologischen Seitensprung unternahm, den der Jesuit Friedrich von Spee auch sogleich zurechtrückte.

Die Richter sollen vorerst einmal den Beweis ganz sicher in den Händen halten, Gott werde es niemals zulassen, daß die Bosheit des Teufels oder der Hexen Schuldlosen solche Merkmale aufbrenne.
Dieser Beweis soll aber nicht lauten:
Wenn Gott das erlauben wollte, so würde Unheil daraus entstehen, weil man Unschuldige für Verbrecher halten und hinrichten würde.
Denn damit wird also vorausgesetzt, daß derartig gekennzeichnete Personen von Rechtswegen als schuldig angesehen werden dürfen – während gerade dies in Frage steht.
Darum bewegt sich dieser Beweis im Kreise.[43]

Die Nadelprobe entwickelte sich zur am häufigsten angewandten Hexenprobe und fand auch am längsten regelmäßige Anwendung.

Andere Proben hatten entweder nur regionale Bedeutung, blieben Einzelfälle oder waren nicht speziell auf die Erkennung von Hexen zugeschnitten.

So wurde einst zu Nidda einem achtzehnjährigen Mädchen nach richterlicher

Abb. 4: Nadelprobe. Kupferstich aus Hermann Löher, Hochnötige Klage . . ., Amsterdam 1676.

Erkenntnis das Nasenbein eingeschlagen, um aus dem Blutflusse über Schuld und Unschuld zu urteilen.

Eine Art von Offa judicalis mit Butterbrot wurde 1618 bei einer Hexe zu Lincoln auf deren eigenes Verlangen angewendet; sie soll daran erstickt sein.[44]

Aber das sind aktenmäßig nicht belegte Kuriositäten.

Fast ebenso selten wird es vorgekommen sein, daß das Gericht die Tränenprobe anordnete. Die während der Folter festgestellte Unfähigkeit, Tränen zu vergießen, galt hier als starkes Schuldindiz.

Mehrfach kam es zum Kesselfang oder Probe des heißen Wassers. Der Beschuldigte mußte einen Ring vom Boden eines mit siedendem Wassser gefüllten Behälters herausgreifen, ohne sich zu verletzen. Er konnte aber seine Unschuld auch dadurch dartun, daß er in einem wachsgetränkten Hemd durch ein Feuer schritt, ohne daß das Wachs vom Hemd heruntertropfte.

Über die Fragwürdigkeit der Hexenproben braucht heute kein Wort mehr verloren zu werden. Vielleicht sollte man sich aber vor Augen halten, daß mit ihrer Hilfe noch zu Beginn des neunzehnten Jahrhunderts Recht gesprochen wurde.

8.6 Folter

So gewiß es ist, daß die Folter nicht das rechtmäßige und mit dem göttlichen und natürlichen Recht übereinstimmende Mittel zur Erpressung und zum Beweis der Wahrheit ist, so steht es augenscheinlich fest, daß dieses gefährliche und trügerische Beweismittel in unserem Recht einst zugelassen wurde.[45]

So die ersten Worte der Schrift, der es gelingen sollte, die Voraussetzungen für den Widerruf dieser Zulassung zu schaffen, der Dissertation

Über die Verbannung der Folter aus den Gerichten der Christen

von Christian Thomasius.

Am 22. Juni 1705 wurde sie vor der juristischen Fakultät der Universität Halle vom Thomasius-Schüler Martin Bernhardt verteidigt und damit zum erstenmal einer erweiterten Öffentlichkeit zugänglich gemacht.

Ich behaupte,

so das Schlußwort,

daß aus dem Erklärten hinreichend erhellt, was ich im Titel dieser Dissertation behauptet habe, nämlich, daß die Folter, welche eine irreligiöse, ungerechte Sache ist und zum göttlichen wie Naturrecht im Gegensatz steht, längst hätte aus den Gerichten der Christen verbannt werden müssen.

Thomasius war nicht der erste, der die Rechtswidrigkeit der Folter darlegte; unter seinen Vorgängern befanden sich anerkannte Autoren, deren Zielsetzung und zum Teil auch Argumentation er übernahm: Friedrich von Spee, Anton Praetorius (= Johann Scultetus), Johann Matthäus Meyfart, Justus Oldekop, Johann Grevius und Augustin Nikolas.

Die Aufzählung könnte durch all jene vervollständigt werden, die sich irgendwann einmal gegen die Hexenprozesse ausgesprochen hatten. Auch sie mußten sich notwendigerweise mit den Auswüchsen des Folterwesens auseinandersetzen.

Letztlich unterschieden sie sich von Thomasius nur in einem Punkt: der Wirkungslosigkeit ihrer Bemühungen.

Werfen wir dagegen einen Blick auf die nackten Zahlen der Erfolgsbilanz des Halleschen Juristen, zu der auch seine Schrift über »Ursprung und Fortgang des Hexenprozesses« (Halle, 1712) ihren Beitrag leistete:

13. Dezember 1714 – Edikt des preußischen Königs: jeder Folterbeschluß, jedes Todesurteil in Hexensachen bedurfte in der Folge seiner Bestätigung.

8. Juli 1717 – »Criminalordnung für die Chur- und Neumarck«: Ermahnung zu größter Sorgfalt und Behutsamkeit in der Anwendung der Folter.

1721 – gleiche Forderung in der verbesserten Auflage des allgemeinen Landrechts.

3. Juni 1740 – Kabinettsordre Friedrichs (II.) des Großen: Verbot der Folter (Ausnahmen: Majestätsverbrechen, Landesverrat, Mord).

27. Juni und 4. August 1754 – ausnahmslose Aufhebung der Folter in Preußen.

1776 – Aufhebung der Folter in Österreich durch Maria Theresia.[46]

Damit war der Schlußstrich unter das Kapitel Folter gezogen. Wie aber fand sie Eingang in den Straf- und in den Hexenprozeß, was waren die Erscheinungsformen, wie konnte es geschehen, daß die Folter zum

> Hauptnerv aller Beweisführung, zum eigentlichen Symbol des Hexenprozesses[47]

wurde?

Im alten, auf germanische Rechtsgewohnheiten zurückgehenden strafrechtlichen Akkusationsprozeß standen sich Angeklagter und Kläger als grundsätzlich mit gleichen Rechten ausge-

stattete Privatpersonen gegenüber.
Hauptaufgabe des Gerichtes war es, auf die Einhaltung der strengen Formvorschriften zu achten.
Die Verantwortung für die Beibringung der Beweise lag allein in den Händen der Parteien, bei gleichwertigen Beweisen kam es zur Anordnung eines Gottesurteils, etwa einer Eisenprobe, eines Kesselfanges, der Wasserprobe oder, sofern es sich um eine Auseinandersetzung zwischen Freien handelte, eines Zweikampfes.
Das Resultat eines Gottesurteils war für alle Beteiligten absolut bindend. Die im Prozeß vorgetragene Behauptung des Zweikampfsiegers wurde als materiell wahr angesehen, selbst wenn sich später und sei es sogar durch einen Augenscheinbeweis deren Unrichtigkeit herausstellte.
Die Anerkennung des Ergebnisses von Gottesurteilen beruhte auf der Vorstellung vom naturgewollten Sieg des Guten. Es stand zu erwarten, daß die Angst vor Entdeckung und die damit verbundene besondere seelische Erregung den Normalablauf der Körperfunktionen beeinträchtigen würde.
Da die Gottesurteile aber gerade auf die Begünstigung des Normalablaufs programmiert waren, mußte der Schuldige unterliegen, während die innere Ruhe des Unschuldigen ihn diese Probe bestehen ließ.[48]
Besonders deutlich wird dies bei der Wasserprobe. Der im Vertrauen auf seine Unschuld auch während der Probe ruhig ein- und vor allem ausatmende Proband sank mit Sicherheit weit eher unter die Wasseroberfläche als der hastig und von der Angst über die auf ihn zukommende Entdeckung und Bestrafung erregt atmende Schuldige.
Das formale Beweisverfahren beherrschte die gerichtliche Praxis bis weit ins 16. Jahrhundert hinein.
Dennoch, die oftmals unbefriedigenden Ergebnisse der Ordalien ließen schon früh kritische Stimmen laut werden.
Im 9. Jahrhundert sprach sich Papst Nikolaus I. gegen diese Form der Wahrheitsfindung aus und auch der Langobardenkönig Liutprand meldete Bedenken an:

> Wir sind wegen des Gottesurteils unsicher geworden.
> Viele haben, wie wir hören, durch Zweikampf ohne Gerechtigkeit ihre Sache verloren, aber wegen des Herkommens können wir dieses Recht nicht verbieten.[49]

Als mit Aufkommen des Inquisitionsprozesses der Staat, repräsentiert durch den Richter, die Wahrheitsfindung in die Hand nahm – und zwar nicht mehr die Erforschung einer formalen, sondern nunmehr materiellen Wahrheit –, suchte man nach einem Mittel, das geeignet war, dem Richter bei Wahrnehmung seiner neuen Aufgabe die nötige Unterstützung zu gewährleisten.

Man fand es in der Folter.

Zu einer vollständigen Ablösung des Akkusationsprozesses kam es jedoch nicht. Einzelne Elemente dieser Prozeßart fanden im Inquisitionsverfahren weiterhin Verwendung, und das brachte Gefahren für einen Angeklagten, der sich nun plötzlich dem staatlichen Machtapparat gegenübersah.

Deutlich ist dies an der Stellung des Geständnisses aufzuzeigen. In der älteren Praxis war es der entscheidende, eine Verurteilung auch allein tragende Beweis für die Schuld des Angeklagten. Das Geständnis galt als

regina probationum,

als Königin des Beweisrechts. Man hätte nun annehmen können, daß es aus dieser Rolle herauswachsen würde, wenn das Gericht den Schuldnachweis zu erbringen hatte. Aber dazu kam es nicht. Das Fehlen von Zeugen führte nicht zu einem Freispruch mangels Beweises, sondern zu einer Einvernahme des Angeklagten, der, wenn ein freiwilliges Geständnis nicht erfolgte, der peinlichen Befragung unterworfen wurde.

Man wollte ihm die Möglichkeit verschaffen, sich durch eine bestandene Folter von jedem Schuldverdacht zu reinigen – so der Grundgedanke.

Diese Idee wurde jedoch innerhalb kürzester Zeit in ihr Gegenteil verkehrt.

Gerade im Bereich der Hexenprozesse, wo der Schuldnachweis anders als durch ein Geständnis nicht erbracht werden konnte, bestanden Sinn und Zweck der Folter bald ausschließlich darin, erstens ein Geständnis und zweitens die Namen von Mitschuldigen zu erpressen.

Die Tortur kann nur dann ein Mittel zur Wahrheitserkenntnis sein, wenn das, was der Gefolterte sagt, auch für wahr gehalten wird.[50]

Zumindest die Folterprotokolle der Hexen – und darauf haben wir uns zu beschränken – ließen den ursprünglich reinigenden Charakter der Folter nicht mehr erkennen.

In supplementum probationum,

zur Vervollständigung des Beweises, hieß es oft lakonisch, wobei schon die Formulierung die Vorstellungen entlarvte, unter denen die Hexenrichter den Folterbeschluß faßten. Der

Beweis galt schon durch die vorliegenden Indizien als erbracht und brauchte lediglich noch ergänzt zu werden.

Die gesetzlichen Grundlagen dagegen sahen vollkommen anders aus. Der Folterbeschluß war an zwei unabdingbare Voraussetzungen gebunden: Nach Artikel 6 der Gerichtsordnung Karls V. war der Richter zu der Prüfung angehalten, ob das Verbrechen, dessen der Angeklagte beschuldigt wurde, überhaupt begangen worden war. Daneben mußten ausreichend starke Beweisanzeichen für seine Schuld vorliegen, ohne daß er damit jedoch überführt war. Die Mißachtung selbst dieser Minimalforderungen wurde zur Regel.

Schließlich gab es nur noch eine Grenze, die allgemein beachtet wurde, die Folter durfte nicht unmittelbar ursächlich für den Tod des Angeklagten sein.

In seiner »Instruction wie in Zauberei Sachen ohn Gefahr der Unschuldigen zu procediren« sei, instruierte der Kölner Hexenkommissar Heinrich Schultheiß die Foltermeister:

> du sollst ihnen also peinigen, damit er lebendig bleibe, du kannst Zeits genug dazu nehmen[51].

Doch Folteranweisungen durch einen Praktiker waren die Ausnahme. Meist stammten sie von Personen, die weder einen Kerker noch eine Folterkammer je von innen gesehen hatten.

Professoren der Rechtswissenschaft befaßten sich im Rahmen ihrer Strafrechtskommentare rein theoretisch mit dem Problem der Folter, führten weitschweifige Disputationen über die Frage, ob die Einteilung in drei Foltergrade derjenigen in fünf Grade vorzuziehen sei, ob die einstündige Folter auch in zwei halbstündigen Sitzungen – und wenn ja, ob am gleichen Tag – »abgeleistet« werden könne. Die Folter selbst wurde so gut wie nie in Frage gestellt.

Gleiches galt für Theologen

> und Beichtiger, welche zu Haus in sanfter Ruhe sitzen, bei gutem Essen und Trinken leben und in ihren Studierstuben sitzen, die Peinigung der Folter in die Konzepte ihrer Predigt schreiben, nachmals auf die Kanzel bringen, nach dem Henker rufen.

So beschrieb der Theologe Johann Matthäus Meyfart den Tatbestand und kritisierte:

> ... haben unterdessen nicht ein Vorbildlein der Marter in ihren Gedanken abgemalet und urteilen von der elendesten Elendigkeit und der grausamsten Grausamkeit wie der Blinde von den Farben.

Meyfart wünschte sich die Kanzel- und Schreibtischtäter, diese

> tortursüchtigen und marterbegierigen politischen und geistlichen Personen

nur eine Viertelstunde selbst in der Folter hängen zu sehen.

Sie würden ihre Bücher verspeien und ihre Predigten vermaledeien.[52]

Und so sah eine Folterszene aus.

Folterprotokoll der Katharine Lips, Marburg 1672:

... ist erinnert worden, die Wahrheit zu sagen.

Sie ist aber beständig bei dem Leugnen geblieben, hat sich selber hertzhaft und willig ausgezogen, worauf sie der Scharfrichter mit den Händen angeseilet, hat wieder abgeseilet, peinlich Beklagtin hat gerufen:

O wehe! O wehe! ist wieder angeseilet, hat laut gerufen:

O wehe! O wehe! Herr im Himmel, komme zu Hilfe!

Die Zehen sind angeseilet worden, hat um Rache gerufen, und ihr Arme brechen ihr.

Die Spanischen Stiefel sind ihr aufgesetzet, die Schraube auf dem rechten Bein ist zugeschraubet, ist ihr zugeredet die Wahrheit zu sagen.

Sie hat aber darauf nicht geantwortet.

Die Schraube auf dem linken Bein auch zugeschraubet.

Sie hat gerufen, sie kennte, wüßte nichts, hat gerufen, sie wüßte nichts, hat ums jüngste Gericht gebeten, sie wüßte ja nichts, hat sachte in sich geredet, sie wüßte und kennte nichts.

Die linke Schraube gewendet, peinlich Beklagtin ist aufgezogen, sie hat gerufen.

Du lieber Herr Christ, komme mir zu Hilfe!

Sie kennte und wüßte nichts, wenn man sie schon ganz tot arbeitete.

Ist höher aufgezogen, ist stille worden und hat gesagt, sie wäre keine Hexe.

Die Schraube auf dem rechten Bein zugeschraubet, worauf sie O wehe gerufen.

Es ist ihr zugeredet die Wahrheit zu sagen.

Sie ist aber dabei blieben, daß sie nichts wüßte, ist wieder niedergesetzet worden, die Schrauben sind wieder zugeschraubet.

Hat geschrien O wehe! wieder zugeschraubet, auf dem rechten Bein, ist stille worden und hat nichts antworten wollen, zugeschraubet, hat laut gerufen, wieder stille worden und gesagt, sie kennte und wüßte nichts, nochmals aufgezogen, sie gerufen: O wehe! ist aber bald ganz stille worden, ist wieder niedergesetzt und ganz stille blieben, die Schrauben aufgeschraubet.

Es ist ihr vielfältig zugeredet worden, sie ist dabei blieben, daß sie nichts kennte oder wüßte.

Die Schrauben höher und zugeschraubet, sie laut gerufen und geschrien, ihre Mutter unter der Erden sollte ihr zu Hilf kommen, ist bald ganz stille worden und hat nichts reden wollen.

Härter zugeschraubet, worauf sie anfangen zu kreischen und gerufen, sie wüßte nichts.

An beiden Beinen die Schrauben höher gesetzt, daran geklopfet, sie gerufen:

Meine liebste Mutter unter der Erde, o Jesu komme mir zu Hilfe.

Am linken Bein zugeschraubet, sie gerufen und gesagt, sie wäre keine Hexe, das wüßte der liebe Gott, es wären lauter Lügen, die von ihr geredet worden.

Die Schraube am rechten Bein härter zugeschraubet, sie anfangen zu rufen, aber stracks wieder ganz stille worden.

Hierauf ist sie hinausgeführet worden von dem Meister, um ihr die Haare vom Kopf zu machen.

Darauf er, der Meister, kommen und referirt, daß er das Stigma funden, in welchem er eine Nadel über Glieds tief gestochen, welches sie nicht gefühlet, auch kein Blut herausgegangen.

Nachdem ihr die Haare abgeschoren, ist sie wieder angeseilet worden an Händen und Füßen, abermals aufgezogen, hat laut gerufen, ist wieder ganz stille worden, gleich als wenn sie schliefe.

Indem finge sie hart wieder an zu reden.

Die Schraube am rechten Bein wieder zugeschraubet, da sie laut gerufen, die linke Schraube auch zugeschraubet, wieder gerufen und stracks ganz stille worden, und ihr das Maul zugegangen.

Am linken Bein zugeschraubet, worauf sie gesagt, sie wüßte von nichts, wenn man sie schon tot machete.

Besser zugeschraubet am rechten Bein, sie gekrischen, endlich gesagt, sie könnte nichts sagen, man sollte sie auf die Erde legen und tot schlagen.

Am linken Bein zugeschraubet, auf die Schrauben geklopfet, härter zugeschraubet, nochmals aufgezogen, endlich ganz wieder losgelassen worden.

gezeichnet J. Jacob Blankenheim. Fridcrich Dauod. J. Hirschfeld. M. F. Rang

Bewußt wurde hier der Alltag der Folterpraxis gesucht. Das von Soldan-Heppe erstmals veröffentlichte Protokoll eignet sich dazu in besonderem Maße. Weder handelte es sich um eine übermäßig lange Folter noch zeichnete sie sich durch die Anwendung außergewöhnlicher Mittel, noch durch besondere Härte aus.

Ich habe gesehen wie die Henker mit Peitschen geschlagen, mit Ruten gestrichen, mit Schrauben gequetscht, mit Gewichten beschwert, mit Nägeln gestochen, mit Schwefel gebrannt, mit Öl gegossen, mit Fackeln gesengt haben.

In summa, ich kann zeugen, wie der menschliche Leib verödet worden.

Die Beobachtungen Johann Meyfarts konnte einer der entschiedensten Kämpfer für die Abschaffung der Folter, der niederländische Prediger Johann Grevius, durch eigene Erfahrungen bestätigen.

Auf die an ihm vorgenommene Folterung spielte er wohl an, wenn er sagte, er kenne jemanden,

der von vier Schergen gefoltert wurde, unter denen einer den anderen zu überbieten suchte.

Abb. 5: Folter durch Ansetzen von Beinschrauben. Holzschnitt aus: Millaeus, praxis criminalis, Paris: Colinaeus, 1541.
Während der Folterung erfolgt die – im Geltungsbereich der »Carolina« verbotene – gleichzeitige Aufzeichnung des Geständnisses.

Außer den Folterknechten war kein Sterblicher zugegen.

Im Zuge protestantischer Richtungskämpfe war Grevius seines Amtes enthoben worden. Trotz der ausgesprochenen Verbannung predigte er auch weiterhin in seinen Gemeinden Heteren und Heusden. Er wurde festgenommen und zu lebenslangem Kerker verurteilt.

Während der Amsterdamer Haftzeit entstand das »Tribunal reformatum«, das er nach seiner Flucht dem schleswig-holsteinischen Herzog Friedrich widmete, der ihm Asyl geboten hatte.

Gut einhundert Jahre nach der Hamburger Erstauflage erschien die Schrift 1737 ein zweites Mal in Wolfenbüttel und mag dann noch einmal einigen Einfluß in der von Thomasius ins Leben gerufenen Kampagne gegen die Folter gehabt haben.

Soweit es die theoretischen Partien seiner Schrift anging, bewegte sich Grevius überwiegend auf rechtsphilosophischem Gebiet. Die positiv rechtlichen Grundlagen der Folter griff er nicht an, suchte vielmehr ihre Rechtswidrigkeit aus naturrechtlichen Überlegungen herzuleiten.

Die Anwendung der Folter war für ihn ein Verstoß gegen das allen Gesetzen übergeordnete Gebot christlicher Nächstenliebe.

Der naturrechtlichen Komponente legte später auch Christian Thomasius unter ausdrücklicher Berufung auf Grevius einiges Gewicht bei. Es sei ein naturrechtlicher Grundsatz, daß es jedem Angeklagten freistehe, sich der gesetzlich zugelassenen und ihm nützlich erscheinenden Verteidigungsmittel zu bedienen.

Diese allgemein anerkannte Tatsache werde jedoch

> ausgerottet, wenn Menschen gezwungen werden, sich durch eigenes Verhalten den Untergang zu bereiten.

Denn tatsächlich verlange man von dem Gefolterten nichts anderes, als

> das zu ergänzen, was dem Richter bis jetzt mangels Zeugen oder Beweisen an Gewißheit zu ihrer Verteidigung fehlt.

Man zwinge diese Menschen

> zu Verrätern an sich selbst zu werden.
> O unmenschliche Sitte!
> Darf man so mit Christen verfahren?[53]

Thomasius folgte Grevius auch hinsichtlich der Forderung, die zivilrechtliche Beweislastverteilung analog im Strafverfahren anzuwenden.

> Grevius lehrt mit Fug und Recht, daß es in Zivilsachen unbillig ist, vom Beklagten ein Geständnis zu verlangen, so daß er sich gleichsam selber das

Messer an die Kehle setzen muß.

Denn der Kläger soll von sich aus die Klage vorbringen und mit Beweismaterial versehen zum Richter kommen.

Mit umso größerer Berechtigung muß man aber diejenige ungerechte Lehre verrufen, welche anordnet, daß in Strafsachen, wo um Leib und Leben geklagt wird, der Ankläger ein Geständnis vom Angeschuldigten fordert.

Grevius nahm eine Vielzahl von Fallbeschreibungen in das Werk mit auf und kam in diesem Zusammenhang natürlich nicht umhin, sich auch mit konkreten juristischen Problemen auseinanderzusetzen.

Übrigens aber,

so bemerkte er vorbeugend gegen die aus den Kreisen der Rechtswissenschaft zu erwartende Kritik,

nimmt man, wenn eine Seuche wütet, ein passendes Heilmittel von jedem an, mag er den Titel »Arzt« führen oder nicht.

Grevius prangerte eine ganze Reihe von Praktiken an, die sich im Laufe der Zeit bei der Anwendung der Folter herausgebildet und die teilweise schon gewohnheitsrechtlichen Status gewonnen hatten.

Der heutigen Gewohnheit nach gibt es für die Richter in Verhängung der Folter kein bestimmtes Maß.

Wenn sie wollen, können sie dich hundertmal foltern lassen.

Haben sie einmal begonnen, so pflegen sie solange fortzufahren, bis das Geständnis vorliegt.[54]

Wurde gegen mehrere Angeklagte zur gleichen Zeit verhandelt, war es üblich geworden, mit der Folter dort zu beginnen, wo der wenigste Widerstand zu erwarten war.

Daher sollen Kinder eher als die Eltern, Frauen eher als Männer gefoltert werden etc.[55]

Dieser aus dem römischen Recht übernommene Grundsatz mochte noch insofern eine gewisse Berechtigung gehabt haben, als es zu einer insgesamt geringeren Anzahl und weniger intensiven Folterungen gekommen wäre – der Gerechtigkeit war er sicher nicht dienlich.

Anderes war schlichtweg ungesetztlich. Etwa die Ratschläge des italienischen Juristen Julius Clarus: der Richter solle darauf verzichten, die Angeklagten auf ihre Verteidigungsrechte aufmerksam zu machen, einen Verteidigungstermin nur auf ausdrückliches Verlangen ansetzen.

Oder: der Folterbeschluß solle erst mitgeteilt werden, wenn der Foltermeister gerade im Begriff stehe, den Angeklagten zu binden – so könne ein fristgerechter Einspruch des Angeklagten verhindert werden.

Brauchbar waren solche Vorschläge nur unter einem Gesichtspunkt: Rationalisierung und Entlastung der Gerichte um den Preis des Rechts.

Wiederum anderes stand zwar mit dem Wortlaut des Gesetzes in Einklang, fand jedoch aufgrund ausweitender Interpretation mißbräuchliche, dem Sinn der Bestimmungen zuwiderlaufende Anwendung. So ließ die »Carolina« die Möglichkeit offen, auch einem durch Zeugenbeweis überführten Angeklagten ein Geständnis abzufoltern. Das jedoch nur unter der Voraussetzung, daß

> der Täter der offenbaren, unzweifelichen Übeltat freventlich widersprechen wolt

und nur zu dem Zweck, daß

> Urteil und Strafe mit den wenigsten Kosten als sein kann, gefördert und vollzogen werde.

Aus den Kommentaren jedoch konnte man ganz andere Zweck-überlegungen herauslesen. Man gelange zu einem schnelleren endgültigen Abschluß des Verfahrens, da der Angeklagte im Falle des Geständnisses seines Berufungsrechtes verlustig ginge.

Solche Befürchtungen waren aber nur angebracht, wenn der Sachverhalt in Wirklichkeit gar nicht als so offenbar und geklärt gelten konnte, wie das Gericht das gerne wahrhaben wollte. Daraus folgt, daß in vielen Fällen die Foltervoraussetzungen überhaupt nicht gegeben waren, daß der Folterbeschluß, trotz der scheinbaren Übereinstimmung von Tatbestand und Gesetzeswortlaut, rechtswidrig war.

Mit dem Hinweis auf die Zugehörigkeit der Hexerei zu den Sonderverbrechen wurden die zurückhaltenden und einschränkenden »Carolina«-Folterbestimmungen regelmäßig umgangen.

Bestimmte Personengruppen sollten grundsätzlich von einer peinlichen Befragung ausgenommen sein,

> um ihres Ranges willen erlauchte Menschen, Senatoren, berühmte und ausgezeichnete Leute und deren Nachkommen bis zum dritten Glied.
> Ferner sind auch in Ehren aus dem Heeresdienst entlassene Ritter hierher zu beziehen.
> Aus dem gleichen Grunde sind wie es scheint, Gelehrte, Advokaten und Studenten in diese Liste zu schreiben.

Schwangere, Minderjährige und Greise,

> weil sie ja ein zweitesmal als Knaben gelten,[56]

waren auch von der Folter befreit, und doch finden sich aus jeder dieser Gruppen Personen, die man nach ihrer Folterung als Zauberer oder Hexen verbrannt hatte.

Die am häufigsten mißachtete Vorschrift war wohl der Artikel 58 der »Constitutio Criminalis Carolina«. Die Aussage des Angeklagten

> soll nit angenommen oder auffgeschrieben werden, so er inn der marter ist, sonder soll sein sag tun, so er von der marter gelassen ist.

Die Protokollierung der Aussagen während der Folter hatte sich dermaßen eingebürgert, daß auch auf zeitgenössischen Abbildungen von Folterszenen der Schreiber so gut wie nie fehlte.

Hielt sich ein Gericht dann doch einmal an diese Vorschrift, geschah dies nur, um das Geständnis mit einem höheren Beweiswert auszustatten. Wiederholte nämlich der Angeklagte das Geständnis kurz nachdem er von der Folter genommen war, erschien im Protokoll der Zusatz:

> freiwillig, nicht im Angesicht der Folter abgelegt.

Benedikt Carpzow, der angesehenste Strafrechtler des 17. Jahrhunderts, beschrieb in seiner »Neuen sächsischen Kriminalpraktik« die im Kurfürstentum Sachsen geltende Einteilung der Foltergrade, die aber ohne große Abweichungen auch in den übrigen Territorien galt.

> Beim untersten Grade der Tortur werden die Glieder an der Hand mit Stricken fest bis auf die Knochen zusammengeschnürt. Die Folgen davon sind unerträgliche Schmerzen, sodaß dieser Grad rücksichtlich der Qual und des Schmerzes dem zweiten Grade ziemlich gleich steht. Denn die Henker sagen, wenn der Delinquent dieses Schnüren überstehe, könne er leicht auch den Schmerzen der härteren Tortur Widerstand leisten.
>
> Der zweite schon stärkere Grad gilt dann als angewendet, wenn der Inquisit auf die Leiter gezogen und durch gewaltsame Ausspannung oder Dehnung die Gelenke aller Glieder auseinandergezogen und zerrissen werden. Diese Art der Tortur ist die gewöhnlichste und wird verstanden, wenn man von Tortur einfachhin spricht.
>
> Der dritte und höchste Grad besteht darin, daß die Henker nach der Ausspannung auf der Leiter noch härtere Martern anwenden und mit brennenden Spänen oder mit Schwefel und Feuer die Haut versengen, oder unter die Fingernägel Keile aus Fichtenholz stecken, diese dann anzünden und so die Fingerspitzen der Wirkung des Feuers aussetzen. Oder sie legen den Angeklagten auf einen Stier oder Esel von Metall, der durch Feuer im Inneren allmählich beginnt glühend zu werden.
>
> Diese und andere Torturen sind den Henkern ganz vertraut.[57]

Carpzow sah sich zu dieser seiner Ansicht nach maßvollen

Zusammenstellung genötigt, weil sich Berichte über Todesfälle in der Folter und über den Gebrauch gesetzlich nicht zugelassener Foltermittel häuften.

> Ungebildete, trunksüchtige Richter, die dieses Namens nicht wert sind, zerfleischen die unglücklichen Angeklagten mit Martern, welche für menschliche Geduld unerträglich sind.
>
> Wie ein wildes Tier, das nach immer mehr Blut dürstet, wenn es einmal davon verkostet hat, so befehlen sie mit bluttrunkenen Augen häufig, die Torturen noch zu verdoppeln.

Anklagen eines Mannes, von dem man behauptete, er habe seine Unterschrift unter zwanzigtausend Todesurteile gesetzt, eines Mannes, der von sich behauptete, dreiundfünfzigmal die Bibel durchgelesen zu haben.

Ebenso wie für die Unwahrscheinlichkeit des ersten Punktes sprach manches für die Wahrscheinlichkeit des zweiten. Denn anhand der Bibel wies Carpzow so gut wie alles und jedes nach, daß die Folter zur Ehre Gottes gereiche oder daß in der Rangordnung der Verbrechen der Ehebruch dem Mord weit überlegen sei. Wo er ein entsprechendes Zitat nicht fand, stützte er sich auf die mehrfach zitierte Generalklausel, den 13. Abschnitt des Paulusbriefes an die Römer:

> Jedermann sei untertan der Obrigkeit und es ist keine Obrigkeit ohne von Gott.

Unter Zugrundelegung dieses Satzes wies er sogar die unabdingbare Verpflichtung der Richter nach, gegen einen Wilderer das Todesurteil auszusprechen.

> Wer in kurfürstlichen Wildbahnen jagt, der gibt,

obwohl dieses Delikt früher »nur« mit Landesverweisung geahndet wurde,

> einen solchen Stolz und eine solche Verachtung der Obrigkeit und einer göttlichen Einrichtung kund, daß sein Verbrechen mit der Abgötterei zusammenfällt und er schon deshalb die Todesstrafe verdient[58].

Die Schrift Carpzows – neun Neuauflagen in einhundert Jahren – führte in erster Linie im Kurfürstentum Sachsen noch einmal zu einem weiteren Anschwellen der Prozeßzahl.

Es lassen sich eine ganze Reihe von Fällen nachweisen, in denen das Urteil unmittelbar auf die »Neue Kriminalpraktik« zurückzuführen war, sei es, daß der Tatbestand mit einem der von Carpzow zahlreich mitgeteilten Fälle übereinstimmte, sei es, daß ein Fiskal sich auf den

> genügenden Vermutungsbeweis des berühmten Criminalisten[59]

stützte.

Für den Richter wäre es gleichbedeutend mit einem Verstoß

gegen zwingende Formvorschriften gewesen, hätte er sich den Ansichten Carpzows nicht angeschlossen.

Wie groß seine Autorität wirklich war, wird verständlicher, wenn selbst ein Gegner in der Sache, wie Christian Thomasius, bewundernd feststellte:

> Benedictus Carpzovius hat sich im übrigen in der Sächsischen Iurisprudence unsterblichen Ruhm zuwege gebracht.[60]

Die Unmenschlichkeit der Beweisfindung durch die Folter, wie sie vor allem in dem Folterprotokoll der Katharine Lips und der Gradeinteilung Carpzows zum Ausdruck kam, wird uns dem Stoßseufzer Meyfarts zustimmen lassen:

> O liebe Christen, ich habe gesehen, welchermaßen die Henker und Peiniger den wunderschönen Leib des Menschen, an welchem sich auch die Engel erlustigen, so schandhaftig verstellen, daß es auch vielleicht die Teufel verdriest, weil sie spüren, es seien Menschen, die in der vornehmen Kunst den höllischen Geistern überlegen.[61]

9 Schwarze und weiße Magie

9.1 Agrippa von Nettesheim

Mit scharfen Parolen waren die Autoren des »Hexenhammers« gegen die Verteidigung der Hexen durch Anwälte vorgegangen. Sie hatten versucht, eine im Sinne der Angeklagten vorgetragene Verteidigung in die Nähe der Mittäterschaft zu rücken. Wenn er überhaupt tätig wurde, sollte der Anwalt unter Mißbrauch des ihm von dem Beschuldigten entgegengebrachten Vertrauens dem Gericht in die Hände arbeiten.
Die Idee, den Angeklagten in seiner Verteidigung weitmöglichst zu behindern, war ein Relikt der Ketzerprozesse, zwangsläufig neu dagegen der Versuch, die Anwälte aus dem Prozeß herauszuhalten, einfach deshalb, weil das Inquisitionsverfahren das Auftreten eines Rechtsbeistandes überhaupt nicht kannte. Ja, man war sogar soweit gegangen, eine Verteidigung durch den Angeklagten selbst förmlich zu verbieten.[1] Das war im Ketzerprozeß üblich geworden, um einer weiteren Verbreitung der nicht mit der offiziellen Kirchenlehre übereinstimmenden Irrmeinungen entgegenzutreten. So sollten die Aussagen über die Nichtanerkennung der Sakramente oder die Mißachtung des Papstes nicht in den Protokollen niedergelegt und damit unnötigerweise publik gemacht werden. Das vom Ketzerprozeß in die Hexenverfolgung übernommene Motto lautete nicht »in dubio pro reo«, sondern

> im Zweifel gegen den Angeklagten.

Der Urheber der Hexenverfolgungen im Erzbistum Trier, der Weihbischof Peter Binsfeld, konnte der Zustimmung führender Theologen und Juristen sicher sein, als er 1589 in seinem »Traktat über die Bekenntnisse der Hexen« schrieb:

> So groß ist der Vorzug des Glaubens, daß, wiewohl es bei anderen Verbrechen in Zweifelsfällen besser ist, einen Schuldigen frei zu lassen als einen Unschuldigen zu verurteilen, trotzdem bei Hexerei und in Glaubenssachen in Zweifelsfällen die Schuld vorausgesetzt wird.[2]

Binsfeld hatte nur das offen ausgesprochen, was schon seit vielen Jahrzehnten praktiziert wurde, eine Schuldvermutung zu Lasten des Angeklagten. Diese Vermutung sah man als ausreichendes

Indiz für eine Ketzertätigkeit an, so daß man die Verteidigung nicht zuließ. Dann aber erst, und hier schloß sich der Teufelskreis, ging man daran, sich durch die Folter den Beweis zu verschaffen, daß der Angeklagte tatsächlich ein Ketzer war und keine Verteidigung verdiente.

Unter diesen Voraussetzungen scheint es verständlich, daß nur wenige Advokaten es wagten, sich der Verteidigung einer Hexe anzunehmen. Einer dieser Wenigen war der Jurist, Historiker, Arzt, Magier, Archivar, Offizier und Universitätslehrer Heinrich Cornelius Agrippa von Nettesheim. Nachdem Agrippa in Italien auf der Seite der Liga gegen Frankreich mitgekämpft hatte, kam er 1518 nach Metz, wo er die Stelle des Stadtsyndikus übernahm, nebenher aber auch als freier Advokat praktizierte.

In Metz versuchte seit längerer Zeit der Dominikaner Nikolaus Savini, die Prozesse gegen Hexen gemäß der »Hexenbulle« in Gang zu bringen, was aber, mangels ihm zugetragener Denunziation, nicht gelingen wollte.

Schließlich fand sich aber doch eine Beschuldigte, eine Bäuerin aus der Nähe der Stadt, die der Inquisitor, wie Agrippa selbst schreibt,

> um der abgeschmacktesten Verleumdungen willen, mehr zur Abschlachtung als zur Untersuchung, vor sein nichtswürdiges Forum gezogen hatte[3].

Der eigentliche Anlaß für den Eintritt Agrippas in den Prozeß fand sich im Testament des Richters dieser Verhandlung, des bischöflichen Offizials. Die Angeklagte war bereits mehrfach gefoltert worden, als der Richter schwer erkrankte und in seinem notariell beglaubigten Testament die Vermutung aussprach, die Bäuerin sei unschuldig, jedenfalls durch die Folter für die dennoch bestehenden Verdachtsmomente ausreichend gestraft.[4] Im weiteren Verlauf der Verhandlung setzten sich Savini und Agrippa mit ihren unterschiedlichen Auffassungen über die Theorie des »Hexenhammers« auseinander, nach der, wie Savini vortrug,

> die Zauberinnen nicht nur ihre Kinder sogleich nach der Geburt den Dämonen zu weihen pflegen, sondern sogar selbst aus dem Umgang mit dem Teufel Kinder zeugen und so das Zauberwesen in der Familie vererben.[5]

Deshalb, behauptete Savini, sei ein ausreichendes Indiz für das Todesurteil gegeben, denn bereits die Mutter der Bäuerin sei als Hexe verbrannt worden. Doch Agrippa, selbsternannter Doktor der Theologie, blieb auch in dieser sicher nicht leichten Situation – immerhin hatte Savini mit dem »Hexenhammer« eine unbedingte Autorität ins Feld geführt – Herr der Lage.

Hast du eine so verkehrte Theologie, Herr Pater?,

fragte er den Inquisitor und fuhr fort:

Mit solchen Hirngespinsten willst du unschuldige Weiber zur Folter schleppen und andere als Ketzer richten.

Wäre es wie du sagst, dann bist du es, der die Gnade der Taufe verleugnet, denn dann würde der Priester vergeblich sagen: Zieh aus, unreiner Geist und mache Platz dem heiligen Geiste.

Also nur durch das Heil der Taufe wird der Satan aus uns herausgerissen, denn zuvor sind wir alle sündhaft und verflucht auf Ewigkeit.

Siehst du nun, wie haltlos, leer und sogar ketzerisch dein Urteil ist.[6]

Savini hatte das Verfahren als Anklageprozeß eröffnet, bediente sich aber dennoch der aus dem Inquisitionsverfahren bekannten Verhör- und Foltermethoden. Auch diese unstatthafte Methode wurde von Agrippa gerügt.

In helle Wut geriet da der Heuchler und drohte mir, er werde mich als einen Freund und Beschützer der Ketzerei verfolgen lassen. Ich aber hörte nicht auf, jenes arme Weibsbild zu verteidigen und entriß sie endlich kraft des Rechts dem Rachen des Löwen[7],

schrieb er an einen Freund. Das Gericht war von der Beweisführung Agrippas überzeugt und verkündete einen Freispruch. Mit seinem Auftreten in diesem Prozeß hatte sich Agrippa von Nettesheim einflußreiche Feinde geschaffen, sich insbesondere den Haß der Dominikanerinquisitoren zugezogen. Das Wirken Agrippas hatte gezeigt, wie sehr das energische Auftreten schon eines einzelnen Mannes dem Vorgehen der Hexenjäger schaden, wie es schließlich dazu führen konnte, auch weite Bevölkerungskreise gegen die Hexenverfolgungen aufzubringen. Als nämlich Agrippa kurz nach dem Prozeß die Stadt verließ, versuchte Savini erneut und nun endgültig, die päpstliche Inquisition in Metz festzusetzen. Roger Brennon aber, Pfarrer und Anhänger Agrippas, wies in seinen Predigten auf das ungerechtfertigte Vorgehen Savinis hin, der in der Folge mehrfach auf der Straße bedroht wurde und schließlich sein Haus nicht mehr verlassen konnte. Der gewonnene Prozeß in Metz bedeutete für Agrippa jedoch nur einen minimalen Teilerfolg. Weiterhin kämpfte er in seinen Schriften gegen die Grausamkeit und Bestechlichkeit der Inquisitoren, so in seinem Werk »Über die Eitelkeit der Wissenschaften«.

Gegen alle Vorschriften und Canones drängen jene blutgierigen Geier sich ein in die Rechtssphäre der Ordinarien und wüten gegen alles ihnen Anstößige, insbesondere gegen Bauernweiber, welche der Zauberei angeklagt sind.

Sie setzen diese, oft ohne vorherigen rechtlichen Spruch so lange den grausamsten und fürchterlichsten Martern aus, bis sie durch das herausgepreßte Geständnis Grund zur Verurteilung haben.

Sie glauben dann als richtige Inquisitoren zu handeln, wenn sie nicht ablassen, bis die Unglückliche entweder verbrannt ist oder bis sie die Hand des Inquisitors mit Gold füllt, damit er sich erbarme und sie loslasse.[8]

Verständlich, daß seine Feinde nun begannen, stärkere Geschütze aufzufahren, als nur in den eigenen Schriften gegen Agrippa zu polemisieren. Der Einfluß seiner Gegner war sogar groß genug, ihn bei Kaiser Karl V. in Ungnade fallen zu lassen.

Da half auch die Unterstützung wenig, die Agrippa vom Kölner Erzbischof Hermann von Wied erhielt. 1532 hatte ihm der Bischof ein Haus in Bonn zur Verfügung gestellt, in dem Agrippa mit seinem schwarzen Pudel »Monsieur« und zeitweilig auch mit seinem Schüler Johann Weyer lebte. Weyer wurde von Agrippa auf das Medizinstudium vorbereitet, und er sollte Jahre später wesentlich nachhaltigeren Erfolg im Kampf gegen das Hexenwesen haben als sein Lehrer.

Die um den schwarzen Hund entstandenen Fabeln hatten einiges zum Ruf Agrippas als Magier beigetragen, vor allem bei der nicht lateinisch-philosophisch gebildeten Masse des Volkes, weit mehr jedenfalls als sein Hauptwerk »De Occulta Philosophia«. Da Agrippa während seiner Bonner Zeit das Haus nur selten verließ, dennoch aber durch Briefwechsel mit namhaften Gelehrten immer auf dem neuesten Stand des politischen Geschehens und der wissenschaftlichen Ergebnisse und Strömungen war, hieß es, dieser schwarze Pudel sei der Teufel in Person, der seinen Anhänger Agrippa stets mit neuem Wissen versorge. Bester Beweis, daß der Pudel, wenn nicht der Teufel selbst, so zumindest doch ein Höllengeist sei, könne schon die ehrfurchtsvolle Anrede mit »Monsieur«, also »mein Herr« sein.

Sogar Wissenschaftler höchsten Ranges machten sich ihre Gedanken um das Tier, so Jean Bodin, der französische Kronanwalt, im Anhang zu seinem Werk »De la Démonomanie des Sorciers« – und das noch zu einer Zeit, als Agrippa von Nettesheim seit schon fast fünfzig Jahren tot war. Daher blieb es seinem Schüler Johannes Weyer vorbehalten, diesen ungerechtfertigten Angriffen entgegenzutreten.

Dieweil kann ich der lieben Wahrheit zugute nicht verschweigen, was davon zu halten sei, daß etliche namhaftige Leute von gemeldtem Cornelio Agrippa schreiben, er habe bis zu seinem letzten Seufzer einen Teufel zum Gefährten, und in Hundsgestalt mit sich laufen gehabt. Was nun meine Person hie anlangt, kann ich mich fürwahr nicht genugsam verwundern, was doch diese hohe und ansehnliche Leute für Nöt angegangen sei, daß sie solche lahmen Zotten und ungeschickte Ding haben denken, reden und durch den öffentlichen Druck aussprengen dürfen, dessen sie keinen andern Grund und bessern Beweis auflegen dürfen, denn das gemeine Geschrei der Leute, welches doch erstunken und erlogen ist.

Was aber den schwarzen Hund anlangt ... ist (er) nicht, wie die Sage geht ein Teufel, sondern ein rechter, wahrhaftiger, natürlicher Hund gewesen.[9]

Welchen Einfluß diese Geschichten auf die Entscheidung Karls V. gehabt haben ist ungewiß. Jedenfalls wurde Agrippa nahegelegt, offiziell wegen seiner Beschuldigungen gegen die Wissenschaften, sich freiwillig ins Exil zu begeben. Agrippa zog nach Grenoble, wo er auch 1535 starb.[10] Doch der Kampf gegen ihn und seine Ideen ging auch nach seinem Tode weiter. Folgende Grabinschrift soll ihm von seinen Gegnern gesetzt worden sein:

Auf dem Sterbebett löste der Zauberer das mit magischen Zeichen geschmückte Halsband seines schwarzen Hundes und sprach: Weg, verfluchtes Geschöpf, durch das ich mein Heil verloren habe.

Das Untier sprang vom Bette, lief zur Isère, stürzte sich hinein, verschwand in den Wellen, und um dieselbe Stunde fuhr auch Agrippas Seele in die Hölle.[11]

Agrippa von Nettesheim hatte in seiner »Occulten Philosophie« ein einheitliches und geordnetes System der herrschenden magischen Vorstellungen geschaffen. Er hatte naturwissenschaftliche Erfahrungen mit christlich- und heidnisch magischen Vorstellungen kombiniert. Gott, der Schöpfer des Weltalls aus dem Nichts, hatte drei Reiche geschaffen, das der Erde, das des Himmels und das des Geistes und der Geister.

Agrippa konnte in seiner Darstellung nicht daran vorübergehen, daß in jüngster Zeit eine Theorie immer mehr an Gewicht gewann, deren Hauptvertreter Paracelsus war. Paracelsus vertrat die Auffassung der gegenseitigen Beziehung von Makrokosmos und Mikrokosmos, die Idee von der Entsprechung und des Austauschs zwischen Geist und Materie, zwischen natürlichen und übernatürlichen Vorgängen.

Ausgehend von der These, daß der Mensch an jedem der Bereiche einen gewissen Anteil habe – mit nach oben abnehmender Tendenz –, konnte Agrippa zu dem Schluß kommen, daß eine geistige Durchdringung der oberen Reiche in weit stärkerem Maße als bisher möglich sein müsse. Die Magie in letzter Konsequenz als Mittel der Gotterkenntnis.

Dieser Idealvorstellung waren jedoch kaum überwindbare Hindernisse entgegengestellt, die in stärkstem Maße natürlich bei der Erfassung des dritten Reiches auftreten mußten. Nicht immer waren es die guten Geister, die, hatte man sie gerufen, auch erschienen, denn im dritten Reich befand sich daneben die Heimat der bösen Geister, der Dämonen. So wies schon Augustinus[12] auf die Gefahr hin, daß sich anstelle der durch die sogenannte »weiße Magie« beschworenen guten Geister auch trügerische Dämonen einstellen könnten.

> Die Engelbeschwörer (= Magier) lockten mit ihrem Stolz sich verbündende Machthaber dieses Luftkreises herbei und wurden von ihnen durch magische Mittel betrogen, während sie doch nach dem Mittler suchten, der sie reinigen sollte. Der Gerufene war es aber nicht, es war der Teufel in Gestalt eines Lichtengels.[13]

Und Augustinus weist mit Nachdruck auf die Gefahr einer Zusammenarbeit des Magiers mit dem bösen Geist hin, denn daß

> der Verbündete nicht körperlicher Natur war, schmeichelte gewaltig dem Hochmut des Fleisches.

Die Durchführung einer Beschwörung erforderte genaueste Vorbereitung, lange, oft mehrjährige Forschungen, bis dem Magier der geheime Namen des Geistes offenbar wurde, bis genaue Berechnungen der besten Stunde angestellt waren, bis die richtige Wahl der Kleidung, der Räuchermittel und der Anrede getroffen war.

Diese unwissenschaftlichen Zutaten waren es, die das Publikum erwartete, die bei Hof nicht weniger honoriert wurden als auf den Jahrmärkten.

In allen Volksschichten hatte die Überbewertung des Irrationalen ein Ausmaß angenommen, daß man einem naturwissenschaftlichen Experiment keine Beachtung geschenkt hätte, wäre es ohne magisches Beiwerk zur Durchführung gekommen – oder schlimmer noch, es als nicht real angesehen hätte. Auch die Gelehrten selbst waren von einer solchen Umkehrung der Verhältnisse nicht unbeeinflußt geblieben. An vielen Stellen der »Occulten Philosophie« schwebt Agrippa von Nettesheim zwischen den Überbleibseln eines mittelalterlichen Weltbildes und den Anfängen wissenschaftlicher Naturerkenntnis. Er scheute nicht davor zurück, Einzelaspekte der ptolemäischen Theorie über die Erde als Mittelpunkt des Alls mit anerkannten, noch heute gültigen physikalischen Grundtatbeständen in Verbindung zu bringen und beides zur Unterstützung ein und derselben These heranzuziehen.

Aber immerhin – und das muß zur Ehrenrettung der gelehrten

Magier gesagt werden – spätestens seit der Mitte des 16. Jahrhunderts stand bei diesen Männern die Wissenschaft an oberster Stelle. Eine Gegenbewegung war ins Leben gerufen, von der, das war die Kehrseite, nur eine Elite profitierte: Männer, die lesekundig waren, die reich genug waren, sich Bücher leisten zu können, und die es sich darüber hinaus auch noch leisten konnten, die »Revolution der neuen Realität« gedanklich nachzuvollziehen oder an ihr mitzuarbeiten. Weit größere Schwierigkeiten, sich von übernommenem Ballast zu befreien, hatten die beiden anderen Pfeiler des abergläubisch-magischen Gerüstes, Volk und Kirche(n).

Bevor die römische Kirche die Realität des Hexenwesens in ihren Glaubenskatalog aufgenommen und die Vernichtung der Hexenrotte auf ihre Fahne geschrieben hatte, war ein dem genau entgegengesetzter Standpunkt vertreten worden. Strafwürdig war bis zum 13. Jahrhundert der Glaube an die Existenz der Hexen, dann, als man erkannte, daß dieser Aberglaube auch durchaus in der Kirchenlehre seinen Platz haben konnte, daß er einen guten Vorwand zur Bekämpfung kirchenfeindlicher Tendenzen bot, war es plötzlich die Hexerei selbst, die man unter Strafe stellte.

Für die Inquisitoren-Schriftsteller bedeutete dies eine enorme Arbeitserleichterung. Sie konnten nun bestimmte antike und germanische Mythen zur Begründung des neuen kirchlichen Standpunktes heranziehen, Mythen, die einen Großteil der tragenden Elemente des modernen Hexenglaubens bereits enthielten, sei es nun der Pakt mit überirdischen Mächten, die Tierverwandlung oder die Flugfähigkeit, der Schadenzauber oder die Dämonenbuhlschaft.

Zwar sprach auch noch »Hexenhammer« von den »Gewaltigen« – den Abkömmlingen einer Ehe zwischen Mensch und Dämon –, doch schon bald sah man ein derart positives Bild als mit dem »grewlichen Laster« nicht mehr vereinbar an. Nunmehr waren es Elben – von den Dämonen gezeugt, von den Frauen geboren –, ein raupenartiges Ungeziefer, mit dessen Hilfe die Hexe ihre Zaubertaten vollbrachte. In einem Leipziger Prozeß hatte eine Frau gestanden, daß

> wenn sie mit ihrem Buhlen zu schaffen gehabt, hätte sie weiße Elben und derselben allezeit zehn bekommen, so gelebet, spitzige Schnäbel und schwarze Köpfe gehabt, und wie die jungen Rauben hin und wieder gekrochen.[14]

Im Bereich der griechischen Mythologie treffen wir auf zwei Gestalten, die der spätmittelalterlichen Hexe auch sprachlich

verwandt sind, auf Hecate, die Tochter des Titanensohnes Perses und auf Hecuba, die zweite Frau des Trojanerkönigs Priamos. Die Kindestötung und die Tierverwandlung sind die bereits in Zusammenhang mit Hecuba auftretenden Elemente des späteren Hexenwahns.
Hecate, noch in der Theogonie des Hesiod eine allumfassende Göttin mit den Menschen oft günstigen Eigenschaften, wandelt sich bei späteren Schriftstellern zur Göttin der Unterwelt und zur Schutzpatronin der Zauberin Medea, ein Bild, das die Inquisitoren bereitwillig übernahmen.
Medea war ebenso wie ihre Tante Kirke eine Zauberin, deren Macht sich auf die Kenntnis bestimmter Zauberkräuter stützte. Unter anderem geht auf sie auch die Vorstellung der Hexensalben zurück, deren Anwendung den Hexen die Flugfähigkeit verleihen und die sie gegen die Schmerzen der Folter immun machen sollte.
Ovid, Apulejus und Seneca berichten von der Striga, die sich nach dem Einreiben mit einer Zaubersalbe in einen Nachtvogel verwandelte, die auf Tieren und Gegenständen durch die Lüfte ritt. Dabei bediente sie sich eines Bockes, der später zur Symbolfigur des Teufels auf den Hexensabbaten werden sollte, oder eines Besens, dem wohl berühmtesten Hexenutensil, das die Germanen wiederum Freya geweiht hatten, ihrer Göttin der Liebe und Schönheit. Auf die Striga, die während ihrer Ausfahrten den Kindern das Blut und den Ziegen die Milch aussaugte, führen auch die in den Hexenprozessen häufig auftauchenden Anklagen des Melkzaubers und der Verwendung von Kinderblut zur Bereitung der Hexensalbe zurück.
Neben der Striga kannten die Römer die Lamia, von der niemand sagen konnte, ob es sich um eine irdische Kreatur oder ein Gespenst handelte, eine Gestalt mit Frauengesicht und Pferdefuß, ein blutsaugender Succubus, die Venefica, eine Giftmischerin und Wettermacherin, und die Saga, die nichts anderes war als eine intelligente Frau.
Reiches Material liegt hinsichtlich der Tierverwandlungen vor. Kirke, der Tochter des Sonnengottes Helios, sagte man diese Kraft nach: aus Picus, dem Sohn des Saturn, machte sie einen Specht, die Gefährten des Odysseus verwandelte sie in Schweine. Die germanischen Walküren traten als Schwäne auf, die thessalischen Weiber verwandelten sowohl sich als auch andere Menschen in Vögel, Esel oder Steine.
All diese heidnischen Vorstellungen wurden zum willkom-

menen Beweis für die Realität des Hexenwesens angeführt, galten als Musterbeispiele für die Präsenz des Teufels.

9.2 Trithemius

Einen ähnlichen Ruf wie Agrippa von Nettesheim genoß auch sein Zeitgenosse Johannes von Heidenberg, der nach seinem Heimatort Trittenheim als Trithemius bekannt wurde. Die Übereinstimmung, später auch Freundschaft zwischen beiden war jedoch beschränkt auf magisch-philosophisches Gebiet, ansonsten hatten der Benediktinerabt und Agrippa wenig gemein.

Der Kurfürst Joachim Nestor von Brandenburg wird den Versuch Trittenheims, sich als Historiker zu profilieren, wohl als Jugendsünde eingestuft haben, als er ihn an seinen Hof nach Berlin bat, um sich von ihm ein Gutachten über das Vorgehen gegen Hexen und Zauberer erstellen zu lassen. Vor Jahren einmal hatte Trithemius als Herausgeber alter Chroniken von sich reden gemacht, die sich jedoch bald als von ihm erfunden herausstellten.[15]

Als das Gutachten unter dem Titel »Antipalus maleficiorum« (Gegner der Hexereien) erschien, war dies nach damaligem Gefühl ein völlig normaler Vorgang, nach heutigem Empfinden ein Paradoxon. Ein Zauberer und Magier wird von einem der bedeutendsten deutschen Landesfürsten um eine Stellungnahme über Zauberei und Hexerei gebeten und kommt zu dem Ergebnis:

> ein verabscheuungswürdiges Geschlecht ist das der Zauberer, besonders der weiblichen unter ihnen, die mit Hilfe böser Geister oder durch Zaubertränke dem menschlichen Geschlecht unabsehbaren Schaden zufügen[16].

Der Kampf gegen Zauberer und Hexen müsse wesentlich forciert werden, die bisherige Anzahl der Verbrennungen sei nicht nur in Brandenburg keinesfalls ausreichend.

Diese Unvereinbarkeit konnte nur bedeuten, daß mehrere Arten von Zauberei existieren mußten, die des Trithemius und des Agrippa auf der einen, die der Hexen auf der anderen Seite. Wo lagen die Unterschiede?

Im Gegensatz zu den echten Zauberern richteten die Hexen ihre Zauberkräfte auf die Verursachung eines Schadens.

Was man in Tausenden von Urgichten, den öffentlichen Verlesungen oder Wiederholungen des Geständnisses, immer wieder gehört hatte, konnte einfach nicht falsch sein. Der Teufelspakt, der die Hexe in die Lage versetzte, durch Erregung von Unwettern die Ernten zu verderben, durch bestimmte Formeln Krankheiten zu erregen, Zeugungs- oder Gebärunfähigkeit hervorzurufen und schließlich sogar den Tod eines anderen zu verursachen, kurz, die Schadenzauberei mußte das Merkmal sein, das die Hexerei zur verbotenen, unnatürlichen und schwarzen Magie machte und sie von der weißen Magie der gelehrten Zauberer unterschied.

Nie tauchte die Frage auf, warum man nicht einen einzigen glaubwürdigen Zeugen, andere gab es genug, aufgetrieben hatte, der einmal einen Teufelspakt oder einen Hexensabbat bekundet hätte. Nie kam man auf den Gedanken, den Inhalt der unter Verwendung der immer gleichlautenden Suggestivfragen auch gleichlautenden Geständnisse anzuzweifeln. Das Bedürfnis, sich selbst zu entlasten, das eigene Gewissen zu beruhigen hatte sich vor allem unter den Juristen so weit entwickelt, daß man die Tatsache des Todesurteils als Beweis für die Schuld der Hingerichteten ansah, denn ein Einstellen der Prozesse hätte nicht weniger als das Eingeständnis bedeutet, die vorangegangenen Vollstreckungen seien Fehlurteile gewesen.[17]

Dem nie anders als durch das eigene Geständnis bewiesenen Schadenzauber der Hexen standen die harmlosen Gaukeleien und (halb)wissenschaftlichen Experimente der weißen Magier gegenüber. Neben der philosophischen Magie gab es den Bereich der »magia naturalis«, die sich mit den gerade erst bruchstückhaft gesichteten Naturkräften auseinandersetzte, mit Magnetismus und Elektrizität; die sich physikalischer Vorgänge bediente, sich Chemie und Alchimie nutzbar machte und die schließlich auch mit medizinisch-psychischen Gegebenheiten, wie Hypnose und (Auto-)Suggestion arbeitete.

Eine feste Grenze zwischen Aberglauben, philosophischer Magie und Naturwissenschaft konnte nicht gezogen werden. Speziell die »magia naturalis« wurde schon im 18. Jahrhundert nicht mehr ganz ernstgenommen, wie ein Buchtitel Johann Samuel Halles deutlich macht:

> Magie, oder die Zauberkräfte der Natur, so auf den Nutzen und die Belustigung angewandt worden[18].

Rückblickend war dies vor allem auf die Fälle gemünzt, in denen ein Magier glauben machen wollte, ein naturwissenschaftliches Experiment sei auf eine bestimmte Zauberformel zurückzuführen. Daneben gab es dann noch die »gemeinen Gaukelbuben«, die ihre Taschenspielertricks auf den Märkten vorführten.

Das lose Gesinde, daß mit dem Gauckelsack in den Landen ummher zihet, sein Gewerbe damit treibet, auf den Kirchweihen und andern Feiertagen in Stetten, Flecken, Dörfern dem gemeinen Mann Kurtzweil und Gelächter machet umms Geld, das machet ein Teil (der) Possen unn(d) Wunders natürlicher weise nur mit Behendigkeit, die die Zuseher nicht mercken.

Gauckeley ist eine Würckung des Teufels, damit er Menschen und Thieren das Gesichte blendet, verwirret, betrübet, daß sie das, etwas ist, nicht sehen, oder das nichts ist, für etwas ansehen, oder ein Ding in ander Gestalt sehen, dann es in der Warheit ist. [19]

Auch diese Schausteller kamen in der Regel nicht in Gefahr, als Hexer angesehen und verbrannt zu werden. Kam es dennoch einmal vor, lag der Grund der Verhaftung meist in tatsächlichen kriminellen Delikten, oft Diebstählen.

Zu Beginn des 16. Jahrhunderts war speziell die »magia naturalis« noch eine todernste Angelegenheit. Das wird deutlich, wenn man sich das Ansehen und den Einfluß eines Mannes wie Trithemius vor Augen führt, dem man ohne Übertreibung nachsagen kann, er sei der Hofmagier des deutschen Kaisers Maximilian I. gewesen. Mehrfach nahm er im Beisein des Kaisers Totenbeschwörungen vor, und selbst Wissenschaftler und Schriftsteller, die man unter damaligen Umständen als aufgeklärt bezeichnen mußte, nahmen diese Beschwörungen als Realität hin; so Augustin Lerchheimer, der die Beschwörung von Maximilians gestorbener Frau Maria von Burgund beschreibt.

Diß was ich jetzt von ihm erzehlen will, hab ich zu mehrmalen von ansehnlichen, glaubwürdigen Leüten gehört. Keyser Maximilian der erste, der hochlöbliche, hatte zum Ehegemahl Mariam, Carlos von Burgundien Tochter, die jm hertzlich lieb war und er sich heftig umm jren Todt bekümmerte.

Diß wuste der Abt wol, erbeut (= erbot) sich er will sie jm wider für Augen bringen, daß er sich an jrem Angesichte ergetze, so es jm gefalle.

Er lest sich überreden, williget in diesen gefehrlichen Fürwitz.

Gehen miteinander in ein besonder Gemach, nemen noch einen zu sich, daß jrer drey waren, und verbeut jnen der Zauberer, daß jrer keiner bey leibe kein Wort rede, so lang das Gespenst werete.

Maria kommt herein gegangen . . ., spatzieret fein seuberlich für (= vor) jnen über, neyget sich gegen dem Keyser, liebauglet und lächlet jn an, der lebendigen wahren Marien so änlich, daß gar kein Underscheid war, unn nicht das geringste daran mangelte.

Ja in Anmerckung und Verwunderung der Gleichheit wird der Keyser eyngedenk, daß sie ein schwartz Fläcklein zu hinderst am Halß gehabt, auff das hat er acht und befindets auch also, da sie zum andern mal fürüber gieng.

So eben weiß der Teufel, alß der allenthalben zugegen ist, wie ein jeder geschaffen und so ein gute Gedächtnuß hat er und solcher Meister ist er im abcontrafeien.

Da ist dem Keyser ein Grawn ankommen, hat dem Abt gewincket, er soll das Gespenst weg thun, und darnach mit Zittern und Zorn zu jm gesprochen: Mönch, mache mir der Possen keine mehr, und hat bekant, wie schwerlich unn kaum er sich habe enthalten, daß er jr nicht zuredete.

Wann das geschehen were, so hette jn der böse Geist ummbracht.[20]

Die äußeren Umstände dieser Beschwörung deuten darauf hin, daß Trithemius sich in diesem Fall seiner physikalischen Kenntnisse bediente und die Erscheinung entweder durch eine »camera obscura« oder ein Spiegelsystem in den Raum projizierte. Daß diese Hilfsmittel den Magiern bekannt waren und auch von ihnen genutzt wurden, unterliegt keiner Frage, und auch sie selbst unternahmen nichts, um diese Tatsache zu verheimlichen. In dem für Joachim von Brandenburg erstellten Gutachten, dem »Antipalus«, gibt Trittenheim eine Bauanleitung zu einer »camera obscura«. Und Agrippa behauptete, er wisse selbst

zwei gegeneinander gerichtete Spiegel zu verfertigen, in denen man beim Sonnenschein alles, was von den Strahlen der Sonne erleuchtet ist, auf eine Entfernung von mehreren Meilen sehr deutlich sehen kann[21].

Die von Trithemius vorgenommenen Totenbeschwörungen sind ihm durchaus erklärlich, denn

wenn somit ein in der Naturphilosophie und Mathematik erfahrener Magier außerdem noch die mit diesen beiden zusammenhängenden Hilfswissenschaften, als Arithmetik, Musik, Geometrie, Optik, Astronomie, die Eigenschaften der Gewichte, Maße, Verhältnisse, Gliederungen und Verbindungen, sowie die daraus hervorgehende Mechanik gründlich kennengelernt hat,

wie kann man sich wundern, daß ein solcher an Kunst und Geistesbildung den übrigen Menschen weit überlegener Mann viel Erstaunliches bewirkt, das auch sonst sehr kluge und gebildete Leute kaum begreifen können[22].

Diese Ansicht des Magiers Agrippa über sich und seine Kollegen wurde jedoch nur von wenigen geteilt. Die große Masse des Volkes sowieso, aber, wie wir gesehen haben, auch der Kaiser waren von der Übernatürlichkeit der beschriebenen Vorgänge überzeugt. So nimmt es nicht wunder, daß verschiedentlich der Verdacht geäußert wurde, daß auch der fromme Abt Trithemius mit dem Teufel im Bunde stehen müsse, um seine Zauberwerke vollbringen zu können.

Johannes von Trittenheim, auß eim Dorf bei Trier bürtig, (ist) ein gar gelehrter, weiser Mann, aber in dem nicht weiß, daß er dem Teufel gar zugethan . . . war, wiewol ers keinen Namen haben wollte. Gab für (=vor), es gienge alles natürlicherweise zu, welches jm doch nimmer kein verständiger Christ glaubt, der sein Thun liset oder höret.[23]

Immerhin gelang es Trithemius immer, derartige Verdächtigungen unter Hinweis auf seine Frömmigkeit und Strenggläubigkeit aus der Welt zu schaffen. Im Alter von nur einundzwanzig Jahren hatte Trithemius die Leitung des Benediktinerklosters Spanheim

auff dem Hundsruck (= Hunsrück), da war der Teufel Abt, nach dem Sprichwort,

übernommen, und sich bald den Haß seiner Mitbrüder zugezogen, da er mit besonderer Schärfe auf die Einhaltung der mönchischen Regeln achtete.

Während die besondere Frömmigkeit des Trithemius zu seinen Gunsten ausgelegt wurde, war mit dem »Hexenhammer« die Argumentation aufgekommen, daß gerade ein tugendhafter Lebenswandel ein besonderes Indiz für eine verbotene Hexentätigkeit sei, denn dies sei den Hexen vom Teufel zur Tarnung empfohlen worden. Je länger die Hexenverfolgungen andauerten, um so weniger bot das geistliche Gewand Schutz vor Denunziation und, was auffällig war, die Kleriker in den geistlichen Kurfürstentümern an Rhein und Mosel waren besonders gefährdet.

Es geht gewiß die halbe Stadt drauf,

berichtete ein Pfarrer aus Bonn an einen befreundeten Adeligen.

Hier sind schon . . . Pfarrer, Domherren und Vikare, Ordensgeistliche festgenommen und verbrannt. Ihre fürstliche Gnaden haben 70 Zöglinge des Priesterseminars, die binnen kurzem Pfarrer hätten werden sollen, gestern gefangen nehmen lassen.[24]

Zur Zeit der großen Würzburger Hexenverfolgung wurden innerhalb eines halben Jahres fünfzehn Geistliche verbrannt. Bis hin in die Spitze der römischen Kirche tauchten die Verdächtigungen auf. Papst Sylvester II. sei nur deshalb zum Oberhaupt der katholischen Kirche gewählt worden, weil er sich vor seiner Wahl dem Teufel verschrieben habe.

Die Bäpstliche Heiligkeit selbs Sylvester, von Geburt ein Frantzoß, hatte etwan in Hispanien die schwartze Kunst gelernet von einem gelehrten Saracener, ist dadurch Bapst worden, mit dem Geding (= unter der Bedingung), daß er des Teufels Eigen seyn wolte.

Nach diesem Bapste sind nach einander die Bäpste Schwartzkünstler gewesen, wie die historia oder Geschichtbücher außweisen, biß auff den leibhafftigen Teufel den Hiltebrand, achtzehn an der Zahl.[25]

Bei näherer Betrachtung wird deutlich, daß trotz Agrippas Behauptung, weder er noch Trithemius bedienten sich unerlaubter Schwarzkunst, auch von diesen beiden anerkannten Magiern keine feste Grenze zwischen der »noch magia naturalis« und der »schon Schwarzkunst« gezogen werden konnte. Trithemius hatte in seinem Gutachten für den Kurfürsten die Tätigkeit der schadenzaubernden Hexen als mit Hilfe des Teufels zustandegekommene Schwarzkunst eingestuft. Gerade von ihm als wissenschaftlichem Zauberer hätte man doch eine weitergehende Differenzierung zwischen dem Machbaren und dem Irrealen erwarten können. Nach außen hin aber hat Trithemius nie einen Zweifel daran aufkommen lassen, daß er von der Macht der Hexen überzeugt war.

Nur eine Situation gab es, in der die sonstige Allmächtigkeit der Hexen völlig wirkungslos blieb, den Krieg. So unterschiedlich ihre Ansichten in vielen Punkten der Hexenfrage waren, darüber bestand sogar Einigkeit zwischen Ulrich Molitoris und den Verfassern des »Hexenhammers«. Wie selbstverständlich bauen beide auf dieser anscheinend unumstößlichen Tatsache auf. Sobald ein König versuche, einen Krieg dadurch zu gewinnen, daß er Hexen in seine Dienste nehme, werde der Gegner von den guten Engeln beschützt. Das lehre die allgemeine Erfahrung, hieß es in der Begründung bei Institoris und Sprenger. Die Theorie über die Ohnmacht der Hexen in Kriegszeiten paßte so gar nicht in das Konzept der Inquisitoren, bot sie doch begründeten Anlaß zu kritischen Fragen:

Wie es komme, daß nur in dieser einen Situation die guten Geister zugunsten der ansonsten den Hexen schutzlos ausgelieferten Menschen eingriffen, ob dieser Eingriff auch erfolge, wenn beide kriegführenden Parteien sich der Hexenmacht bedienten und wie diese Ohnmacht in Einklang mit der sonstigen Allmacht der Hexen zu bringen sei?

Es gibt so gut wie keine Nachrichten darüber, ob und wann Hexen als Spezialwaffe eingesetzt worden sind. Falls es überhaupt geschah, war lange Zeit die Furcht vor Kirchenstrafen, denn man verbündete sich wenn auch nur indirekt mit dem Teufel, dafür ausschlaggebend, daß solche Vorkommnisse möglichst als Geheimsachen behandelt wurden.

Parallel dem Aufstieg der Staatsraison zum Leitmotiv des Fürstenhandelns machte man sich freier von religiösen Hemmungen. 1561, dreißig Jahre nach dem Erstdruck von Machiavellis »Principe«, ließ sich der Schwedenkönig Gustav I. im Krieg gegen Dänemark von vier Hexen unterstützen. Allerdings verlangte der König von ihnen nicht die üblichen Hexenwerke, etwa das Hervorrufen einer Seuche im Heer der Feinde, sondern eher in den magischen Bereich fallende Tätigkeiten. Durch das Knüpfen magischer Knoten und durch an Bäumen angebrachte Zettel mit Zauberformeln sollte ein geordneter militärischer Aufmarsch der Dänen verhindert werden.[26] Auch Gustav war sich darüber im klaren, daß die Hexen allein den Krieg nicht gewinnen konnten.

»Selbstverständlich nicht«, hätte Ulrich Molitoris ihm zugestimmt. Denn sonst, so schrieb er in seinem Gutachten für Erzherzog Sigismund, sei es für einen Herrscher überflüssig, ein Heer zu unterhalten oder aufzustellen. Er könne sich für diesen Fall damit begnügen, einige Hexen an den strategisch wichtigsten Grenzpunkten seines Landes aufzustellen, die jeden heranrückenden Feind vernichtend schlagen und das gegnerische Land durch Unwetter verwüsten würden.

Johann Weyer, der Schüler Agrippas, war es, der den untauglichen Versuch des schwedischen Königs mitteilte und die Episode mit einem weiteren Beweis, wie wenig von der Macht zu halten sei, schloß. Eine der schwedischen Hexen war von den Dänen gefangen genommen worden. Wie sollten diese Frauen, fragte Weyer, in der Lage sein, bei anderen größtes Unheil hervorzurufen, wenn es ihnen nicht einmal gelänge, sich selbst vor einer derart mißlichen Situation zu bewahren.

Dieser zusätzliche Gedanke tauchte bei Trithemius nicht auf. Die Schadenzauberei der Hexen blieb für ihn unabdingbare Realität. Über viele Seiten beschäftigte er sich im »Antipalus« mit kirchlichen und magischen Gegenmitteln.

Die in diesen Ausführungen zutage getretene Übernahme des magischen Prinzips, böse Mächte können durch ebensolche Mittel auch zerstört werden, geht weit in vorchristliche Zeit zurück. Zeugnisse dieser Ansicht findet man auf Amuletten Ägyptens und des vorderen Orients (Mesopotamien und Phönizien). War es zunächst nur üblich, zur Herstellung eines Amuletts die Namen oder Symbole einer guten, schützenden Gottheit zu verwenden, galten später die Bilder der Dämonen als Mittel zu ihrer Vertreibung. Gleiches wurde mit gleichem abgewehrt.[27]

Trithemius selbst aber war immer der Auffassung, er bekämpfe die Schwarzkunst der Hexen mit natürlichen Mitteln. Soweit es die Verwendung der kirchlichen Gegenmittel, die Beichte, Buße und den Exorzismus betraf, konnte man darüber noch geteilter Meinung sein. Nach dem Urteil seiner Zeitgenossen aber verfuhr er bei vielen seiner Beschwörungen und Gegenzauber nach dem Satz, daß man die verbotene Magie nicht mit der erlaubten bekämpfen könne.

Einer der den Hexen immer wieder gemachten Hauptvorwürfe bezog sich auf die Wetterzauberei. Sie sollten in der Lage sein, bestimmte Wettererscheinungen, Reif, Hagel, Gewitter und andere hervorrufen zu können, um auf diese Weise verhaßten Nachbarn die Ernte zu verderben. Das von Trithemius empfohlene Gegenmittel:

> Nimm daher sieben Lot Korallen, acht Lot Hirschkorn und drei Lot Karneolstein, tue es in eine Holunderbüchse, und wo immer sie ist, wird kein Blitz einschlagen.

Ebenso galt auf dem Acker ausgestreutes Korallenpulver als Schutz vor jeglichem durch behexte Naturkräfte entstehenden Schaden.

Mit diesen Ratschlägen handelte Trithemius nur halb im Sinne eines Thomas von Aquin, der die Kenntnis um magische Vorgänge und Zusammenhänge immer dann als gerechtfertigt ansah, wenn dieses Wissen nicht aus satanischen Quellen herrührte[28] und es der Bekämpfung und Widerlegung der Magie diente. Bekämpfung der schwarzen Magie ja, nicht aber deren Widerlegung war die Maxime Trittenheims. Denn die Widerlegung der Hexerei hätte die Rechtfertigung seines eigenen magischen Handelns aufgehoben. So beteuerte er die Macht der Hexen, förderte die Furcht vor ihren Untaten und gab gleichzeitig die Gegenzauber bekannt. Obwohl die älteren weltlichen Gesetzeswerke fast ohne Ausnahme die Zauberei verboten und unter Strafe stellten, war die Ausübung der abwehrenden Zauberei nach der Gesetzessammlung des Justinian straffrei. Das »Lex de Maleficis et Mathematicis«, sonst auf Grund des sehr weitgefaßten Zaubereitatbestandes gefürchtet – schon die Gefährdung Unschuldiger konnte zu einem Todesurteil führen –, ließ in Art 4 den Gegenzauber zu, allerdings beschränkt auf den Erntezauber.[29] Diese Beschränkung stand in Übereinstimmung zu der Tendenz des Gesamtwerkes. Denn die Grundvorstellung, jeder Schadenzauber müsse bestraft werden, wäre unterminiert worden und hätte Gerichte und Parteien in arge Beweisschwierigkeiten gebracht.

Zur Bekämpfung der durch einen Hexenspruch angezauberten Zeugungs- oder Gebärunfähigkeit stellte Trithemius teilweise langwierige Exorzismusrituale zusammen. Eines der wenigen komplizierten empfahl den Betroffenen ein dreitägiges Fasten, die Ablegung der Beichte und schließlich die Teilnahme und den Sakramentsempfang in einer von dem exorzierenden Priester gelesenen Messe. Nach der Messe begann dann der eigentliche Exorzismus mit Gebeten, Handauflegungen, Segnungen mit geweihtem Wasser und der Beschwörungsformel. Danach waren beide verpflichtet, noch dreißig Tage lang zur Unterstützung dieses Vorganges einen Zettel bei sich zu tragen, auf dem der Beginn des Johannesevangeliums zu lesen stand.[30]

Neben den Fragen des Kurfürsten von Brandenburg stellte sich Trithemius auch den Fragen des Kaisers und verstand es auch, die »Kaiserliche Wißbegierde« zu stillen. So der verdeutschte Titel seines 1508 erschienenen Werkes »Curiositas regia«[31].

> Woher,

fragte der Kaiser,

> haben die Hexen die Gewalt, so wunderbare Dinge zu verüben und in einer Stunde zu vollbringen, was ein guter Mensch in seinem ganzen Leben nicht zuwege brächte?
>
> Und warum läßt Gott solche Zauberei zu, durch die so viele Menschen, nicht nur Sünder, sondern auch Unschuldige elend umkommen?[32]

Eine recht unkritische »Kaiserliche Wißbegierde«, die sich damit begnügte, einzelne Feststellungen des »Hexenhammers« mit einem Fragezeichen zu versehen, ohne die Aussage selbst in Frage zu stellen und die Kommentierung einem Mann übertrug, der sich kurz zuvor für eine Intensivierung der Hexenprozesse ausgesprochen hatte.

10 Luther

> Darum kann der Teufel auch durch solche seine Huren und Zauberinnen, den armen Kindlein viel Schaden tun, als mit Herzdrücken, Blindheit. Ja er kann wohl ein Kind stehlen und sich selbst an seine stat in die Wiege legen.
> Wie ich denn etwa gehört habe, daß ein solch Kind in Sachsen gewesen sein soll, dem fünf Weiber nicht genug haben können zu saugen geben und solche Exemplare sonst vielmehr.[1]

Weder handelt es sich hier um eines der drastischen Fallbeispiele des »Hexenhammers«, noch stammt dieses Zitat aus den »Mirakeldialogen« des, wie Hansen[2] ihn nennt, »leichtgläubigen Anekdotensammlers« Caesarius von Heisterbach. Der Autor war Martin Luther.

Eine von ihm kritischer geführte Auseinandersetzung mit dem in der römischen Kirche herrschenden Teufels- und Hexenbild hätte schon im Frühstadium der Prozesse die Voraussetzungen zu einem schnellen Abebben des Wahns schaffen können – zumindest in den reformierten Gebieten.

> Es gehört zu den traurigsten Zügen in der deutschen Entwicklung . . ., daß die christlichen Konfessionen, die sich sonst auf Leben und Tod bekämpften, auf diesem Gebiete der Dogmatik vereint, in den Hexenverfolgungen wetteiferten.[3]

Die in vielen Punkten erfolgte ersatzlose Streichung oder Erneuerung bestimmter Lehrmeinungen und Rituale der alten Kirche hatte haltgemacht vor der Macht des Teufels und seiner Hexen. Insofern hat die Vermutung Riezlers[4] ihre Berechtigung, der den für einen energischen Widerstand Luthers um fünfzig Jahre zu früh gelegenen Erscheinungstermin der Bulle »Summis desiderantes« beklagt. Wäre die Bulle zu einer Zeit erschienen, in der Luther seinen Kampf

> Wider das Papsttum vom Teufel gestiftet (= Titel einer Kampfschrift)

mit besonderer Intensität führte, vielleicht hätte schon der päpstliche Ursprung ihn gegen die Aussagen der Bulle eingenommen.

So aber ging Luther in seinen Überlegungen über Wesen und Wirken des Teufels weit über die bisherigen Ansichten hinaus. Aus dem deutschen Teufel des Mittelalters, der

> recht gemütlich zugerichtet[5]

war, der in den Sagen immer wieder von dem schlauen Bäuerlein geprellt wurde, aus dieser Figur wird bei Luther

> der furchtbare Ernst, die totale Existenzbedrohung.[6]

Hand in Hand mit der übersteigerten Teufelsangst ging aber auch ein persönliches Verhältnis zum Teufel. In seinem Kampf gegen einen personifizierten Teufel lebte Luther geradezu in einem Verfolgungswahn.

> (Der Teufel) disputiert mit mir über die Gerechtigkeit, alle Nacht ist er da und will an mich.[7]

Aber Luther kannte nicht nur die Angst, er kannte auch die Gegenmittel. Mit Verachtung müsse man dem Teufel entgegentreten, schließlich sei er der von Gott Verstoßene, der Mensch aber in der Gnade Gottes. In seinen Tischreden berichtet er von dem Rat, den er einem Vater gab, dessen Kind gestorben war und der nun häufig vom Teufel bedrängt wurde.

> Der Teufel kam des Nachts in das Zimmer und winselte wie ein kleines Kind.
> Die Pfaffen sagten, das kommt von der Versäumnis der Seelenmesse.
> Ich aber sagte: Verachtet ihn, du und das Gesinde.[8]

Den Anfeindungen des Teufels könne man aber auch anders begegnen, denn

> der Satan fleucht dic Musika und kann Fröhlichkeit nicht leiden.[9]

Die vermeintlichen Disputationen mit dem Teufel beendete Luther aber ab und zu auch auf recht drastische Weise.

> ... wenn das Argument nicht hilft ..., so weiset man ihn flugs mit einem Schimpf ab.[10]

Ob Luther nun tatsächlich mit dem Tintenfaß nach dem Teufel geworfen hat oder ob der Tintenfleck an der Wand seines Studierzimmers auf andere Ursachen zurückzuführen ist, bleibt völlig nebensächlich. Die Geschichte an sich steht als vielleicht etwas übertriebene Charakterisierung völlig in Einklang mit Luthers Teufelsglauben und

> ist insofern also selbst als Erfindung nicht ohne historisch-psychologisches Interesse.[11]

Demnach ein Arbeitsfeld für die Psychoanalyse – und bereits von ihr bestellt. Luther habe

> seine neurotische Komplexangst von Gott auf den Satan übertragen,[12] eine Teufelsphobie entwickelt, die in der für Zwangszustände typischen Ambivalenz allmählich die Furcht einschloß, das höchste Gut, das strahlende Bild Christi sei nur Teufelstrug.[13]

Diese Vorstellungen von der Macht des Satans konnten nicht ohne Einfluß auf das Hexenbild Luthers bleiben, waren doch die Hexen

> die bloßen Teufelshuren, die da Milch stelen, Wetter machen, auff Boeck und Beßen reytten, auf Mentel faren, die Leutt schiessen, lemen und verdurren, die Kind ynn der Wigen marttern, die ehlich Glidmaß bexaubern unnd desgleychen.[14]

Soweit es den Hexenglauben anging war Luther von den Vorstellungen der Zeit beherrscht, auch wenn seine Gegner dies nicht immer wahrhaben wollten, wenn sie versuchten, ihn in den Ruf eines Beschützers der Hexen zu bringen, um ihn so zu diskreditieren. Solche Versuche konnte man immer wieder feststellen, am ausdauerndsten vielleicht durch den Jesuiten Martin Delrio. Auch die Polemik gegen Luther ging nach seinem Tod – natürlich – weiter. War es bei Agrippa von Nettesheim der Teufel in Gestalt eines schwarzen Hundes, der den Magier in seiner Todesstunde verließ, waren es bei Martin Luther die Dämonen, die aus den Besessenen flüchteten, um bei seinem Begräbnis anwesend sein zu können.[15]

> So sehen wir täglich, daß die Dämonen, die Hexen und ... verschiedene Windbeutel von Theologen ... vom gemeinsamen Haß gegen die Katholiken getrieben werden.[16]

Die Hexen Luthers unterschieden sich kaum von denen des Papstes und seiner Inquisitoren, mögen er und andere Reformatoren auch den einen oder anderen Bestandteil des Hexenwesens anders bewertet haben. Die Luftfahrt zum Blocksberg zum Beispiel, wo man sich lieber dem »Canon Episcopi« anschloß, ebenso hinsichtlich der Tierverwandlungen. Aber auch eine solche in einzelnen Punkten zurückhaltende Betrachtungsweise war für die Praxis in den reformierten Fürstentümern ohne Bedeutung, vor allem wenn man in den Tischreden den Ausspruch Luthers nachlesen konnte:

> Mit Hexen und Zauberinnen soll man keine Barmherzigkeit haben.
> Ich wollte sie selber verbrennen.[17]

Es waren die markanten Aussagen dieser Art, die im Gedächtnis blieben und die in den Prozessen sinngemäß zitiert wurden, nicht die »subtildialektischen Spitzfindigkeiten«, nicht die seitenlangen Abwägungen, warum und wieso in gerade dieser bestimmten Situation gerade dieses Indiz anders zu bewerten sei.

Aber das galt ebenso für Martin Delrio und die anderen Autoren. Oft findet sich in Prozeßakten ein Hinweis, daß man entsprechend den Ausführungen der »Disquisitiones magicae« (1599) auch den guten Ruf einer Frau als Indiz der Hexerei angesehen hatte. Andererseits sprach sich Delrio für Mäßigung in der Anwendung der Folter aus. Doch diese Ausführungen erlangten in der Praxis keine Wirkung, denn der entsprechende Abschnitt des fünften Buches hätte von einem Hexenrichter erhebliche intellektuelle Anstrengungen erfordert. Er hätte nämlich die feinen Unterscheidungen zwischen einer Fortsetzung und einer Wiederholung der Tortur, samt den dazugehörigen Bemerkungen über die zeitlichen und sonstigen, vor allem die in der Person des Angeklagten begründeten Voraussetzungen für das eine oder das andere nachvollziehen müssen. Da hielt man sich dann doch lieber an Jean Bodin und Remigius oder an Kommentatoren, die eine irgendwie geartete Beschränkung der Folter für überflüssig hielten, denen jede Dauer, jeder Grad und eine unbegrenzte Anzahl von Wiederholungen gerechtfertigt erschien.

Doch nicht nur, was sein Hexenbild anbetraf, war Luther ein Kind der Zeit, sondern ebenso hinsichtlich seiner Unterscheidungen zwischen der erlaubten weißen Magie und der verbotenen schwarzen. Dies zeigten nicht zuletzt seine Kontakte zu dem italienischen Bischof Lucas Gauricus, dem angesehensten Magier seines Landes, der allerdings in vielem seinen geistlichen Kollegen mehr als suspekt war. Ein Großteil der kirchlichen Hexenverfolger hatte die Lutherübersetzung des Bibelspruches (Exodus 22,18),

> die Zauberer sollst du nicht leben lassen,

zu seiner Kampfparole gemacht, allen voran der Trierer Weihbischof Petrus Binsfeld, der dieses Zitat der deutschen Ausgabe seines »Bekenntnis der Zauberer und Hexen« aus dem Jahre 1590 vorangestellt hatte. Gauricus aber leitete – und damit stand er ziemlich allein – auch die Erlaubnis zum Kontakt mit den bösen Dämonen aus der Bibel her:

> Die Ferse des Weibes soll der Schlange den Kopf zertreten.

Nachdem er die Stelle aus dem Zusammenhang gerissen hatte, kam er in freier Interpretation zu dem Ergebnis, der Mensch sei dem Satan überlegen – sogar die Frau(!) –, also müsse der Teufel auf Befehl des Magiers erscheinen und dessen Befehle ausführen. Für Luther ein etwas zu riskantes Unternehmen,

> wer den Teufel zu Gast ladet, der wird sein nicht los.[18]

Freiwillig wollte er den Teufel nicht zitieren, aber die Mittel, ihn zu vertreiben, hatte auch Luther aufgezeigt und angewandt. So löste er den Pakt, den ein Student seines Kollegen Professor Major mit dem Teufel geschlossen hatte, durch ein Gebet und mittels einer Absageformel wieder auf. Valerius Glöckner, der Student, hatte nach eigenen Aussagen seine Seele dem Teufel verschrieben und dafür von diesem finanzielle Zuwendungen erhalten. Das war zwar moralisch nicht ganz einwandfrei, im Jahrhundert des Agrippa, des Trithemius und des Gauricus jedoch keine Seltenheit, und nie hätte man daran gedacht, die kirchlichen und weltlichen Zaubereibestimmungen auf einen solchen Fall anzuwenden. Auch für Luther war dieser Schritt in den Bereich der schwarzen Magie eine leicht zu vergebende Sünde, gerechtfertigt durch den Drang nach neuen Erfahrungen.

Soweit es die Hexenprozesse anging, brachte die Reformation keine Neuerungen, hier und da einmal andere Akzentuierungen oder einen neuen Impuls. Das Brennen jedenfalls ging weiter. Am 29. Juni 1540 wurden in Wittenberg vier Hexen zum Scheiterhaufen geführt.[19]

11 Die Prediger

Die Prediger waren an sich einem Personenkreis zuzurechnen, der mit den Hexenprozessen direkt nicht befaßt war – nicht befaßt sein sollte, wäre wohl richtiger zu sagen –, der aber größten mittelbaren, in Einzelfällen sogar unmittelbaren Einfluß auf Verbreitung und Durchführung der Hexenverfahren ausübte.

Die unter der Bevölkerung ohnehin grassierende Teufels- und Hexenangst wurde durch die Hexenpredigten katholischer und protestantischer Pfarrer immer wieder von neuem gesteigert; schenkte man den Predigten Glauben, war der Teufel dabei, die Weltherrschaft zu übernehmen. Zunächst galt es also, die Hexenpatronen nach Art des Weyer oder Lerchheimer samt deren Gefolgsleuten auszurotten.

Er könne nicht verstehen, sagte Johann Ellinger, einer der profiliertesten Hexenprediger, daß es überhaupt noch Leute gebe, die der Meinung seien, im Hexenhandel

> tue man der Sache zuviel, es geschehe den Leuten Unrecht.
> Ihr werdet in kurzem erfahren, daß hin und wieder ohne Scheu offene Zauberschulen, da der Teufel selbst sichtiglich profitieren und lehren wird, aufgetan und das teuflische Gesindlein mit Trommeln, Pfeifen und Fahnen durch die Welt ziehen wird.

Das habe seinen Grund in der Unterstützung, die man

> diesen Zauberpatronen und Hexenplazentinern leistet, wie leider, Gott erbarm's, bisher mehr denn zuviel geschehen.

Die Gegenmittel: Folter und Hexenbrand.

> Wichtige Exzeptionen und Einreden wird Meister Hämmerlein mit seinem Gaukelsack, mit der Tortur und Folter fein artig refutieren und beantworten.

Meister Hämmerlein, der Foltermeister, werde

> frisch mit Feuer, Holz und Strohwellen hinter denen herwischen und sie im Rauch in den Drudenhimmel schicken[1].

Der »Meister Hämmerlein« des Johann Ellinger war nur eine der Wortschöpfungen, die vor allem in den Predigten des 16. Jahrhunderts in reichem Maße konzipiert und bald von der Umgangssprache aufgesogen wurden.

Aus dem Henker war der »Meister Auweh« oder das »Schnürhänslein« geworden, der dem Angeklagten in der Folter zum guten glückseligen Neujahr ein gutes Zünglein

zu machen wußte, der ihn, wenn das Urteil auf »Hängen« lautete,

an der Herberge der drei Säulen als Bierzeichen

aushing, oder ihn mit

Jungfer Hänfin zur Hochzeit führte.

Die tatsächlichen Vorgänge zwischen Verhaftung und Hinrichtung wurden, sofern nicht vollständig aus den Hexenpredigten ausgeklammert, verharmlost.

Höhepunkte der Predigten waren die phantastisch ausgemalten Beschreibungen der Hexensabbate, die noch bei weitem über das hinausgingen, was die wissenschaftlichen Schriftsteller aus den Prozeßakten herausgelesen hatten. Den Schlußpunkt bildeten regelmäßig Aufrufe an Obrigkeit und Gemeinde, an erstere,

die schrecklichen Bestien auszurotten,

an das Volk, den Kampf der Obrigkeit durch zusätzliche Denunziationen so weit wie möglich zu unterstützen.

Den Hexenpredigten erkannten schon Zeitgenossen einen nicht unbeachtlichen Einfluß auf die Verbreitung des Wahnes zu. Für einen überwiegenden Prozentsatz der Bevölkerung bildeten sie die einzig zugängliche und dennoch mit einiger Autorität ausgestattete Informationsquelle.

Verbreitetes Analphabetentum sowie der unverhältnismäßig hohe Preis für die außerdem meist in Latein abgefaßten Schriften verhalfen den Predigern zu überfüllten Kirchen.

Wenn etwa Johann Graeter in Schwäbisch-Hall eine Predigt über

Macht und Treiben des Teufels und seiner Bräute, der Hexen

ankündigte, konnte er zu Beginn seiner Ausführungen gar nicht einmal verwundert, eher befriedigt feststellen:

Sehet wie das so feine Unhöldlein sein, die auf einen gemeinen Feiertag so viel Leut in die Kirche gebracht haben.[2]

Nicht zuletzt der Ausschluß der Öffentlichkeit im Rahmen der Hexenverfahren gab diesem Informations- aber auch Unterhaltungsbedürfnis neue Nahrung. Bei den Voraussetzungen kein Wunder, daß sich die Gegner der Verfolgungen, hießen sie nun Weyer oder Lerchheimer, Spee oder Thomasius, mit dem Predigerwesen auseinandersetzten.

Schon Mitte des 16. Jahrhunderts sah sich Weyer veranlaßt, in der Bremer Volksausgabe der »Blendwerke der Dämonen« das Idealbild eines Predigers darzustellen, eines ausgleichenden,

ausgeglichenen Mannes.
Lerchheimer und Friedrich von Spee fanden härtere Worte.

Immer wieder gehen den Verleumdern und Schwätzern Geistliche und Kleriker mit schlechtem Beispiel voran, mit genauso unvorsichtiger Zunge, wie diejenigen sie haben, die sie eigentlich zurechtweisen sollten,

kritisierte Spee seine Berufskollegen.

Es tut mir in der Seele weh, wenn ich hören muß, wie selbst einige wegen ihrer Leichtgläubigkeit und Schwatzhaftigkeit bei ihren Standesgenossen berüchtigte Geistliche alles ohne Sinn und Verstand nachplappern, die erstaunlichsten Albernheiten hervorbringen und alles, was nur irgendwie geschieht, einer Zauberei zuschreiben.

Friedrich von Spee hatte einzelne Kapitel seiner »Cautio Criminalis« unter dem Eindruck der Kölner Hexenprozesse (1627–1630) geschrieben, in deren Verlauf ihm die Rolle des Dechanten Heinrich Glimbach in Zusammenhang mit dem Verfahren gegen Christina Plum besonders unangenehm aufgefallen war. Für alle Eingeweihten erkennbar, stellte er Glimbach in der »Cautio« als den Prototyp des Predigers dar, den es zu bekämpfen gelte.

Er half auch eifrig dabei Mitschuldige ausfindig zu machen, deren Namen er selbst in seinem Notizbuch aufschrieb. Er wohnte ferner den Folterungen bei, gab Anweisung und Anleitung, wie man die Schuld der Angeklagten noch deutlicher erkennen könnte und noch vieles derart.[3]

Fast resignierend schloß Spee.

Was nützt es die Wissenschaft studiert zu haben, wenn die Unwissenheit so hoch in Ehren steht?

Bis zum Beginn des 18. Jahrhunderts hatte sich nichts geändert. Die Prediger beider Konfessionen suchten sich weiterhin mit unausgewogenen Hetzparolen einen Namen zu machen. Noch immer hatten sie zumindest in ländlichen Gegenden starken Zulauf, sahen sie

schier die ganz Welt voll Teufels- und Hexenwerk.

Auch Thomasius beklagte sich über eine Geistlichkeit,

die an Statt der seligmachenden Lehre auf der Cantzel und in ihren Schriften alte Weiber – Lehren und abergläubische Märchen erzehlt[4].

Schon früh waren viele Pfarrer dazu übergegangen, einzelne Predigten oder ganze Reihen im Druck – und natürlich in deutscher Sprache – herauszugeben; Sammelwerke erschienen, das berühmteste unter ihnen, das »Theatrum Diabolorum« 1569 in Frankfurt. Zwanzig Prediger beschrieben und beschworen zwanzig Teufel, jeder der Teufel eines der Laster der Zeit darstellend: der Zauberteufel, der Fluchteufel, der Saufteufel, der Hurenteufel und der

> zerluderte, zucht- und ehrverwegene, pluderichte Hosenteufel.

Letzterer gerichtet gegen die gerade aufkommende Pluderhosenmode; das Tragen dieser Erfindung des Satans

> gibt Anlaß zur Unkeuschheit, ist wider Gottes Ordnung und das vierte Gebot, wider das Ebenbild Gottes im Menschen und wider die Wohlfahrt der deutschen Nation[5].

Obwohl die Erfindung des Pluderhosenteufels schon Anlaß zu der Vermutung geben konnte, die Prediger seien mit ihren Teufelsbildern nun langsam an den Grenzen ihrer Phantasie angelangt, erschien das »Teufelstheater« in weiteren Auflagen, die dritte

> gemehrt mit zehn neuen Teufeln, als dem Pfarr- und Pfründenbeschneiderteufel, dem Schmeichel- und Spekulationischer Teufel, dem Bettel-, Gerichts- und Sakramentsteufel.

Folgte man seinem Verleger Sigmund Feyerabend, konnte es aber auch nicht eine einzige Person geben, der das Werk nicht lehrreich, unterhaltsam oder sonst nützlich war.

> Pfarrherrn, Capelanen und anderen Kirchen Vorstehern

sollte es

> stets zur Hand sein.

Für die

> Laien und gemeinen Christen

stellten die Mahnungen und Belehrungen einen

> nicht geringen Teil unseres christlichen Catechismi

dar und auch den

> Weltleuten, so der Heiligen Schrift und der Kirchenlehrer Bücher leichtlich überdrüssig werden, mag es lieblich und kurzweilig sein[6].

Wesentlicher Bestandteil der Sammlung war der »Zauberteufel« von Ludwig Milichius, eines Spezialisten auf dem Gebiet der Hexen- und Zauberpredigten.

In einer Einführung legte er die Predigtinhalte der folgenden Sonntage fest, eine ganze Predigtserie über Schwarzkünstler, Beschwörer, Wettermacherinnen, Milchdiebe und was der Teufelsverbündeten mehr waren.

Milichius war einer der frühesten Hexenprediger, und aus seinen eigenen Worten wurde deutlich, daß er sich noch mit erheblichen Widerständen vorgesetzter Stellen herumschlagen mußte, Widerstände, über die seine Nachfolger nur noch in ganz geringem Maße zu klagen hatten.

> Etliche naseweise Prädikanten wollen, man solle von der Zauberei nicht viel predigen, denn es sei nicht nötig und wisse nicht jedermann, ob sie sei

und was sie sei.

Diese zweifelnde Zurückhaltung maßgeblicher Kreise lag ganz auf der Linie von Weyers Schrift, die zu eben diesem Zeitpunkt auf den Markt gekommen war.

Nachdem dann aber Remigius, Bodin und Binsfeld ihre Werke veröffentlicht hatten, konnten die Prediger mit voller Rückendeckung ihren Kampf für die Ausrottung der Hexen aufnehmen, konnten sie Forderungen aufstellen, die weit über das hinausgingen, was selbst fanatische Hexenjäger als gerade noch zulässig erachteten, und zusätzlich der moralischen und finanziellen Unterstützung ihrer Landesherren sicher sein.

Man ging völlig neue Wege und setzte alles daran, vor allem auch jenes »Weltleute«-Publikum zu erreichen, das sich schon Feyerabend als Interessent seines »Teufelstheaters« gewünscht hatte.

Besonders originell war das Ansinnen des Predigers Thomas Birk. Birk hatte sich vorgenommen, Theorie und Praxis (!) des Hexenwesens als

> überaus schöne und wohlgegründete Tragedi

auf der Bühne darzustellen. Ein – so der Titel – »Hexenspiegel«

> darinnen augenscheinlich zu sehen, was von Unholden und Zauberern zu halten sei, ob sie können wittern (= Wetter machen), im Luft fahren, nächtliche Zusammenkunft, Gastungen und Täntz halten, mit dem Teufel der Buhlschaft pflegen und Kinder zeugen.

Das gesamte Hexenwesen in eine bühnengerechte Form zu bringen, so der Anspruch des Verfassers, war ein Versuch, der von vornherein – schon von der Stoffmenge her – zum Scheitern verurteilt sein mußte. Aber schließlich schaffte Birk es doch, neben sechs Hexen und vier Teufeln, vierundzwanzig Ratsherren und drei Advokaten, Pfarrer und Schalksnarren, Henker und Richter, einen Engel und den Tod zu Wort kommen zu lassen, sprengte aber, wie nicht anders zu erwarten, damit bei weitem den Rahmen eines Bühnenstückes.

> Mit vieler Puncten Abkürzung und nötigster Sachen Erzählung

könne die Tragödie

> leichtlich in dreien Stunden verhandelt, das übrige aber mit großem Nutzen zu Hause abgelesen

werden.

Unspielbar waren in erster Linie die Auftritte etlicher »Redmänner«, die das Geschehen kommentierten, denen Birk, jeweils unter Berufung auf angesehene Theologen, die gesamte theoretische Fundierung des Hexenwesens in den Mund gelegt hatte.

Einige Textproben aus dem »Hexenspiegel«

Auftritt der Hexe:

Erscheinet auch bald alsda
Die Unhold Ahalibana,
Und reit daher auf eim Camel
Mit Menschenstimm redt klar und hell,

Bekenntnis in der Folter:

Bekennt sie schnell an diesem Ort
Groß Hexenwerk, viel Kindermord,
Anzeiget auch gar dürr und rund,
Sie hab gemacht ein starken Bund
Wol mit dem Teufel, durch ihr Blut
Verschrieben sich der Höllenglut.

Hinrichtungsstätte:

Der Pfarrer beschwört durch seine Gebete den Teufel, das Pergament,

dadurch mit Blut der Bund gestiftet war,

herbeizubringen. Der Satan, ängstlich, befürchtet ein Strafgericht Gottes und in der Tat:

Ein Engel, Uriel genannt,
Vom Himmel wird herabgesandt,
Der diesen Teufel gleich abschafft,
Er reißt geschwind aus gleich wie ein Aff.

Die Hexe, darob

aufs allerbest erquickt,

geht reuig und mit kirchlichem Segen versehen in den Tod.[7]

12 Nicolaus Remigius

Einer der ersten, die die theoretischen Ausführungen des »Hexenhammers« in großem Stil in die Praxis umsetzten, war der lothringische Geheimrat und Hals-, sprich Strafrichter Nicolas Remy, bekannter unter seinem latinisierten Schriftstellernamen Remigius.
1595 erschien seine »Daemonolatria«, die einerseits ein den Richtern zugedachtes Anleitungsbuch für den Hexenprozeß ist, andererseits die persönliche Zwischenbilanz eines Mannes, der mehr als sechzehn Jahre das Herzogtum Lothringen mit seinen Hexenprozessen tyrannisierte. Achthundert Menschen seien aufgrund seiner Urteile verbrannt worden, etwa die gleiche Anzahl sei ihm vor der Vollstreckung noch entkommen, fünfzehn weitere haben vor der Hinrichtung Selbstmord begangen; das sind die von ihm selbst mitgeteilten Zahlen.
Wann immer seine eigenen Verhandlungen und die von Nancy aus geführte Verwaltung und Organisation des Gerichtswesens es erlaubten, nahm er an den Prozessen der ländlichen Untergerichte teil. Allein schon seine Anwesenheit wird in vielen Fällen die Richter zu einer dem Angeklagten ungünstigen Entscheidung bewogen haben.
Grundsätzlich stand Remigius auf dem Boden des »Hexenhammers«, der ihm in einigen Punkten jedoch nicht weitgehend genug war. Sprenger und Institoris hatten die Kinder, wenn sie nicht gerade in der Geburt schon von ihren Hexenmüttern dem Teufel geweiht worden waren, noch als unschuldige Wesen gesehen, passiv und bedroht von den Hexen. Kinder wurden von Hexen auf dem Hexensabbat gefressen, bestimmte Körperteile des Kindes fanden Verwendung bei der Herstellung der Hexensalbe. Kinder und Jugendliche als selbst schadenzaubernde Hexen waren den Dominikanerinquisitoren jedoch unbekannt.
In der, laut der deutschen Vorrede »lieblich zu lesenden« Schrift des Lothringer Richters aber finden sich mehrfach Hinweise auf Kinderprozesse, in denen das Todesurteil ebenso verkündet und vollstreckt wurde wie in den Verhandlungen gegen Erwachsene. In einem Fall, so macht Remigius in seiner »Daemonolatria« nun den Vorwurf, habe er gegen seine richterliche Überzeugung gehandelt, als er mehrere Sechs- bis Zehnjährige auf dem Richt-

platz, wo ihre Eltern gerade verbrannt wurden, nur habe auspeitschen lassen. Er habe sich zu sehr von den mitleidsvollen Bekundungen seiner Richterkollegen zu dieser Begnadigung hinreißen lassen. Denn

> allezeit ist ein heylsamer Eyffer dem schedlichen eußerlichen Schein der Begnadigung vorzuziehen[1].

Zu solchen Gnadenakten ließ Remigius sich aber nur selten verleiten, meist war es der »heilsame Eifer« der seine Prozesse beherrschte. Eine andere Angeklagte, ein Mädchen

> Katharina geheißen, ... obgleich noch ein unmannbares Kind,[2]

war während ihrer Untersuchungshaft mehrfach von den Kerkerwachen und Henkersknechten vergewaltigt worden – für Remigius nichts anderes als ein weiterer Beweis für die Teufelsbuhlschaft.

Überhaupt waren die Vorgänge in den Gefängnissen einer aktenmäßigen Niederlegung fast vollständig entzogen. Nur zwei Tatbestände kamen in seltenen Fällen einmal ans Tageslicht, der durch eine übermäßige Folter verursachte Tod eines Gefangenen und die Notzuchtfälle, diese aber mit einiger Sicherheit auch nur dann, wenn eine Angeklagte während der Haftzeit schwanger wurde. Friedrich von Spee beschreibt einen derartigen Fall in der einunddreißigsten Frage seiner »Cautio Criminalis«, wo dann auch der Täter zur Verantwortung gezogen wurde. Bei einer durchschnittlichen Haftzeit von drei bis vier Wochen konnte sich jeder das geringe Risiko einer Aufdeckung selbst ausrechnen. Im Fall einer zur Schwangerschaft führenden Vergewaltigung und bei Todesfällen nach einer den gesetzlichen Bestimmungen zuwider gelaufenen Folter griff man seit Remigius zu dem einfachen Ausweg eines direkten Eingriffes des Teufels. Entweder handelte es sich um eine Teufelsbuhlschaft, die dieser auch im Beisein anderer Personen ausführen könne, ohne bemerkt zu werden, oder der Teufel hatte einem Angeklagten »den Hals verdreht«, damit dieser nicht noch andere Hexen und Zauberer denunzieren konnte.

Im Jahre 1612 wurde Remigius wahnsinnig, klagte sich in einem seiner Anfälle selbst an und wurde zweiundachtzigjährig ebenfalls durch das Feuer hingerichtet.

Seine »Daemonolatria« war kein im echten Sinne wissenschaftliches Werk, mehr eine Erfahrungssammlung, deren oft übermäßig grausame Verfolgungsmethoden schon zu Beginn des 17. Jahrhunderts von Friedrich von Spee heftig angegriffen wurden. Wenig später schrieb J. M. Meyfart, ein Pastor, dessen

Ausführungen aber erst 1703 in einer Sammlung, den

Unterschiedlichen Schriften vom Unfug des Hexen-Prozesses

erschienen, die Schilderungen des Remigius seien

so ungereimt, unmöglich und daher unglaublich, (daß) auch ein ABC Knabe (sie) für Fabeln halten müsse[3].

Auch die Befürworter der Hexenverfolgungen hielten sein Werk nicht gerade für der Weisheit letzten Schluß und zitierten aus seinen Prozeßberichten regelmäßig nur dann, wenn ein anerkannter Wissenschaftler dafür eine theoretische Grundlage geschaffen hatte. Dabei legten sich die weltlichen Schriftsteller noch weniger Zurückhaltung auf als ihre Kollegen von der theologischen Fakultät, denen Remigius wegen seiner etwas eigenwilligen Auslegungen der kirchlichen Lehrmeinungen dubios erschien. So hielt Remigius es etwa für möglich, und belegte seine Ansicht durch einen entsprechenden Aktenauszug, daß

die Seelen auff eine Zeit aus denen Cörpern ausgiengen, und wieder hinein kämen[4].

Schon Christian Thomasius – in seiner »Historischen Untersuchung vom Ursprung und Fortgang des Inquisitionsprozesses wieder die Hexen« (1712) – sah in Remigius wohl mehr einen Märchenerzähler, der die »Wunder-Wercke und merkwürdigen Historien« des Caesarius von Heisterbach auf einen aktuellen Stand gebracht hatte, als einen ernst zu nehmenden Juristen.
Die drei Bücher des Remigii seien

nach einer sehr schlechten methode geschrieben, und am allerwenigsten geschickt, Leute, die nicht gantz und gar im Vorurtheil ersoffen, zu bereden[5].

Trotz dieser Abqualifikation konnte aber auch Thomasius nicht umhin, die für die Praxis erhebliche Bedeutung anzuerkennen. Die Leserschaft – und das waren in erster Linie Juristen – habe das Werk mit großem Applaus aufgenommen. Da man während des Lesens »angenehme Kurtzweil« verspürte, wird das Buch auch regelmäßig zu Ende gelesen worden sein, und ähnlich dem Caesarius ist dem Remigius eine Geltung zugekommen, die ihm an sich nicht zustand.
Was bei jenem die Wundergeschichten als »Aufhänger« für eine Predigt, waren bei diesem die minutiösen Prozeßprotokolle, die von den Kollegen Hexenrichtern nur noch auf den gerade verhandelten Fall übertragen werden mußten.
Die innerhalb kürzester Zeit erfolgten Neuauflagen und Übersetzungen waren die Bestätigung für die Beliebtheit eines Werkes, das dem Leser die Auseinandersetzung mit dem Problem ersparte.

13 Die Hexenprozesse im Kurfürstentum Trier

Erinnern wir uns an den Abt Trithemius, den Hofmagier Kaiser Maximilians, der sich mehrfach für eine intensivere Zauberer- und Hexenverfolgung ausgesprochen hatte. Er war eng befreundet mit dem Trierer Kurfürsten Johann II. von Baden und das trotz der Abneigung des Kurfürsten und Erzbischofs gegen die Hexenprozesse. Sogar Papst Innozenz VIII., der Unterzeichner der »Hexenbulle«, hatte Johann II. mehrfach und eindringlich aufgefordert, nun auch in seinem Machtbereich mit den Verfolgungen zu beginnen. Der Kurfürst aber hatte die Existenz von Hexen in seinem Lande glatt abgestritten.
Erst nachdem der »Hexenhammer« erschienen und den Dominikanern Sprenger und Institoris auch die Inquisitionsbefugnis im geistlichen Kurfürstentum Trier übertragen worden war, kam es dann doch zu Prozessen, die aber zunächst nicht in den trierischen »Stammlanden«, sondern in den rheinischen Besitztümern des Kurfürsten abgehalten wurden, in Boppard.
Ganz nebenbei und fast zufällig geht dies aus einem Protokoll des Stadtgerichts Frankfurt hervor. Der Henker Diewolt Hartman hatte einen Kollegen als »Mörder« bezeichnet, also eine ganz gewöhnliche Beleidigungsklage, aber aus seinen Angaben zur Person kann man entnehmen,

> er sy itzunt graf Philipsen von Firnberg und unsers Herren von Triers gedingter richter.
> Item er hab ungeverlich bij den 30 frauwen in demselben lande verbrennt binnen zweyen iaren, die zeybery gedrieben haben.[1]

Die Prozesse, auf die Diewolt Hartman Bezug nahm, hatten also, er selbst wurde am 14. Februar 1494 verhört, während der Jahre 1492 und 1493 stattgefunden. Nur fünf Jahre zuvor war der »Hexenhammer« erschienen, der sich während dieses kurzen Zeitraumes vor allem in den geistlichen Fürstentümern als Richterhandbuch fest etabliert hatte.
Die Frankfurter Richter verhörten Hartman ausführlich über die ihnen scheinbar nicht in dem Maße geläufigen neuen Methoden der Verfolgung des Zauberer- und Hexenwesens. Und was von diesen Aussagen Hartmans ins Protokoll gelangte, liest sich wie ein eigens für Büttel, Foltermeister und Henker zusam-

mengestellter Extrakt des »Malleus maleficarum«.
Daß die Angaben Hartmans auf den ihm vom zuständigen Richter gegebenen Anweisungen beruhten und nicht etwa auf eigener Lektüre, läßt sich mit einem Blick auf die gesellschaftliche Stellung des Henkers, seine Vor- und Ausbildung leicht herleiten. Oft waren es freigelassene Leibeigene, Landesflüchtige oder unter der Bedingung, fortan das Henkeramt auszuüben, begnadigte Verbrecher. Schon von daher verbot sich jeder Kontakt mit einem Mitglied dieser »Schelmensippe«, das auf einer Stufe stand mit den anderen unehrbaren Berufen, dem des Totengräbers, des Abdeckers, des Gäuklers.
Eine Verordnung des Rates der Stadt Frankfurt aus dem Jahr 1543 verlangte von den Henkern, in der Öffentlichkeit mit einer rot-weiß-grünen Stoffbinde am Arm aufzutreten,

zur Unterscheidung von ehrlichen Leuten[2].

In den Gasthäusern saß der Henker aus dem gleichen Grund auf einem nur dreibeinigen Schemel an dem gesonderten Henkertisch, und erst nachdem er über die zur Begleichung der Zeche niedergelegten Münzen hinweggeblasen hatte, nahm der Wirt das solchermaßen gereinigte Geld des Henkers selbst in die Hand. In krassem Gegensatz zur sozialen Diskriminierung stand seine wirtschaftliche Lage.
Mit dem Stadtprediger und dem Physikus gehörte er zu den höchstbesoldeten städtischen Beamten, seine Bezüge überstiegen bei weitem die der »gelehrten Magister der staatlichen Lateinschule«. Aber obwohl sein Amtsantritt an die Ableistung eines Eides gebunden war, seine Ehrlosigkeit blieb bestehen, schlimmer, sie vererbte sich auf seine Kinder, denen der Schulbesuch verwehrt war; die gesamte Familie blieb von der Erlangung der Bürgerrechte ausgeschlossen.
Diese Tatbestände sprechen dafür, daß der bis zu diesem Zeitpunkt ohnehin nur in Latein veröffentlichte »Hexenhammer« von oben, also über Landesherren und Richter, in die Prozesse eingebracht worden ist, daß der Richter die Gerichtsdiener, Boten, Scharfrichter, Foltermeister und Kerkerwachen erst mit dem neuen Verfahren vertraut machen mußte. Wie intensiv diese Einarbeitung vollzogen wurde, zeigt eine kommentarlose Gegenüberstellung einzelner Aussagen des Henkers Diewolt Hartman mit den entsprechenden Stellen des »Hexenhammers«.
Nach dem »Hexenhammer« ist es erlaubt, bei der Verhaftung der Hexe die Beschuldigte plötzlich von den Gerichtsdienern

hochheben und sie in einem Korb oder auf den Schultern wegtragen zu lassen, damit sie die Erde nicht weiter berühre, denn wenn sie sie berührt hätte, hätte sie sich befreit und viele andere wären dabei durch Blitze getötet worden.[3] Hartman sagte aus:

> ... solichs die sie griffen und alsbalde von der erden uff eynen karen heben, das sie die erden oder steyn nit ruren (= berühren).

Nach der Verhaftung sind der Hexe am ganzen Körper die Haare zu scheren und ihr Riemen und Bänder wegzunehmen. Man findet die Hexen nämlich bisweilen an einem Riemen oder am Kleide aufgehängt.[4]

> unde alsbalde sie in das gefengnuß komet, alle hare abscheren und sol man ir alle sleyer und bende abe thun.

Zur Aufhebung der Verschwiegenheit reichen wir einen Tropfen geweihten Wachs, der in einen Becher Weihwasser gerührt ist.[5]

> Item keyn wasser zu drincken geben, es sei dann gemischet mit wychwasser und wychsaltz.

Die Übereinstimmungen ließen sich über den ganzen Verlauf des Verfahrens weiter verfolgen, das Verhör, die Folter und den Tod durch Verbrennen.

Daß Hartman schließlich die Beleidigung nur mit

> zwen gulden zu buss

sühnen mußte, sei nur der Vollständigkeit halber erwähnt.

Erst einhundert Jahre später sollten sich die Hexenprozesse im Kurfürstentum Trier, diesmal in der Hauptstadt selbst und der unmittelbaren Umgegend, in einem Maße ausbreiten, daß man guten Gewissens von einer Epidemie sprechen kann. Zunächst die bloßen Zahlen: Zwischen dem 18. 1. 1587 und dem 18. 11. 1593 wurden 368 Personen hingerichtet; dies geht aus dem Verzeichnis des damaligen Hochgerichtsschöffen Claud von Musiel hervor. Die Zusammenstellung ist jedoch beschränkt auf siebenundzwanzig Gemeinden, die in einem Umkreis von ca. 20 km um die Stadt lagen. Die Verbrennungen in der Stadt selbst und in den unmittelbar angrenzenden Ortschaften und Vororten sind nur in Einzelfällen berücksichtigt. Claud von Musiel verzeichnete weiter mehrere tausend Personen, die von den Hingerichteten ebenfalls als Teilnehmer an einem Hexensabbat angegeben worden waren. Ein »normaler« Gang der Dinge hätte auch in jedem einzelnen dieser Fälle zu einem Todesurteil geführt, für einige der Denunzierten läßt sich dies nachweisen. Das Verzeichnis Musiels umfaßt lediglich einen Zeitraum von sieben Jahren von 1587 an, aber schon ein Jahr zuvor teilte die

Stadtchronik mit, daß in einigen Orten der Diözese lediglich zwei Frauen nicht als Hexen verbrannt worden waren.[6]

Worin lagen die Ursachen für den sprunghaften Anstieg der Prozeßzahlen und Verurteilungen und für den zu Beginn der neunziger Jahre ebenso plötzlich auftretenden Rückgang?

Ein Augenzeuge, Johann Linden, Kanonikus der St. Simeonskirche, fand in erster Linie eine Folge von Mißernten dafür verantwortlich.

> Da das Volk die vielen Jahre der Unfruchtbarkeit als von der teuflischen Bosheit der Hexen und Zauberer verursacht glaubt, so erhob sich das ganze Erzstift zur Ausrottung der Hexen.[7]

Bei nur zwei fruchtbaren Jahren zwischen 1581 und 1591 sicher ein wesentlicher Gesichtspunkt.

> Er hab gewolt fruecht, wein und aecker verderben,

hieß dann auch die stereotyp in den Protokollen wiederkehrende Formulierung. In fast jedem Verfahren lag der Begründung des Todesurteils das Geständnis der Wetterzauberei zugrunde. Ein Angeklagter habe Reif oder Hagel gemacht, zeitigen Regen verhindert, übermäßigen hervorgerufen; all jene Naturvorgänge, die jahrelang die Ernten vernichtet hatten, mußten der Gewalt der Hexen unterstehen, und man folterte ihnen die entsprechenden Geständnisse ab.

Mit Sicherheit kann gesagt werden, daß die Mißernten allein und die Unzufriedenheit der Bauern die Verfolgungswelle nicht hätten hervorrufen können. Linden fährt fort:

> diese Erhebung wurden von manchen Beamten unterstützt, indem sie aus der Asche ihrer Opfer Reichtum zu gewinnen hofften.

Daß sich diese Hoffnung erfüllte, war abzusehen.

> Notare und Schreiber wurden reich.
>
> Der Scharfrichter ritt ein Vollblutpferd wie ein Edelmann vom Hof und trug Gold- und Silberborten.
>
> Sein Weib wetteiferte in prunkvoller Kleidung mit den vornehmen Damen.

Ein drittes kam hinzu, die innerhalb des gleichen Zeitraumes von spanischen und niederländischen Truppenteilen verübten Plünderungen und Brandschatzungen.

Vor allem aber die Schrift eines Mannes war verantwortlich, das »Tractat von Bekantnuß der Zauberer und Hexen« des Weihbischofs Petrus Binsfeld.

Zwar handelte es sich hier im wesentlichen um nichts anderes als eine Kurzfassung des »Hexenhammers«, gleichwohl aber erlangte die Schrift in den deutschen Hexenprozessen eine wesentlich größere Bedeutung als ihr Vorbild, denn obwohl ursprüng-

TRACTAT

Von Bekanntnuß der Zauberer vnd Hexen. Ob vnd wie viel denselben zu glauben.

Anfängklich durch den Hochwürdigen Herrn Petrum Binsfeldium, Trierischen Suffraganien/ vnd der H. Schrifft Doctorn/ kurtz vnd summarischer Weiß in Latein beschrieben.

Jetzt aber der Warheit zu stewr in vnser Teutsche Sprach vertiert/ durch den Wolgelerten M. Bernhart Vogel/ deß löblichen Stattgerichts in München/ Assessorn.

EXOD. XXII. CAP.

Die Zauberer solt du nicht leben lassen.

Gedruckt zu München bey Adam Berg.

ANNO DOMINI M. D. XCI.

Mit Röm: Kay: May: Freyheit/ nit nachzudrucken.

Abb. 6: Titelblatt der Münchner Binsfeld Übersetzung.

lich ebenfalls in Latein verfaßt, wurde sie bereits 1590, ein Jahr nach Erscheinen

> allen Liebhabern der Warheit und Gerechtigkeit zu gutem, verteutscht,

wie es auf dem Titelblatt dieser ersten Übersetzung heißt. Wieder ein Jahr später erschien in München die zweite Übersetzung

> durch den Wolgelerten M. Bernhart Vogel, des loeblichen Statgerichts in Muenchen, Assessorn.

Weitere Neudrucke und Neuauflagen folgten innerhalb weniger Jahre, ein Zeichen für die Verbreitung der Schrift, wobei die Schwerpunkte in den rheinischen Kurfürstentümern und in Bayern lagen. Vor allem in den ländlichen Gebieten, wo nicht immer »wolgelerte« Juristen Recht sprachen, war das »Tractat« die einzige zu den Vorschriften der Peinlichen Halsgerichtsordnung Karls V. herangezogene Auslegungshilfe.

Wie jede Schrift, die in den Tagen der Hexenprozesse eindeutig Stellung bezog, wurde auch das »Tractatus de confessionibus maleficorum et sagarum« – so der vollständige Titel – von den einen mit frenetischem Beifall begrüßt, von den anderen nicht minder fanatisch verdammt.

> Ich halte Binsfelds Schrift für ein vortreffliches Werk, das dem Hexenrichter neben der Gerichtsordnung Karls V. fast unentbehrlich ist[8],

schrieb der Kölner Jurist Diederich Graminaeus. Sein Kollege Thomasius dagegen hielt sie für ein Werk

> in welchem Binsefeldius den alten Schlentrian mitmacht, und die Fabeln derer inquisitorum getrost nachpfeiffet[9].

Einige Sätze zur Theorie des »Tractatus«. Ausgangspunkt sind die im

> zweydt und eylfft Praeludium oder Vorspiel

aufgestellten Thesen, daß die Existenz des Teufels – auch in Menschenleibern – unwidersprechlich sei. Drei Voraussetzungen müssen erfüllt sein, damit ein Hexen- oder Zauberwerk überhaupt ausgeführt werden könne: die Zulassung Gottes, die Gewalt des Teufels und die frei gegebene Zustimmung des Behexten. Dann zählt Binsfeld acht Ursachen auf, die

> den Menschen zur Zauberey disponieren[10].

Die Unwissenheit der Geistlichen, die »Säumnis und Hinlässigkeit« der Obrigkeit, Aberglaube, Vorwitz nach unerlaubten Dingen, Geiz, »Geylheit oder Wollust deß Fleischs«, die Gewohnheit, Verfluchungen und böse Verwünschungen auszustoßen und als

> achte Ursach, so bey den Weibspersonen offtermals stat hat, ist deß Gemueths

Verlassenheit oder zu viel Trauwrigkeit.

Als Petrus Binsfeld an seinem »Tractatus« arbeitete, hatte er bereits eine Bilderbuchkarriere hinter sich. Die Mönche der Abtei Himmerod hatten ihn als Hirtenknaben verpflichtet. Als aber seine besonderen Anlagen und Fähigkeiten auffielen, wurde er erst zum Schulbesuch zugelassen und später zum Studium nach Rom geschickt. Nach Beendigung seiner Ausbildung arbeitete er in Prüm, wurde einige Jahre später Propst der Trierer Simeonskirche und schließlich 1580 Weihbischof.

Bis zur Durchsetzung des Hexenprozesses in der Stadt selbst waren aber noch beträchtliche Widerstände zu überwinden. Vor allem Dietrich Flade, Dr. jur., Stadtschultheiß, kurfürstlicher Rat und Vertrauter des Erzbischofs Johann VI. von Schönenburg, Rektor der Universität (1585) und zwanzig Jahre lang der Vorsitzende des Stadtgerichts, hatte sich entschieden gegen die Prozesse ausgesprochen.

Binsfeld und sein Gesinnungsgenosse, der kurfürstliche Statthalter Johannes Zandt von Merl, der schon die erfolgreichen Hexenjagden in den kleinen Landgemeinden der Umgegend geleitet hatte, begannen nun damit, die vorliegenden Prozeßprotokolle daraufhin zu untersuchen, ob Flade in einem oder besser mehreren Fällen als Teilnehmer an einem Hexensabbat »besagt« worden war. Bei dieser Durchsicht wurde man insgesamt achtundzwanzigmal fündig.

> Margreth Elsenn sagt, Doctor Flade sei uff Guldenen Wagen, besonder Stattlich kommen.
>
> Meysenbeinß Anna sagt, der Wagen sei ein kostlicher wagen, wie ein Jungfrauwen wagen geweßen.
>
> Underweilen seien Schwartze pferdt, unnd das Ander mall Muecken darvur gespannen geweßen.

Andere hatten Flade als den Stellvertreter des Teufels bei den Hexentänzen bezeichnet, und aufgrund solcher und ähnlicher Aussagen wollte man Flade und damit den Hauptwiderstand gegen die Prozesse ausschalten.

Aber Flade selbst hatte noch einflußreiche Freunde in der Stadt, die ihn über den Stand des Verfahrens laufend unterrichteten. Nachdem die gegen ihn gerichteten Denunziationen gesammelt und ausgewertet waren, wurde seine Situation allmählich bedrohlich. Daß er daraufhin ausgerechnet nach Lothringen fliehen wollte, wo Remigius sein Unwesen trieb, wäre sicher keine kluge Entscheidung gewesen, wenn er es überhaupt so weit gebracht hätte. Aber noch auf kurtrierischem Gebiet wurde er verhaftet, in die Stadt zurückgeführt und erhielt gegen sein Ehrenwort, keine neuen Fluchtversuche zu unternehmen, Hausarrest. Dieser Fluchtversuch hatte Flade nicht nur bei seinen Gegnern weiter in Mißkredit gebracht, auch Freunde wandten sich ab, und im Prozeß wurde das Verlassen der Stadt natürlich als offenes Schuldeingeständnis gewertet.

Bis zur Eröffnung des Verfahrens verging aber immerhin noch ein halbes Jahr. Die Bedeutung der Person des Beschuldigten hatte es für den Erzbischof selbst notwendig gemacht, sich des Falles anzunehmen. Um sich abzusichern, hatte er bei der theologischen Fakultät der Universität Trier ein Gutachten angefordert, in dem die gegen Flade möglichen, aber auch erforderlichen Schritte diskutiert werden sollten; an sich also ein Fall für die Juristen, denen der Erzbischof aber, nach dem Spruch von der einen Krähe . . ., nicht das rechte Vertrauen entgegenbrachte.

Doch auch die Theologen verhielten sich abwartend, vertrösteten auf spätere Termine, fällten aber letztlich in der Sache selbst keine Entscheidung. Verständlich, war doch Flade nur vier Jahre zuvor noch als Jurist zum Rektor der Universität gewählt worden, obwohl dieses Amt traditionell einem Theologen zustand. Es sah fast so aus, als sollte der Prozeß platzen, denn auch Richter und Schöffen weigerten sich, das Verfahren gegen ihren noch amtierenden Vorsitzenden zu eröffnen.

Ihre Proteste wurden jedoch übergangen, der 17. August 1589 war der erste Verhandlungstag.

Vier Wochen später, nach Verkündung des Todesurteils, gewährte ihm der Erzbischof eine letzte Gnade und ließ Flade strangulieren, bevor sein Leichnam verbrannt wurde. Kaum vorstellbar, was Flade in diesen vier Wochen auf der Folter alles bekannt hatte.

Die jahrelange Teilnahme an Hexensabbaten, wo er den Vorsitz geführt habe, und eine ausführliche Liste weiterer Teufelsgenossen waren das, fast kann man sagen, Standardergebnis der ersten Folterung. Für ein Todesurteil aber wäre das bei weitem nicht ausreichend gewesen, denn in einem Punkt hielt man sich in den Trierer Prozessen streng an die Vorschriften der Gerichtsordnung Karls. V.: Kein Angeklagter wurde verurteilt, der nicht seine Beteiligung an einem Schadenzauber zugegeben hatte. Die verschieden schweren Grade der Folter aber ließen kaum einmal einen Freispruch zu. Auch Flade wurde weiter gefoltert. Er sei der Verursacher der das Land in diesem Spätsommer heimsuchenden Schneckenplage, gab er zu, und beschrieb die »Schaffung« der Schnecken, so wie es schon der »Hexenhammer« vorgegeben hatte und wie man es auch von ihm erwartete. Mit Hilfe des Teufels sollten die Zauberer

> Froesch, Schlangen, Erdtschnecken und dergleichen unvollkommene Thier – welche nach lehr der Philosophen auß verfäulung ihr Ursprung haben –[11]

hervorrufen können. Man ging davon aus, daß Kot, Samen oder Kadaver diese Tiere, die man durch In-die-Luft-Werfen den Dämonen weihte, eine entsprechende Plage hervorrufen konnten. Dieses Nachhaken während des Verhörs war ein Zeichen für die Formalgerechtigkeit des Verfahrens. Der Richter begnügte sich nicht mit der bloßen Aussage Flades, er habe Schnecken gemacht, sondern bestand darauf – um sicherzustellen, daß es sich nicht um eine grundlose Selbstbeschuldigung handelte –, auch die besonderen Umstände des Vorganges in Erfahrung zu bringen. Ein Verdienst der Gerichtsordnung Karls V., der »Carolina«. Diese zusätzlichen Fragen aber dienten nicht nur dem Schutz der Angeklagten, mit ihrer Hilfe wollte man auch eventuelle Anstifter, Gehilfen und Mittäter entlarven.

> Art. LII. Bekent jemandt zauberey, man soll auch nach den ursachen unnd umbstenden fragen, und des mer, wo mit, wi und wann, die zauberey beschehen, mit was worten oder wercken.
> Man soll diesselben auch ermessen ob sie zauberey auff jenen tragen.
> Sie soll auch zufragen sein, von wem sie solch zauberey gelernt.

Daß ein Angeklagter nach dem Geständnis dann aber so lange weiter gefoltert wurde, bis ihm auch die Einzelheiten »einfielen«, ist ein anderes Kapitel.

Um das Urteil im Fall Flade nicht ausschließlich auf Zaubereitatbestände zu stützen, mußte er auf dahin zielende Suggestivfragen noch zugeben, daß er den Erzbischof und Landesherrn habe vergiften wollen. Ein Vorwurf, der nicht einmal aus der Luft gegriffen war, wenn man gemäß den herrschenden Anschauungen der Zeit von der Realität des Hexenwesens und der Richtigkeit der auf der Folter erpreßten Aussagen überzeugt war.

Zwei Jahre vor dem Prozeß gegen Flade war der Erzbischof schwer erkrankt. Glaubten die Ärzte zunächst noch an eine natürliche Ursache der Krankheit, so hielt man sie doch bald für angezaubert. Ein fünfzehnjähriger Junge, auch der Zauberei verdächtig, hatte ausgesagt, eine hochgestellte Persönlichkeit werde den Erzbischof vergiften, so sei es auf einem Hexensabbat beschlossen. Kein Wunder, daß man, als man Flade erst einmal für einen Zauberer hielt, auch davon überzeugt war, in

ihm den Täter gefunden zu haben.
Hätte man sich allerdings in diesem Punkt ebenso strikt an den »Hexenhammer« angelehnt, wie man dies sonst zu tun pflegte, hätte man leicht feststellen können, daß Sprenger und Institoris eine durch Hexen verursachte Schädigung des Landesherrn oder seiner Richter nicht für möglich hielten. Hinsichtlich des Jungen waren die Meinungen geteilt, einige wollten ihn aufgrund des Geständnisses hingerichtet sehen, der Erzbischof aber überantwortete ihn dem Kolleg der Jesuiten, zur Heilung, wie es hieß.
Auf Verurteilungen von Kindern finden sich in Trierer Akten keine Hinweise. Mehrfach wurden sie zwecks weiterer Unterrichtung im christlichen Glauben den Jesuiten überstellt, die sich in Trier im Kampf gegen die Hexen besonders hervortaten. Da die Kinder, teilweise vom Teufel selbst, zu den Hexenversammlungen entführt worden waren, mußten sie nach Meinung der Patres auch weitere Teilnehmer wiedererkennen. Die Aussagen der Kinder wurden mit der Bitte um Bestrafung an die Behörden weitergeleitet.
Der Rektor des Mainzer Kollegs, Hermann Thyraeus, der dieses Verfahren während eines Aufenthaltes in Trier kennengelernt hatte, richtete ein empörtes Schreiben an den Ordensgeneral.

> Während die Frauen die heilige Kommunion empfangen, sagt einer der Knaben zuweilen, diese und jene ist eine Hexe.
> Viele auch angesehene Personen klagt er an, die verbrannt werden.
> Auch wird er vom Magistrat gefragt, ob er diese und jene auch bei den Hexenkonventikeln gesehen.
> Der Knabe antwortet und der Erzbischof hält viele gefangen.
> Dies kann – außer anderen Übelständen – das Kolleg in einen sehr schlechten Ruf bringen.[12]

Der Ordensoberste, General P. Aquaviva, hatte auch noch von anderer Seite Klagen über das Trierer Kolleg gehört.

> Uns ist zu Ohren gekommen,

so schrieb er mit der Bitte um Weiterleitung an den Provinzial der rheinischen Provinz, Jakob Ernfelder,

> daß sich ebendort die Unserigen zu sehr in die Prozesse gewisser Hexen einzumischen scheinen, auf deren Bestrafung sie bei dem Fürsten dringen.
> Dies soll Ew. Hochwürden verbieten.[13]

Diese Kritik hatte ihre Berechtigung, denn seit Binsfelds Schrift hatten sich die Verfahrensvoraussetzungen noch weiter vereinfacht. Im »Tractat von Bekantnuß der Zauberer und Hexen« hatte er gelehrt, zur Eröffnung des Prozesses und zur peinlichen Frage, also zur Anwendung der Folter, sei eine einzige Denun-

ziation ausreichend, mochte sie von einem ebenfalls der Hexerei Angeklagten oder von einem Dritten kommen.
Daß sie sich mit einer derartigen Ausweitung in offenen Widerspruch zu den weltlichen Gesetzen stellten, störte weder Binsfeld noch die Richter, die seine Kommentare und Empfehlungen über den ausdrücklichen Wortlaut der »Carolina« stellten. Jede Person, die von den im Jesuitenkolleg erzogenen Kindern als Hexe denunziert wurde, fand sich wenig später der Hexerei angeklagt im Stadtgefängnis.
Obwohl nach Erscheinen des »Tractatus« die Zahl der Prozesse noch einmal sprunghaft stieg, konnte sich Binsfeld damit noch nicht zufrieden geben. Denn mehrfach war es in den Prozessen zu – aus seiner Sicht – unangenehmen Zwischenfällen gekommen, als sich manche Angeklagte mit geschickter Argumentation zu verteidigen wußten und die Richter in die Defensive drängten. Binsfeld, ein belesener Mann, der vor der Abfassung seines Werkes natürlich auch die Schriften der Gegner der Hexenverfolgungen und die der gemäßigten Autoren studiert hatte, erkannte bald den Ursprung dieser Denkweise. Ohne ausdrücklich auf ihn Bezug zu nehmen, hatten sich die Angeklagten im Sinne des Dr. Johann Weyer verteidigt, dessen Schrift über die »Blendwerke der Dämonen« ja bereits seit 1565 in einer deutschen Übersetzung vorlag. Also mußte Weyer Punkt für Punkt widerlegt werden.
Binsfeld, der aus Zeitgründen nicht dazu kam, diese Arbeit selbst zu übernehmen, mußte sich auf die Suche nach einem Mann seines Vertrauens machen. Das Naheliegendste wäre es nun gewesen, diese Aufgabe einem der Jesuitenprofessoren der Trierer Universität zu übertragen. Seit den eindringlichen Vorhaltungen ihres Ordensgenerals jedoch verhielten sie sich in der Hexenfrage tatsächlich zurückhaltender – wenn auch nur für gut zwei Jahre, aber gerade in diesem Zeitraum fiel die Suche Binsfelds nach einem streitbaren Autor.
Schließlich fiel seine Wahl auf Cornelius Loos, einen niederländischen Theologen, einen eifrigen Streiter gegen die Unabhängigkeit der Niederlande und gegen den Protestantismus. Loos hatte in den im spanisch besetzten Teil der Niederlande liegenden Universitäten von Löwen und Lüttich studiert und war, als Binsfeld ihn berief, Theologieprofessor in Mainz, wo er sich durch seine energische Unterstützung der Gegenreformation Verdienste erworben hatte.
Daß dann der gewichtigste Vorwurf, der gegen Binsfeld erhoben

wurde, ausgerechnet von diesem Mann kam, ist schwer zu glauben. 1591 hatte Loos – Schriftstellername Callidus Chrysopolitanus – ein Buch beendet, das außer dem Titel mit dem von Binsfeld erwarteten und dem auch ursprünglich anders geplanten Werk nichts mehr gemein hatte. Ein Buch von der wahren und falschen Zauberei – »De vera et falsa magia« – hatte Loos geschrieben, das in dem die Trierer Verhältnisse betreffenden Vorwurf gipfelte,

> die Hexenverfolgungen waren in Abnahme, als sie durch Binsfelds Bemühungen wieder angefacht wurden[14].

Als Loos, noch in der Absicht, sie zu widerlegen, Weyers Thesen studierte, stellte er nach und nach fest, wie genau das dreißig Jahre zuvor geschriebene Buch die Entstehungsmerkmale einer Hexenprozeßepidemie vorweggenommen hatte, wie die den Hexen gemachten Vorwürfe auf

> Einbildung, leerem Aberglaube und Erdichtung[15]

beruhten.

Statt den Weyer zu widerlegen, bekämpfte er Binsfeld und seine Vorgänger Sprenger und Institoris. Trotzdem oder gerade deshalb bemühte er sich, sein Buch auch im Druck zu verbreiten, wobei es aber kennzeichnend für seine bösen Vorahnungen war, daß er es nicht wagte, das Manuskript einem Trierer Verleger zu überlassen, sondern es nach Köln brachte.

Dort schrieb zur gleichen Zeit, als man in Trier Überlegungen anstellte, wie man den Prozeß gegen Dr. Flade nun endlich eröffnen könne, der Ratsherr Weinsberg in sein Tagebuch:

> Anno 1589 den 30. Juni wollten etliche für gewiß halten, daß die Hexen oder Zauberinnen das Unwetter verlittener Nacht gemacht hätten.
>
> Denn das Gerücht ging sehr stark, wie der Kurfürst von Trier, innen und außer Trier, viele Zauberer und Zauberinnen, Männer und Frauen, Geistliche und Weltliche, gefangen, verbrannt und ertränkt habe.
>
> Man kann der alten Weiber und verhaßten Leute nicht besser quitt werden als auf solche Weise und Manier.
>
> Mich gibt es Wunder, daß es in dem katholischen und heiligen Stifte von Trier so viele böse Weiber gibt, warum dem Teufel dort mehr von Gott die Zauberei gestattet werden soll als in der Stadt Köln.[16]

Köln schien also als Verlagsort einer gegen den blinden Hexenglauben gerichteten Schrift bestens geeignet.

Schien, denn kaum waren die ersten Seiten gedruckt, wurde das Manuskript auf Veranlassung des päpstlichen Nuntius Ottavio M. Frangipani konfisziert und Loos in dem kurz vor den Stadtmauern Triers gelegenen Kloster St. Maximin gefangen gesetzt.

Am 15. März 1592 erschienen der Abt und Weihbischof Binsfeld persönlich bei Loos und stellten ihn vor die Alternative, entweder einen von Binsfeld aufgesetzten Widerruf zu unterschreiben oder selbst als Hexenanwalt angeklagt zu werden.
Cornelius Loos widerrief die Ergebnisse seines Zauberbuches, aber auch den Wahrheitsgehalt der Angaben, die er in verschiedenen Schreiben an hochgestellte Persönlichkeiten über die Hexenverfolgungen in Trier gemacht hatte. Sechzehn Artikel umfaßte dieser Widerruf, die Loos vor Zeugen erst vorlesen, dann unterschreiben mußte.

> Erstens widerrufe, verdamme, verwerfe und mißbillige ich, was ich oft schriftlich und mündlich vor vielen Personen behauptet, und als den Hauptgrundsatz meines Tractats aufgestellt habe, daß nur Einbildung, leerer Aberglaube und Erdichtung sei, was man von der körperlichen Ausfahrt der Hexen schreibt.
> Sowohl weil dies ganz und gar nach ketzerischer Bosheit riecht, als auch, weil diese Meinung mit dem Aufruhr Hand in Hand geht und dann nach dem Verbrechen der beleidigten Majestät riecht.[17]

Schon die Formulierung dieses ersten Artikels mußte ausreichend sein, Loos vom Umfang seiner Gefährdung und von der Unumgänglichkeit seiner Unterschrift zu überzeugen.
Die Drohung stand offen genug im Raum. Sein Verhalten »roch« nach Ketzerei und Majestätsbeleidigung, wurde aber im Augenblick noch (!) nicht so aufgefaßt. Der Theologe Loos als Ketzer, der Bürger Loos als Aufrührer, zwei Anklagen, die, hätte man sie gegen ihn erhoben, nur ein Urteil gekannt hätten, den Tod.
Und dabei wäre es für die Ankläger nicht einmal nötig geworden, Loos auch noch Zauberei vorzuwerfen und sich so dem Vorwurf auszusetzen, es handle sich um einen Rachefeldzug gegen die Person, statt einer Auseinandersetzung mit seiner Argumentation.

> Was ich zweitens widerrufe, habe ich durch heimlich an gewisse Personen abgesandte Briefe gegen die Obrigkeit hartnäckig und ohne haltbaren Grund ausgesprengt.

Nur auf Grund der Anwendung der Folter würden Geständnisse über Vorgänge abgelegt, die nicht geschehen seien, die nicht einmal geschehen könnten.
Loos beklagte Justizmorde und wies darauf hin, daß es die Hexenprozesse ermöglichten,

> mittels einer neuen Alchymie aus Menschenblut, Gold und Silber hervorzulocken[18].

Aus dem fünften Artikel des Widerrufs kann man rückschließen, daß Loos überhaupt jede mit Hilfe des Teufels zustandegekom-

mene Schadenzauberei verneinte.
Hätte Binsfeld nicht die in großem Stil aufgezogene Widerrufs-»feier« veranstaltet, hätte Loos wohl nie die Bedeutung erlangt, die ihm der Weihbischof nun verschaffte. Denn die von Loos abgesandten Briefe wären mit Sicherheit ohne weitreichende Wirkung geblieben, die bereits gedruckten Bogen des Buches sollten vernichtet werden, und das Manuskript war konfisziert. Ohne Widerhall in der Öffentlichkeit wäre die Affäre Loos innerhalb kürzester Zeit im Sande verlaufen.

So aber sorgten Binsfeld und Martin Delrio, der die Loos zugedachte Aufgabe der Widerlegung Weyers in die Hand genommen hatte, für die Verbreitung seiner Thesen, indem sie den Wortlaut (Binsfeld) oder Teile daraus (Delrio) in ihre Werke aufnahmen.

1886 wurde ein Teil des Manuskriptes wiederentdeckt, und erst von da an verstand man, warum Binsfeld sich so sehr engagierte. Loos nämlich hatte dessen Ausführungen systematisch widerlegt, zwar ohne ausdrückliche Namensnennung, aber doch so, daß auch Nichteingeweihte mit leichter Mühe die Anspielungen auf Trier, Binsfeld und den Fall Flade – der über die Landesgrenzen hinaus großes Aufsehen erregt hatte – erkennen konnten. Auch von Johann Weyer, dem Loos in vielem folgte, ist die Rede, allerdings nur als von

> dem Schriftsteller unserer Tage, hervorragend in der Heilkunde,

dem er von Herzen wünscht,

> Wollte Gott, er wäre ein katholischer Christ[19].

Nachdem Loos den Widerruf unterzeichnet hatte, erfolgte seine Ausweisung aus dem Kurfürstentum, nicht jedoch bevor er sich jeder willkürlichen Bestrafung unterworfen hatte, falls er rückfällig werden sollte.

An sich sprach nichts dagegen, ihn weiter in Trier arbeiten zu lassen, wo die Strafandrohung jederzeit hätte verwirklicht werden können und wo er unter ständiger Kontrolle gestanden hätte.

Die Ausweisung war ein an die Bestrafung des Aufruhrs im Art. 127 der »Carolina« angelehnter symbolischer Akt, durch den man Loos noch einmal ins Gedächtnis zurückrufen wollte, daß sein Verhalten immerhin nach Aufruhr »gerochen« hatte.

> So eyner fürsetzliche und boshaftige auffruren des gemeynen volcks wider die oberkeyt macht, der soll,

neben der Strafe an Leib und Leben,

> auss dem land, gegendt, gericht, statt, flecken oder gepiet verweist werden.

14 Der Fall Fiedler

Das Kapitel Loos war für Binsfeld abgeschlossen, was blieb, waren die unwiderlegten Vorwürfe: persönliche Bereicherung der Prozeßbeteiligten und zumindest Fehlurteile, wenn nicht Justizmorde. Wie aber sah es aus mit der Berechtigung dieser Vorwürfe? War es, unter Berücksichtigung der damaligen Verhältnisse, nicht nur Polemik gegen die Richter, die, in der Mehrzahl jedenfalls, dem Verfahren ein anderes Hexenbild zugrunde legten als Loos dies tat?

Sehen wir uns einen Prozeß genauer an, das Verfahren gegen den ehemaligen Hochgerichtsschöffen Nikolaus Fiedler. Dabei wird in erster Linie zu untersuchen sein, wie sorgsam das Gericht mit den wenigen zum Schutz der Angeklagten erlassenen Vorschriften umging.

Das Zustandekommen einer Hexenprozeßwelle hatte Friedrich von Spee in wenigen Sätzen karikiert.

> Alle Welt schreit, die Obrigkeit solle nun das Verfahren gegen die Hexen einleiten. Die Richter und Räte zögern aus Gewissensbedenken, weil sie keine Beweise haben.
>
> Da schreit das gemeine Volk, dieses Zögern sei nicht unverdächtig, und endlich finden die Richter irgendwie einen Anfang für die Prozesse.

Nachdem Nikolaus Fiedler verhaftet worden war, suchte der kurfürstliche Statthalter Johannes Zandt ihn in Begleitung des Bürgermeisters und eines Schöffen im Gefängnis auf und rechtfertigte in einer längeren Ansprache sein Vorgehen gegen Fiedler.

> Weil allenthalben aus der Stadt das gemein Geschrei gehet, Ich, Schultheiß und Schöffen, wollen keine Gerechtigkeit administriern, mit Vermutung, wir seien solchen verdammlichen Lasters vielleicht auch schuldig, haben wir darum kraft unserer Eidt und Pflicht den Anfang mit Euch machen müssen.

Die Übereinstimmung mit Spee ist frappierend.

Zandt wies dann darauf hin, daß das Verfahren, insbesondere die Folterung Fiedlers, die schon zu diesem Zeitpunkt beschlossene Sache war, entsprechend den gesetzlichen Vorschriften durchgeführt werde. Fiedler sei zunächst

> in der Güte zu erfragen und im Fall, diesselbe nit statt haben kann, oder mag, als dann andere schärfere Mittel nach Ausweisung dero Rechten vorzunehmen.

Inzwischen waren die Protokolle einiger bereits hingerichteter Hexen durchgesehen worden, und der Gerichtsschreiber hatte die Fiedler betreffenden Denunziationen zusammengestellt. Zwanzig andere Zauberer und Hexen waren sich sicher, daß Fiedler ebenfalls an den Hexensabbaten teilgenommen hatte. Hans Vafer will

> ihn die letzte und alle Fronfasten bei den drei Kopgern (drei Kuppen bei Pellingen) gesehen

haben, Margareth Elsenn

> uff Hetzerother Hayden

und Johentges Theiß

> zur letzten Fronfasten bey dem Dantz bei Mencher Weyer.

Heute kennen die Juristen den Begriff der tatsächlichen Unmöglichkeit, der dem Unmöglichkeitsbegriff des 16. Jahrhunderts im wesentlichen entspricht. Die Unvereinbarkeit der Aussagen hätte also schon damals juristisch relevant werden müssen. Für Richter und Schöffen kam es aber nicht auf das »Wo« und auf die näheren Umstände des Treffens an, sondern nur auf das »Daß«.

Schließlich hatten sie aber noch die Möglichkeit, sich auf einen weiteren – allerdings nur kurzzeitig und von einer Mindermeinung vertretenen – Standpunkt zurückzuziehen. Es bestehe die Möglichkeit, daß nur der Geist der Hexe zum Sabbat fliege, wo er auch in mehreren Exemplaren vom Teufel abgebildet werden könne, während der Körper im Hause bleibe. Aber, so wurde diese Unstimmigkeit von den Theoretikern ausgeräumt, wie dem auch sei, die rechtliche Bewertung müsse jeweils zum gleichen Ergebnis führen, da die Hexe in beiden Fällen ihren freien Willen dem Teufel unterworfen habe.

Die große Zahl der Denunziationen war für Zandt jedenfalls Grund genug, nun offiziell Anklage zu erheben.

> Criminalischer Proces des Edlen Unnd Ernuesten Johannes Zandt von Merll, Churfürstlichen Stathalters zu Trier, von Ampts wegen Anclagers, gegen Unnd wieder Niclaßen Fiedler Scheffen Unnd Burger zu Trier, daß Zauber lasters halber ahngeclagtem.

Das Protokoll vermerkt Fiedlers erste Stellungnahme am

> Siebenzehenttenn tag angeregten Monats Augusti Im Jar Thausent fuenff hondert Neunzig unnd eins, Nachmittags umb zwoe Uhren.
>
> Die, welche ihn besagt, hätten untreulich mit ihm gehandelt, denn er wueste nichts von den Sachen, hab auch die Tag seines Lebens wißentlich Gott dem Almachtigen nit abgesagt, vielweniger dem Theuffell sich zu dienen verpflichtet, noch einige Commixtion mit ihm gehabt.

> Wisse sich auch nit zu erinnern und zu bedencken, daß er an einigen verdächtigen Orten gewesen sein soll, wo solche Zauberwerck bedrieben worden.
> Er hab die Tag seines Lebens keinem Mensche, Viehe, Getreide oder Gewächs einigen Schaden getan.
> Er wisse nichts von solchen Dingen.
> Er mueste es freilich wissen, wenn er dabei gewesen sein sollte.
> Er sei es aber nit, muest jemand anders sein.

Schon diese erste Aussage verriet seine in der Praxis als Hochgerichtsschöffe gewonnenen Kenntnisse der Rechtsvorschriften. Ohne überhaupt darauf angesprochen zu sein, beteuerte Fiedler »die Tag seines Lebens« noch nie einen Schaden verursacht zu haben; also eine vorbeugende Bemerkung zur Umgehung des Artikels 109 der »Carolina«, wonach ein eben solcher Schaden Voraussetzung für eine Verurteilung war.
Sein Versuch, die gesamte Anklage mit dieser Offensive zu unterlaufen, mißlang jedoch. Entgegen der sonstigen Gewohnheit und gegen die Anweisungen des »Hexenhammers«, der dieses Recht nicht einmal den Advokaten zugestehen wollte, wurden Fiedler im nächsten Verhör die Namen der Denunzianten bekanntgegeben.

> Er hat aber den mheren Teil derselben nit kennen wollen, und seine Unschuldt vorgewendet.

Nach diesem Eingangsgeplänkel begann der eigentliche Prozeß dann gleich mit einem Verstoß gegen eine der Strafprozeßvorschriften der »Carolina«, mit einem Verstoß gegen das Verbot der Suggestivfrage. Artikel 56 der »Constitutio Criminalis« nämlich schrieb dem Richter vor,

> keynem Gefangen die Umstende der Missethat vorzusagen, sondern ihn die gantz von ihm selbst sagen lassen.

Erste Frage des Statthalters:

> Ob ihm etwa ein Gespenst eine Zeit lang vorgekommen?

Fiedler:

> Er wisse Gott lob von keiner Versuchung oder teufflischem Gespenst zu berichten.

Diese Weigerung, ein Geständnis abzulegen, in Verbindung mit der großen Anzahl von Denunziationen, war ausreichende Rechtfertigung für die Anwendung der Folter, der Fiedler in den folgenden Wochen insgesamt achtmal unterworfen wurde. Zunächst durch Zusammenbinden der Hände vor dem Bauch oder auf dem Rücken und gleichzeitiges Aufziehen vom Boden – Fachausdrücke »zur Schnur« oder »in den Zug« bringen.
Später, da seine Aussagen für eine Verurteilung noch nicht

Abb. 7: Folter, »im Zug«. Kupferstich aus Hermann Löher, Hochnötige Klage . . ., Amsterdam 1676.

ausreichend waren, kamen schärfere Grade zur Anwendung; etwa wurden ihm, während er im Zug hing, die Zehen in Schraubstöcken zerquetscht und gleichzeitig Stockschläge auf den Rücken verabreicht. Die Anzahl der Folterungen war ebenfalls rechtswidrig, zwar nicht nach der »Carolina«, die dem Richter ein völlig freies Ermessen zugestand,

> viel, oft oder wenig, hart oder linder, nach Ermessung (Art. 58),

rechtswidrig aber nach den Begrenzungen, die sich Inquisitoren und Hexenkommissare, Wissenschaftler und Richter im Rahmen ihrer Veröffentlichungen selbst auferlegt hatten. In der Praxis aber verfuhr man dennoch nach dem Prinzip: beliebig oft, beliebig stark – nur sollte der Tod eines Angeklagten, wenn schon, dann erst eintreten, wenn er nach der Folter wieder zurück in den Kerker getragen worden war.

Noch ein Wort zur Bedeutung des freien Ermessens: War ein Angeklagter, ohne ein Geständnis abgelegt zu haben, von der Folter genommen worden, so durfte er regelmäßig nur weiter gefoltert werden, wenn sich während der ersten peinlichen Befragung zumindest ein neues Indiz dafür ergeben hatte, daß er tatsächlich als Täter in Frage kam. War dies aber objektiv nicht der Fall, so war durch das freie Ermessen eine Entscheidung des Richters gedeckt, nach der einzig das nicht erfolgte Geständnis zur Begründung einer erneuten Folter herangezogen wurde.

So auch bei Fiedler, der nach dem ersten Aufziehen seine Unschuld beteuerte und

> protestiert, daß man mit ihm Übel gehandelt.
>
> Wurde beantwortet, daß anders mit ihm nicht gehandelt, als was die Rechte ausweisen und zulassen und wie er selbst gegen andere im Schöffenstuhl geurteilt und gesprochen.

Dauerte eine Verfolgungswelle in einem Gebiet etwas länger an, kam es immer öfter vor, daß sich Angeklagte zu retten versuchten, indem sie Mitglieder des Gerichts als Zauberer besagten. Wenn sie das in den meisten Fällen auch nicht vor einer Verurteilung bewahrte, so legten sie damit doch immerhin den Grundstein zu einer späten Rache.

Hatte Fiedler nach der ersten peinlichen Befragung noch ausgesagt,

> er habe seine Leblang keinen Teufel gesehen, er könne von dem nichts sagen davon er nichts wisse,

kam es vom zweiten Verhör an zu ersten Zugeständnissen.

> Er hab sich einmal dem Teufel verwunschen, hab desselbigen bald Reue gehabt und es gebeichtet.

Dieses und jedes weitere, sei es auch noch so geringe Zugeständnis gaben dem Statthalter immer wieder von neuem die Gelegenheit zur Anordnung der peinlichen Frage, bis Fiedler schließlich, physisch und psychisch am Ende, bereit war, alle Vorwürfe und Anschuldigungen einzugestehen.

> Ich bitte um Gottes Willen meiner mit fernerer Tortur zu verschonen.
> Habt Mitleid mit mir armen alten Mann, meine Glieder sein mir zerrissen und kann die rechte Hand zum Mund nit bringen, ich gestehe alles.

Der »Zug« oder die »Schnur«, so konnte man in Folteranleitungen lesen, sei eine Methode, bei der sich ein »mäßiges Auseinanderreißen der Glieder nicht vermeiden« lasse. Obwohl Fiedler inzwischen die Ellbogen- und Schultergelenke des rechten Armes ausgekugelt worden waren, wurde er verbotswidrig auf die gleiche Art weiter gefoltert. Für den Fall, so besagte Artikel 59 der »Carolina«, daß der Angeklagte

> gefährlich Wunden oder ander Schäden an seinem Körper hat, so soll die peinlich Frag dermassen gegen ihn vorgenommen werden, damit er an solchen Verwundungen und Schäden am mindesten verletzt würde.

Im Verlaufe des Verhörs hatte Fiedler mehrfach versucht, durch Teilgeständnisse, etwa Kontakte mit dem Teufel, der ihm in Gestalt eines schwarzen Mannes erschienen sei, eine ausschließliche Zuständigkeit der geistlichen Gerichtsbarkeit herbeizuführen.

Einem reuigen Angeklagten, der kurzzeitig vom wahren Glauben abgefallen war, drohten vor dieser Instanz regelmäßig nur Bußauflagen, schlimmstenfalls die Exkommunikation. Diese Hoffnung bestand für Fiedler, solange er nicht seine Beteiligung an einem Schadenzauber zugegeben hatte. Er konnte diese Taktik – obwohl er immer wieder auf die während der Hexensabbate beschlossenen Vernichtungen der Ernte angesprochen wurde – verhältnismäßig lange durchhalten.

> Es seien wohl Vorschläg geschehen, den Wein und Korn zu verderben, sei aber nit ad effectum gegangen.

An anderer Stelle:

> Gefragt was sie auf dem Hexentanz getrieben, zeigt an, hätten böse Anschläge gehabt alles zu verderben.
> Er aber hab es verhindert.

Oder:

> haben damals ein Vorschlag gehabt, alles Böses zu tun, und alles Gewächs verderben wollen, doch das Gebet der Frommen und das Geläut der Glocken hättens verhindert.

Nach drei Tagen und sieben Folterungen war seine Widerstandskraft gebrochen und Fiedler gab zu, er

> hab darin verwilligt, daß Wein und Korn sollen verderbt werden.

Aber noch einmal sah es so aus, als könne der Prozeß ein für Fiedler glückliches Ende nehmen, denn der zufällig zur Befragung hinzukommende Stadtschultheiß Hultzbach – der Nachfolger Flades – erklärte das Geständnis für ungültig, da es während der Tortur erfolgt sei. Dieser Verfahrensverstoß wurde vom Stadtschreiber protokolliert. Fiedler hatte gerade sein Geständnis begonnen,

> unterdem das geschieht, kommt der Herr Schultheiß Doktor Hultzbach zu, vernimmt wie sich der Handel verlaufe und daß Gepeinigter ferner in der Tortur bekennt.
>
> Vermerkt der Herr Schultheiß, daß modus überschritten würde und etlich mal befehlen lassen, man solle den armen Menschen herunter lassen.
>
> Doch nit geschehen wollen.
>
> Ist er in die Kammer kommen und befohlen, den Gepeinigten der Pein zu erlassen, denn der armen Sünder Aussag und Bekenntniß gelten wenig in der Tortur, ja sollten nit geschrieben werden.

Nachdem die Beinschrauben gelöst und Fiedler von der Folter herunter gelassen worden war, widerrief er sein Geständnis. Ermutigt anscheinend auch durch das zu seinen Gunsten erfolgte Eingreifen des Stadtschultheißen, unternahm er einen neuen Versuch, aus der Haft entlassen zu werden, indem er nun seinerseits

> etliche Personen besagt, so niemals in einigen Verdacht kommen, so mir zu verzeichnen untersagt worden.

Personen, die unter keinen Umständen in Verdacht kommen konnten? In Frage kamen da nur der Erzbischof Johan von Schönenburg und sein Weihbischof Petrus Binsfeld, denn die Namen von Richtern, Bürgermeistern und Schöffen, die in Prozessen denunziert worden waren, hatte der Secretarius immer verzeichnet. Vielleicht hoffte Fiedler beim Erzbischof Aufmerksamkeit zu erregen, wollte er eine Ausweisung provozieren.
Der Stadtschultheiß, der das Verhör an diesem Tage trotz der Anwesenheit des kurfürstlichen Statthalters leitete, machte diese Hoffnung jedoch gleich wieder zunichte, Fiedler

> soll nit gedenken, daß man sich von seinen Wankelworten werde abweisen lassen.

Die Standhaftigkeit des Angeklagten zwang das Gericht zu einem für den Hexenprozeß ungewöhnlichen Vorgehen. Es erging Beschluß auf Gegenüberstellung mit Hans Jacob, der zusammen mit Fiedler an Hexensabbaten teilgenommen haben wollte.
Ein nach dem geltenden Recht in mehrfacher Hinsicht unzu-

länglicher Zeuge. Sein Alter lag unter der in den »Carolina«-Entwürfen vorgeschlagenen Grenze von zwanzig Jahren, er war kein, wie es Artikel 66 forderte, »genugsamer Zeuge«, da er ebenso wie Fiedler der Zauberei angeklagt war, und die Aussagen des Jungen lassen den Verdacht entstehen, daß es sich bei ihm um einen von der »Carolina« ebenfalls verworfenen

belonten Zeugen

handelte.

Er habe Fiedler mehr als zwanzigmal auf den Hexentanzplätzen gesehen, wo sich der Angeklagte auch an Wetterzaubern beteiligt habe, um die Trauben zu verderben. Fiedler habe gesagt,

Ihr habt noch viel Wein, sie müssen Euch Geld gelten.

Während der Gegenüberstellung gelang es Fiedler nicht, seine Fassung zu bewahren, was auf das Gericht einen denkbar schlechten Eindruck machte.

Fiedler sagt ganz colerisch, es ist erdicht und gelogen . . .

Fiedler, gar zerschlagen, Du lügst, darauf will ich sterben.

Johann Zandt, der Statthalter, hatte diesen Termin nicht wahrnehmen können, daher teilte ihm der Stadtschreiber seine Eindrücke in einem persönlichen Schreiben mit.

. . . ist der Junge Fiedler ins Angesicht gestellt, und hat sich recht und wohl gehalten, hat aber Fiedler sein hartnäckiges Gemuet nit bezwingen können.

Meines Vermerkens sind des Jungen Worte beständiger als des Fiedlers Leugnen.

Manches spricht dafür, daß bei der Gegenüberstellung Manipulation im Spiel war.

Der Zeitpunkt: In einer entscheidenden Phase des Prozesses, als Johann Zandt trotz der Anordnung schärfster Folter dem Angeklagten kein Geständnis abpressen kann, tauchte plötzlich dieser Hauptbelastungszeuge auf, in dessen eigenen Vernehmungsprotokollen Fiedler eine Schadenzauberei nicht nachgesagt worden war.

Der Wert der Aussage: Juristisch unangreifbar wurde Fiedler der Verursachung eines Schadens beschuldigt.

Die Übereinstimmung mit der für das Zustandekommen des Prozesses entscheidenden Aussage: Damals hatte Margreth Elsenn angegeben,

. . . und allemal gewollte alles verderben, damit er seinen Wein und Früchte zum teuersten verkaufen mochte.

Im Verlauf der Gegenüberstellung wurde Fiedler von dem Jungen beschuldigt, diesen Rat auch an andere Zauberer und Hexen weitergegeben zu haben. Durfte man von diesen Zeugen,

Analphabeten, einen Schluß aus der Theorie über Angebot und Nachfrage erwarten? Wurde nicht vielmehr eine erlernte Aussage abgefragt, denn wie anders ist der Satz des Stadtschreibers an den an einer Verurteilung interessierten Johann Zandt zu verstehen, der Junge habe sich gut gehalten.
Weiteres Indiz für diese Vermutung ist die Tatsache, daß Hans Jacobs Name in den Hinrichtungsprotokollen nicht verzeichnet ist.
Noch einmal wurde Fiedler schwer gefoltert, bis zum Geständnis diesmal, wobei er seiner Phantasie freien Lauf lassen mußte, um das Gericht zufrieden zu stellen. In einem herrlichen Schloß habe er an einer Teufelshochzeit teilgenommen, er habe

> einen Pfannkuchen und Käse gegessen, in demselben Pfannkuchen sei gehackt gewesen eines jungen Kindes Herz, welches eine Frau aus dem Kirchhof gegraben habe.
>
> Unvermittelt hat er noch bekannt, daß er das hochwürdigst Heiligst Sakrament an achtmal dehonestiert und teuflischen schwarzen Dingen untergemischt.

Bis zu diesem Zeitpunkt hatte sich das Verfahren schon über nahezu sechs Wochen hingezogen. Nach seinem Geständnis lebte Fiedler noch zwei Tage, am 1. Oktober erhielt er Erlaubnis zur Beichte, wurde absolutiert und erwarb sich damit die Vergünstigung, nicht lebendig verbrannt, sondern zuvor stranguliert zu werden.

> Folgendenn Mittwochenn den Zweitten octobris, Im Jar Neunzig und eins

begann dann der für die Öffentlichkeit zugelassene Teil des Verfahrens. Fiedler wurde ins Gerichtshaus geführt, wo der Stadtschreiber das Geständnis, die Urgicht, verlas, die

> der Angeklagte mit dem Wort Ja bejatzet.

Der Statthalter und die Schöffen berieten das Urteil, das vom Schreiber verkündet wurde:

> In Criminall sachenn deß Edlen und Ernvestenn Johannen Zandt von Merl, Churfl. Trierischer Stathaltter, Von Amptswegen ahnclager ahn einem, gegen unnd wieder Niclaßenn Fiedler ahngeclaghten anderntheilß, uff clag, Antwordt, Und alless gerichtlig vurpringen, Auch Nottürfftige warhafftige erfarrung, Und erfindung, So deßhalb alleß nach lauth Kayser Carls dess funfftenn unnd dess hayligen Romischen Reichs ordnung geschehen, wird durch Schultheiß und Scheffen, dießes Churfl. Hochgerichts entlich zu Recht erkendtt, Daß Niclaß Fiedler so gegenwurttig vur dießem gericht stehet, darumb daß er got dem almechttigenn, Maria seiner Hochwurdigstenn Motter und allen gottes Hayligenn ab, unnd dem Theuffel zugesagt, Und allerhandt Theufflische Zauberwerck Zu verderbung fruecht wein ecker unnd erden gewachs begangenn, unnd helffen auch bewilligenn, anderer seiner bekantnuß halbenn mit dem

feuwr vom leben zum Thodt gestraffen werden soll, wie er hiemit darzu verwießen unnd condempniertt wirdt, Dem Almachtigenn got die Seel in seine gnade unnd barmhertzighkeitt emphelendt.
Testes Domini Hultzbach Pretor, Enschringenn, Musiel, Pergner, Schroder, Fadh, Kilburg, Boitzhaym et Wolff.

Nach eroffnetter urthell hatt der her Schultheiß, Denn Stab gebrochenn, ist das gericht uffgestanden, unnd hatt der verurtheilter unnd mitt Ime Schultheiß unnd Scheffenn denn Hernn Statthalter umb gnade gepetten, welche auch Ime, Soviel die gerechttigkeitt zuliest, Zugesagt, Ist demnach dem nachrichtter befollenn, Zur Richtstatt, Daselbst Stranguliertt, Unnd der Corper Zu Eschenn verbrent wordenn, hatt denn thodt geduldig unnd Christlig erstandenn, Gott der Almachttig sey der Seelenn gnadig unnd Barmhertzig Amen.
Wilhelm von Biedborg, Stat Und gerichtsschreiber zu Trier.

Soweit der Schluß der Akten im Original.

Trotz der Vielzahl von Verstößen gegen zwingende Rechtsvorschriften (Suggestivfragen, unzulässige Zeugen, übermäßige Folter) erschien auch dieser Prozeß in der Öffentlichkeit nicht rechtswidrig, konnte er nicht erscheinen. Denn von dem Augenblick an, wo das Verfahren kontrollierbar wurde, legte das Gericht größten Wert auf eine ordnungsgemäße Verhandlung und vor allem auf die Einhaltung der Formalia. Nach den in der Urgicht gemachten Aussagen war das Gericht nach Artikel 109 der »Carolina« gezwungen, das Todesurteil zu verhängen. Peinlich genau wurde auf die formelle Rechtmäßigkeit des Urteils geachtet: Ankläger, Angeklagter, Tatbestand, Gründe und Tenor sind nebst Unterschrift aller Beteiligten verzeichnet.

Was damals – weil die Prozeßakten selbst geheim waren – nicht in die Öffentlichkeit drang: Nur drei der acht Schöffen haben überhaupt einmal an der Verhandlung gegen Fiedler teilgenommen. Der einzige Schöffe, der bei jedem Termin anwesend war, hatte an der Urteilsfindung nicht mitgewirkt.

Die im Fall Fiedler zutage getretenen Verstöße gegen die wenigen zum Schutz eines Angeklagten bestehenden Rechtsvorschriften waren die Regel.

Nur die wenigsten Beschuldigten wären sich ohne die an sie gerichteten Suggestivfragen überhaupt darüber im klaren gewesen, welche Aussagen das Gericht von ihnen erwartete. So aber trat eine ungewöhnliche Übereinstimmung auf, die sich in den Trierer Prozessen auf einen sonst nur selten feststellbaren Punkt konzentrierte.

Nach der Ursache ihrer Verführung befragt, erklärte ein Großteil der Verhörten übereinstimmend, dies sei auf Trübseligkeit und Schwermut zurückzuführen. Nikolaus Fiedler, kurz bevor er sein Geständnis ablegte:

> ... hab er in Betruebniß gangen und Unmuts voll gewesen.

Auch Flade:

> Wahr ist es, daß ich jetzt eine Zeit her viele Trübseligkeit erstanden.

Katharina Breit hatte dem Drängen des Teufels erst nachgegeben, nachdem sie unzufrieden und schwermütig geworden war. Bei Barbara Kirsch trat die Schwermut zum erstenmal auf, nachdem Soldaten ihr Haus geplündert hatten, Barbara Theisen war nach dem Tod ihres Kindes »in trawrigkeitt verfallen«. Im »Hexenhammer« tauchte dieses Motiv nicht auf, Binsfeld dagegen hatte es in seinem Traktat als eine der Hauptursachen für einen ersten Kontakt des Teufels mit den Menschen bezeichnet.

> Kein Theologe ist an unseren Hexenprozessen beteiligt, auch kein indirekter theologischer Einfluß ist nachweisbar.
>
> Nicht einmal auf die Schrift des Weihbischofs Binsfeld, der in seinem Buche de confessionibus wohlgemeinte Cautelen aufstellte, wird in irgend einem Prozesse Bezug genommen, selbst nicht stillschweigend.[1]

Eine solche Behauptung läßt sich bei genauerer Überprüfung nicht aufrechterhalten. Die in Prozeßprotokollen zahlreich existierenden, mit der deutschen Übersetzung des Traktats teilweise wörtlichen Übereinstimmungen können hier nicht alle aufgeführt werden.

Man kann davon ausgehen, daß Binsfelds Schrift gleich neben der »Carolina« auf dem Richtertisch lag, obwohl auch dieser »Prophet« in eigenen Landen nicht soviel galt wie anderswo, in Bayern zum Beispiel.

Als Herzog Wilhelm V. von der Universität Ingolstadt ein Gutachten über die Ausrottung der Hexen anforderte, rieten ihm die dortigen Juristen und Theologen seine Richter anzuweisen, den »Hexenhammer« und das »Tractatus de confessionibus« Binsfelds zu studieren.[2]

Ähnlich äußerte sich der »Fürstliche General Anwald« des Herzogs Johann Wilhelm von Jülich, Cleve und Berg in seiner »Anleitung oder Underweisung wie ein Richter in Criminal und peinlichen Sachen die Zauberer und Hexen belangendt sich zu verhalten«.

> ... deß ermeldten Herrn Binsfelds Lehr und decision mit gutem Gewissen folgen und brauchen mögen, und daß ein Richter neben der Halsgerichtsordnung ermeltes Buch fleissig überlesen, gebrauchen und darauf halten soll.[3]

15 Johann Weyer

Das Herzogtum von Jülich, Cleve und Berg war das Wirkungsgebiet Johann Weyers. Er war der erste, der sich den Thesen des »Hexenhammers« entgegenstellte und dessen Schrift »Über die Blendwerke der Dämonen« durchaus geeignet gewesen wäre, die Ausbreitung des Wahnes zu verhindern, wäre sie nicht von einem Mediziner, sondern von einem Juristen oder Theologen verfaßt worden.

Selbst die entschiedensten Gegner des Wahnes, die Weyers Thesen zum Teil mehr oder weniger wörtlich übernahmen, erwähnten oder zitierten ihn meist in einem geringschätzig-abwertenden Unterton. Christian Thomasius zum Beispiel, der kein Wort über die juristischen Absichten und Auswirkungen des Werkes verlor, bescheinigte Weyer lediglich, daß er,

> ob er gleich ein Medicus gewesen, dennoch Geheimnisse der Unbilligkeit, so bey denen Inquisitionibus vorgegangen, viel tiefer eingesehen[1]

habe als mancher Theologe.

Auch die »Väter« der Kursächsischen Kriminalordnung von 1572 mußten sich notgedrungen mit Weyer auseinandersetzen – immerhin lagen schon mehrere, auch erweiterte Auflagen vor, ebenso deutsche und französische Übersetzungen. Sie warfen Weyer vor, die Zauberei

> mehr für eine Melancholey dann für eine Übelthat[2]

zu halten. Aber – und ohne sich weiter mit dem Versuch einer Widerlegung aufzuhalten –:

> des Weiri Rationes sein nicht sehr wichtig, als der ein Medicus und nicht ein Jurist gewesen.

Eine zumindest nicht ganz glückliche Formulierung, erst recht, wenn man sie mit dem in der juristischen Argumentation so beliebten Umkehrschluß beantwortete.

Der Name Weyers ist bereits in Zusammenhang mit Agrippa von Nettesheim gefallen. Als Agrippa sich in Antwerpen aufhielt, hatte Theodor Weyer Kontakt zu ihm aufgenommen und ihm schließlich seinen gerade vierzehnjährigen Sohn Johann anvertraut. Ausschlaggebend für die Annahme Johann Weyers war wohl die Tatsache, daß er bereits die derzeit führende niederländische Lateinschule Johann H. Coolens in s'Hertogenbosh mit

Erfolg absolviert hatte.
Er folgte Agrippa nach Bonn, bereitete sich dort auf das Studium der Medizin vor und ließ sich nach Abschluß seiner Studien in Grave als frei praktizierender Arzt nieder, wurde aber schon nach kürzester Zeit Stadtarzt in Arnheim. Wenige Jahre später machte er auf der Karriereleiter einen weiteren großen Schritt nach oben, als ihn Herzog Wilhelm III. von Jülich, Cleve und Berg auf Veranlassung seines Kanzlers Konrad von Heresbach zum herzoglichen Leibarzt berief.
Diese Berufung an einen für damalige Verhältnisse in religiösen wie politischen Fragen ungewöhnlich toleranten Hof war ein großes Glück für Weyer. Heresbach etwa konnte es sich mit Billigung seines Fürsten erlauben, gleichzeitig enge Kontakte zu Erasmus von Rotterdam auf der einen und Philipp Melanchthon auf der anderen Seite zu halten.
Auch in der Hexenfrage, einem rechtspolitischen Problem ersten Ranges, das in den meisten anderen Ländern von offizieller Seite immer nur eindeutig für oder wider behandelt wurde, waren unterschiedliche Auffassungen möglich.

> Seit dreizehn Jahren habe ich an deinem Hofe die verschiedensten Meinungen über die Hexen aussprechen gehört[3],

schrieb Weyer im Vorwort seines Buches »De praestigiis daemonum et incantationibus ac veneficiis«. Übersetzer und Verleger machten daraus einen der üblichen Monumentaltitel.

> Von Teufelsgespenst, Zauberern und Giftbereytern, Schwartzkünstlern, Hexen und Unholden, darzu jrer Straff, auch von den Bezauberten, und wie ihnen zuhelfen sei, ordentlich und eigentlich mit sonderm fleiß in VI Bücher getheilet, darinnen gründlich und eigentlich dargethan, was von solchen jeder zeit disputiert und gehalten worden.

Es ist ungeklärt, wie weit Weyers Einfluß bei der Gestaltung des Titels reichte. Aus der Tatsache jedoch, daß der deutsche Titel die Tendenz des Werkes, nämlich gegen den Hexenwahn, nicht mehr erkennen ließ, kann man schließen, daß es sich um eine eigenmächtige Entscheidung des Frankfurter Druckers Nikolaus Basse gehandelt haben muß, getroffen wohl im Hinblick auf die Verkaufschancen des Werkes.
Denn in einer Zeit, die in größtem Ausmaß vom Hexenvirus und der Idee seiner Ausrottung befallen war, stand zu erwarten, daß der Markt für ein dagegen kämpferisch eingestelltes Werk nicht gerade gut sein würde.
Bevor die »Blendwerke der Dämonen« 1563 in Basel zum erstenmal erschienen, hatte sich Weyer in einem Schreiben an

Kaiser Ferdinand I. um ein Privilegium gegen Nachdruck bemüht – um ein befristetes Copyright.
Der Kaiser solle sich durch

> den alten von vielen Jahren her eingewurzelten Wahn nicht irr machen[4]

lassen, vielmehr anordnen, daß die in seinem Buch aufgeführten Ratschläge von den Gerichten beherzigt würden. Um es nicht wirkungslos bleiben zu lassen, mußte Weyer seine Schrift auch als Anleitungsbuch für die Richter verstanden wissen, denen er schwerwiegende Vorwürfe machte.
Bei den Strafprozessen gegen Zauberer und Hexen habe man es bisher

> unrichtig und verworren genug

gehalten. Auch den Vorwurf, unschuldiges Blut vergossen zu haben, brauchten Richter und Schöffen nicht mehr zu fürchten, wenn sie nur seinen Empfehlungen folgen wollten. Weyer vermied es, die Obrigkeiten ausdrücklich anzuklagen – ja er baute goldene Brücken. Der Hexenprozeß sei ein Werk des Teufels,

> des leidigen Satans Betrug und Täuscherei,

von ihm erfunden, um Unruhe in die Christenheit zu bringen, ein Mittel, seine Macht weiter auszudehnen.
Das geschickt formulierte Schreiben an den Kaiser verfehlte seine Wirkung nicht. Das Werk wurde

> mit Röm. Keys. Maiest. Freyheit / auff zehen Jahr nicht nachzudrucken / begnadet.

Die Anmerkung des Kaisers,

> daß das rühmliche Vorhaben nicht nur gebilligt und gelobt, sondern auch gefördert zu werden verdiene[5]

bedeutete einen zusätzlichen persönlichen Erfolg des Autors.
Drei Hauptursachen sieht Weyer als den Wahn erhaltend und befördernd an: das Schweigen der Theologen, die bei den Medizinern immer mehr um sich greifende Übung, alle nicht zu diagnostizierenden Krankheiten als angehext zu betrachten und die in Vorurteil und Tradition befangenen Juristen.

> Dieweil dann zu solchen gottlosen Wesen der Mehrteil der Theologi schweigen und durch die Finger sehen;
> die verkehrten Meinungen vom Ursprung der Krankheiten, auch gottloser abergläubischer Ableitung derselben, (was) die Medici leiden und gestatten;
> auch über das die Erfahrenen der Rechten ansehen, daß es ein alt Herkommen und deshalb ein ausgesprochene Sach ist ...
> ... und zu dem allem niemand, der aus Erbarmniß zu den armen Leutlin diesen verworrenen, schädlichen Handel zu offenbaren oder zum wenigsten zu verbessern sich underwinden wölle.[6]

Trotz seiner damals revolutionären Vorschläge war es Weyer nicht gelungen, seine eigene Gedankenwelt von abergläubischen Vorstellungen zu befreien. Er glaubte die Hexen verteidigen zu müssen, weil der Teufel sich diesen

> Weibsbildern, betagten Alters, ihrer Sinnen auch nicht aller Dinge bei ihnen selber, als ganz subtiler Geist[7]

einschleiche und ihre Einbildung und Phantasie dermaßen anrege, daß sie davon überzeugt seien

> allerlei Unglück, Schaden und Verderben anderer Leute selbst verursacht zu haben.

Leibhaftige Erscheinungen des Teufels waren für ihn ebenso eine Selbstverständlichkeit wie die Teufelspakte, die der Satan mit Magiern und Schwarzkünstlern schloß. Auf solche Leute, allen voran den Dr. Johann Faustus, war er alles andere als gut zu sprechen; man solle sie

> im Rauch gen Himmel schicken[8],

den Hexen gegenüber aber Milde zeigen und mit dem

> Auge der Vernunft die trügerischen Täuschungen der Dämonen

entlarven. Und in einem Punkt stimmte er sogar mit Sprenger und Institoris überein. Die besondere Leichtgläubigkeit der Frauen biete dem Teufel einen besten Ansatzpunkt, sie für sich zu gewinnen, sie durch Erweckung von Neid, Haß und Habgier zu verhexen. Ebenso wie die Verfasser des »Hexenhammers« stützte er sich auf Aussprüche von Kirchenvätern und Philosophen der Antike, wobei nicht einmal die zweifelnde Aussage Platos fehlte, der sich nicht sicher war, ob die Frau den vernunftbegabten Wesen oder den Tieren zuzurechnen sei. Für

> unhöflich genug[9]

hielt Weyer ein solches Bedenken, was ihn aber nicht daran hinderte, es selbst zu verwerten.

Ob all dies seine tatsächliche Überzeugung war, oder ob es sich nur um ein taktisches Zugeständnis handelte, um von diesem Ausgangspunkt die gegenteiligen Thesen um so besser beweisen zu können, läßt sich nachträglich nicht mehr mit Sicherheit feststellen. Für die zweite Überlegung spricht jedenfalls der unmittelbar darauffolgende Schluß Weyers: gerade wegen der Verführungsanfälligkeit

> der halbverkindeten alten Weiber[10]

dürften diese nicht mit Härte, sondern müßten milde und nachsichtig behandelt werden. Statt des Scheiterhaufens die Bibel, christliche Unterweisung, mit deren Hilfe sie aus der Macht des Teufels gerissen würden.

Johann Weyer widmete das Werk

allen, denen das Schwert gegeben vom König der Könige[11].

So sehr war er von der Richtigkeit seiner Ansichten überzeugt, daß er seine Gegner förmlich herausforderte, ihn zu widerlegen.

Die Blendwerke der Dämonen, womit der Satan die Augen der Menschen in dichte Finsternis gehüllt hat, haben einen stinkenden Schandfleck über das christliche Europa gebracht, den tollsten Irrtum der Menschen, (haben) zum häufigsten Morde Unschuldiger und zur wahrlich nicht leichten Gewissenswunde der Obrigkeiten (geführt).

Sollte meine Schrift nicht euern Beifall finden, dann will ich sie verdienterweise und schleunigst durch Widerrufe unterdrücken, überwältigt durch stärkere Beweiskraft.

Sollte sie aber durch euer Urteil befestigt werden . . . wird spärlicher fließen das Blut unschuldiger Menschen, fester stehen die Schranken der öffentlichen Ruhe, die Herrschaft des Teufels wird mehr und mehr zusammensinken und das Reich Christi weiter und weiter sich ausdehnen.[12]

Hinsichtlich dieser letzten Prophezeiung waren einige Leute entschieden anderer Ansicht, für sie war Weyer nichts anderes als der Wegbereiter der Teufelsherrschaft.

So z. B. für den Marburger Philosophieprofessor Wilhelm Adolf Scribonius, der in seiner Schrift »Von der Natur und Gewalt der Hexen, von ihrer Aufspürung und Bestrafung« ein gegen Weyer gerichtetes Glaubensbekenntnis ablegte.

Ja, ich glaube, daß Weyer in alle Verhältnisse der Hexen eingeweiht, daß er ihr Genosse und Mitschuldiger gewesen, daß er, selbst ein Zauberer und Giftmischer, die übrigen Zauberer und Giftmischer verteidigt hat.

Oh wäre solch ein Mensch doch nie geboren, oder hätte er wenigstens nie etwas geschrieben, statt daß er nun mit seinen Büchern so vielen Menschen Gelegenheit zu sündigen und des Satans Reich zu mehren gibt.[13]

Für den französischen Juristen und Politiker Jean Bodin – der dem Werk Weyers eine dermaßen große Bedeutung beimaß, daß er es in einem eigenen Anhang zu seiner »Daemonomania« zu widerlegen suchte – war der niederländische Arzt ein Mann, dem

Gott den Verstand verrückt

habe. Dieses

nach Art und Stil des Teufels

geschriebene Buch sei nur dazu angetan, das Reich des Teufels auf der Erde zu vergrößern.

Daß dem Weyer zu End seines Buches der Kopf vor Zorn dermaßen erhitzigt, daß er die Richter greuliche Nachrichter und Henker schilt, gibt wahrlich große Vermutung, er besorge sehr, es möchte etwan ein Zauberer oder Hexenmeister zu viel schwätzen, und tut eben wie die kleinen Kinder, welche vor Forcht des Nachts singen.[14]

Der dritte im Bunde – und damit sei die Reihe seiner Gegner gleich zu Beginn wieder abgebrochen – war Martin Delrio. Er vertrat die These, Weyer sei das Ausführungsorgan des Teufels auf der Erde, mit dem größten Nachdruck. Wie ihm aus gewöhnlich gut unterrichteter Quelle zu Ohren gekommen sei, habe der Satan erst kürzlich die Teilnehmer eines Hexensabbats beruhigen können.

Seid alle getrost, denn es werden nicht viele Jahre vergehen, so triumphiert ihr über alle Christen, weil es mit dem Teufel vortrefflich steht durch die Bemühungen Weyers und seiner Jünger, die sich gegen die Inquisitoren mit der Behauptung aufwerfen, daß dies alles nur törichte Einbildung sei.

Das Herzogtum von Jülich, Cleve und Berg war eine der wenigen, wenn nicht die einzige deutsche Herrschaft, in denen ein Buch wie die »Blendwerke der Dämonen« entstehen konnte.

Nicht wie andere ziehst du verwirrte arme alte Weiber zu schweren Strafen heran[15],

lobte Weyer seinen Fürsten. Während der mehr als fünfzig Jahre andauernden Regentschaft Wilhelms III. (1539–1592) kam es in seinem Gebiet nur ganz vereinzelt zu Verfahren, deren Anklagen sich ausschließlich auf den Hexereitatbestand stützten. Wenn der Begriff der Hexe einmal in den Akten auftauchte, so meist in Verbindung mit einer auch für sich allein genommen strafbaren Handlung, oft mit Giftmischerei oder Brandstiftung. Eine Verurteilung erfolgte nur, wenn das Vorliegen der Tatbestandsmerkmale nachgewiesen worden war.

Du forderst den Beweis und nur wenn sie wirklich Gift gegeben haben zum Morde der Menschen und Tiere, läßt du den Vorschriften der Gesetze freien Lauf.

Johann Weyer hatte allen Grund, diesen an sich selbstverständlichen juristischen Vorgang derart hervorzuheben. Denn der unverhältnismäßig hohe Anteil der Hexerei- und Zauberprozesse und die Ausbildung dieses Deliktes zum Sonderverbrechen hatten es vielerorts zur Gewohnheit werden lassen, die nur schwer nachweisbaren Verbrechen unter dem Oberbegriff der »Hexerei« mitzuverhandeln – eine unzulässige Ausweitung des Anwendungsbereichs einer vereinfachten Beweisregelung.
Jeder Hexenrichter, der sein Gebiet betrete, müsse damit rechnen, in einen leinenen Sack gesteckt und ertränkt zu werden, soll Herzog Wilhelm III. verfügt haben.[16] Nachweisbar ist ein sol-

cher Ausspruch gegen die Überbringer geistlicher Mandate und Bannbriefe gefallen.[17] Ob die spätere Ausdehnung auf die Hexenrichter tatsächlich erfolgte oder nicht, Wilhelm III. erließ jedenfalls eine ganze Reihe von Verordnungen, die eine entsprechende Aussage glaubhaft erscheinen lassen.

Aus der Jülich-Bergischen Polizeiordnung des Jahres 1554 blieben Zauberei und Hexerei trotz der kurz zuvor in Kraft getretenen »Carolina«-Bestimmungen vollständig ausgeklammert. Auch seine Nachfolger stimmten hinsichtlich der Hexenfrage mit ihm und Weyer, wenn man das Verdienst an dieser Haltung zum Ausdruck bringen wollte, müßte man wohl sagen mit Weyer und ihm, überein. Johann Wilhelm veranlaßte die endgültige Aufhebung der Wasserprobe, Wolfgang Wilhelm entzog den ländlichen Untergerichten die Kompetenz der Hexengerichtsbarkeit, die künftig ausschließlich dem landesfürstlichen Oberhof vorbehalten sein sollte.

Die dortigen Richter und Räte nun stellten den Prozeß unter den Grundsatz »im Zweifel für den Angeklagten«, waren zurückhaltend in der Anwendung der Folter und überprüften schließlich etwaige Urgichten der Angeklagten noch einmal ausführlich darauf, ob die beschriebenen Vorgänge sich überhaupt in dieser Form hatten abspielen können.

Kein Wunder, daß sich nach kürzester Zeit die Stände von Jülich-Berg bei Wolfgang Wilhelm über das ihrer Ansicht nach zu laxe Verfahren des Gerichts beschwerten:

> . . . dass in diesen Landen das vor Gott und der Welt abscheuliche Laster der Zauberei zumahl eingerissen und überhand genommen.
>
> Zwar hat man an etlichen Orten zu dessen Ausrottung einen Anfang gemacht, aber damit schleunig nit fortfahren können, sintemalen vor Eröffnung des Urteils hieselbst bei der Kantzeleien erst Abschied muß eingeholt und die Boten oftmals gar langsam oder auch zu Zeiten mit einem recepisse abgefertigt werden.

Da oft mehrere Monate bis zu einer endgültigen Entscheidung vergingen, sei es bereits mehrfach vorgekommen, daß Angeklagte ihre Geständnisse widerrufen hätten. Die Stände baten um

> anderweitige gnädige Verordnung,

daß in Hexensachen ebenso wie

> im Erzstift Köln . . . nach beschriebenen Rechten am schleunigsten procedirt und verfahren werden möge.

Dies auch im Hinblick darauf, daß

> die Einhaftirten mit schweren Uncosten[18]

belastet würden.
Der Bitte der Stände lag im wesentlichen eine Schrift zugrunde, die »Anleitung in Criminal Sachen die Zauberer und Hexen belangend« des Fürstlich Bergischen Generalanwalts Diederich Gramineus. Auch Gramineus war der Auffassung, daß die nachlässige Haltung der Herzöge von Jülich-Cleve-Berg in der Hexenfrage nach dem Tode Wilhelms III. ein Ende haben müsse. Um

> Uncosten zu vermeiden, setzen und ordnen wir, daß in allen peinlichen Sachen den Rechten schleuniglich nachgegangen, verholfen und gefährlich nit verzogen werde[19].

Doch auch Wolfgang Wilhelm behielt das vorsichtige Verfahren seiner Vorgänger bei. Nach Rücksprache mit seinen Statthaltern und Räten kam der Herzog zur Überzeugung, daß

> gegen die Unholden allemal der Gebühr verfahren[20].

Die Stände mußten sich mit einer diplomatisch formulierten Absage zufriedengeben.

> Ihre Fürstliche Durchlaucht sein desswegen und sonsten in nachdenken, wie ein beständiger Modus gefunden werden möge, unter Umständen schleuniger zu verfahren.

Drei Jahre waren »ihre Fürstl. Dchlt. in nachdenken« begriffen, ehe sich dann letzten Endes doch nichts änderte. Der Herzog verwies die Wahrsager und Zeichendeuter aus dem Land und verbot seinen Untertanen, solche Personen bei Krankheiten oder Viehseuchen zu Rate zu ziehen.
Von einer Beschleunigung der Prozesse war keine Rede mehr. Die Schrift, die Gramineus

> in Underthenigkeit und zun Ehren

seines Fürsten Johann Wilhelm verfaßt hatte, war also weder bei diesem noch bei seinem Nachfolger auf besonderes Interesse gestoßen. Die Nachwirkungen Weyers waren wohl doch zu stark, und auch Gramineus konnte sich den Überlegungen des herzoglichen Leibarztes nicht in allen Punkten entziehen.
Obgleich sein Werk hinsichtlich der entscheidenden Ausführungen als »gemäßigter Binsfeld« charakterisiert werden könnte, stufte er die »Blendwerke der Dämonen« als

> einen ansehenlichen Tractat[21]

ein.
Gramineus empfiehlt einen mäßigen Gebrauch der Folter. Es sei

> gantz und gar tyrannisch und unmenschlich und

erfolge nur aus

> Unbescheidenheit fürwitziger Malefiz- und Blut Richter,

wenn die Angeklagten

> mit mancherlei Rüstungen und Dingen, als zum Hals eingeschütteltem Wasser, Essig, Oely, ja noch dazu auch mit brennendem Pech und andere dem Leib angelegte Marter[22]

gefoltert würden. Während eine Großzahl von Autoren einen Widerruf der Hexe als zusätzliches Delikt ansahen und deshalb mit dem Verlust der Begünstigung des Gnadenzettels beantwortet wissen wollten, gestand Gramineus einem Angeklagten das Recht zu, ein irrtümlich gemachtes Geständnis zu widerrufen. Allerdings auch nicht bedingungslos; in einem solchen Fall erfolgte die Umkehrung der Beweislast.
Das Gericht war nun nicht gezwungen, einen erneuten anderen Schuldbeweis zu führen, sondern der Angeklagte hatte die Gründe, die zum Entstehen seines Irrtums geführt hatten, schlüssig darzulegen. Wenn

> solche Bekenntnis aus Irrsall getan, alsdann mag der Richter denselben Gefangenen zu Ausführung und Beweisung solches Irrsalls zulassen[23].

Den objektiven Nachweis eines derart subjektiv geprägten Vorganges zu erbringen war in der Praxis ohnehin schon fast unmöglich. Dennoch handelte es sich bei dieser grundsätzlich als Verfahrenserleichterung zugunsten des Angeklagten konzipierten Norm nur um eine »Kann«-Bestimmung; es stand im Ermessen des Richters, ob überhaupt und wenn ja, welcher Angeklagte zum Versuch dieses Beweises zugelassen wurde.
Eine geringe Hilfe mochte es bedeuten, wenn Gramineus lehrte,

> Advocaten zu haben, seine defension zu thun ist nit zu verweigern[24].

Die Zulassung der Verteidigung und des Widerrufs, die Zurückhaltung in der Anwendung der Folter, das Eintreten gegen die Suggestivfragen, dies alles machte die Schrift von Gramineus zu einem der wenigen abwägenden Werke der Hexenliteratur.
Dabei fiel dann gar nicht mehr so entscheidend ins Gewicht, daß sie grundsätzlich mit dem »Hexenhammer« und Binsfelds »Tractat vom Bekenntnis der Hexen« auf einer Linie lag. Schon ein Blick auf das Inhaltsverzeichnis machte das deutlich. Fünf Sechstel des Umfanges sind dem Gang des Verfahrens im Offizialprozeß gewidmet, wenige Seiten nur dem Anklageverfahren deutscher Prägung.
Was es Weyer wesentlich erleichterte, den eingespielten Gang der Hexenprozesse so rigoros anzugreifen, war die Tatsache, daß er diesen Angriff mit den Methoden seiner Disziplin führte. Nicht die theologische Dogmatik, nicht die Prozeßgrundsätze, sondern den Menschen stellte er in den Mittelpunkt seiner

Ausführungen.
Für ihn war das eine Erleichterung, für die Verbreitung und Durchsetzungskraft seiner Ideen ein Hemmschuh. Denn von der Natur der Sache her war für Johann Weyer eine Auseinandersetzung mit den juristischen und theologischen Grundlagen des Hexenwesens unumgänglich.
Seine Kritiker, und das waren fast ausschließlich die Wissenschaftler dieser beiden Fakultäten, machten es sich einfach. Sie griffen jeweils die Voraussetzungen an, die Weyer aus ihrem Spezialgebiet entlehnt hatte und vermieden es tunlichst, sich mit dem medizinisch-psychologischen Teil, dem Hauptteil der Arbeit also, zu befassen.
Ohne auf die Kernpunkte seines Buches eingehen zu müssen, kamen sie zu dem Ergebnis, die Schrift Weyers sei in ihrer Gesamtheit unbrauchbar, da der Autor von falschen theoretischen Voraussetzungen ausgehe.
Weyer etwa berief sich auf den »Canon Episcopi« und legte ein Hauptaugenmerk auf die »Carolina«-Bestimmungen, um ein zumindest formalgerechtes Verfahren zu gewährleisten.
So war es rechtswidrig, eine der Zauberei oder Wahrsagerei verdächtige Person ohne ausreichende Indizien über diesen Vorwurf peinlich zu befragen. Für den Fall, daß dies doch einmal geschehen sollte, sah die »Carolina« in Artikel 20 vor, daß Obrigkeit und Richter,

> dem so also wider Recht, ohne die bewiesene Anzeigung gemartert wäre, seiner Schmach, Schmerzen, Kosten und Schaden, der gebührenden Ersetzung zu tun schuldig sein.

Soweit die normierte Idealvorstellung. Wie aber sah die Wirklichkeit aus?

> Ganz anders geht man heutzutage mit den Angeklagten um.
> Lediglich auf eine boshafte Anklage oder einen falschen und unvernünftigen Verdacht des dummen rohen Pöbels lassen die Richter die armen alten Weiber, welche vom Teufel verwirrt oder besessen sind, in die Gefängnisse, jene schrecklichen Räuberhöhlen, werfen und alsbald auf der Folter in unaussprechlichen Qualen durch den Henker befragen.
> Ob sie wollen oder nicht, ob sie noch so unschuldig sind, sie kommen nicht los aus der blutigen Zerfleischung, bis sie ein Bekenntnis abgelegt haben.

Die entscheidendsten praktischen Auswirkungen hatte Weyers Versuch, den Hexereibegriff möglichst weit einzuengen. Bisher hatte man Zauberer und Schwarzkünstler, Hexen und Giftmischer, Besessene und Melancholiker, Wahrsager, Traumdeuter und Gaukler unterschiedslos nach den vereinfachten Verfah-

rensregeln des Sonderverbrechens der Hexerei verurteilt.
Das konnte nur geschehen, weil man die alttestamentarischen und römischen Rechtsvorschriften in unzulässiger Weise ausgedehnt hatte, wobei zum Teil allerdings auch ganz einfach Übersetzungsfehler dafür verantwortlich waren.
Soweit es die Schwarzkunst, die Giftmischerei und die Fälle der nachweisbaren Schadenzauberei anging, war Weyer von der Notwendigkeit der Todesstrafe überzeugt. Dieses »Allheilmittel« aber auch auf Besessene und Melancholiker – und, diesen oft gleichgesetzt, die Hexen – anwenden zu wollen, hielt er schlicht für rechtswidrig.
Eine theologische Begründung seines Standpunktes schloß sich an. Es sei eine unzulässige Überbewertung des Teufels und Ausdruck einer Geringschätzung Gottes, wenn man es für möglich halte, daß der Satan diesen kranken Menschen die Macht vermitteln könne, über Leben und Tod zu entscheiden, den Gang der Natur zu beeinflussen.

> Der Teufel kann keinem seine Macht mitteilen und eingiessen jemandes damit krank zu machen oder zu stärken, dies oder jenes zu tun über die menschliche Natur, wie Christus seinen Jüngern Kraft eingab Krankheiten zu heilen und dem Gifte seine Wirkung zu nehmen.
> Denn was der Teufel nicht hat, kann er eim andern nicht mitteilen[25],

brachte Augustin Lerchheimer diesen Gedanken Weyers auf eine Kurzformel. Wenn schon die Wundertaten der großen Magier nichts anderes seien als Vorspiegelung und Verblendung, wie sollten dann diese

> wahnwitzigen, vom bösen Geist gefalzten Mütterlein, welchen der Dachstuhl verrückt ist[26]

tatsächliche Wunder bewirken können.
In einer Zeit, die beherrscht war vom Glauben an die Allgegenwärtigkeit des Teufels und seiner Dämonen, war es nahezu unmöglich, solche Gedankengänge einem breiten Publikum zugänglich zu machen. Dieser Versuch war zudem gleich wieder von zwei Seiten blockiert.
Einerseits konnte es sich kein Autor leisten, einen gewissen abergläubischen Grundpegel zu unterschreiten, ohne in den Ruf eines Phantasten zu gelangen und so seinem Werk selbst alle Wirkung zu verbauen. Zum anderen wurden diese Versuche von Männern unternommen, die – wie ja auch Weyer und Lerchheimer – in den Vorurteilen, die sie bekämpfen wollten, in erheblichem Maße selbst noch befangen waren.
Wie sich diese Schwierigkeiten in der konkreten Problematik

äußerten und welche Kompromisse notgedrungen geschlossen werden mußten, sei an einem der Hauptanliegen Weyers kurz aufgezeigt.
Sein Ziel war es, die Geistes- und Nervenkranken aus dem Kreis der Hexen auszusondern. Mit der Behauptung, diese Menschen seien *nicht* vom Teufel besessen, hätte Weyer die Grenze zur Phantasterei überschritten.
Aber auch er sah die Erklärung für die zeitweiligen Anfälle im Eingreifen des Teufels.

> Wie die Besessenen Stärke haben, daß sie Ketten und Fessel zerreißen, können ihrer etliche, die nie keinen Buchstaben gelernet mit den Gelehrten aus der Schrift disputieren, solange der Dämon in ihnen ist – und nicht länger.[27]

Die Fronten waren also schon abgesteckt.
Besondere zerstörende wie auch aufbauend-erhaltende Kräfte seien den Besessenen nur während der kurzzeitigen, durch die Anwesenheit des Teufels hervorgerufenen Anfälle gegeben. Ansonsten seien diese Menschen genauso normal und harmlos wie jeder andere auch. Wenn dem aber so sei, könnten die Besessenen für die Taten, die der Dämon durch sie begehe, nicht zur Verantwortung gezogen werden.
Völlig neue Wege ging Weyer in der Behandlung der Besessenen. Keine aufwendigen, erregenden Exorzismusrituale mehr, die in vielen Fällen nur das Gegenteil von dem hervorriefen, was sie bewirken sollten, nämlich noch stärkere Anfälle der Patienten. Statt dessen Isolierung der Kranken, Gespräche zwischen Arzt und Patient, Wiederherstellung des Glaubens an die Macht Gottes.
Die wichtigste Forderung: die Behandlung sollte aus der Hand der Mönche in die des Arztes übergehen.

> Die Mönche rühmen sich der Arznei, deren sie sich aber verstehen wie die Kuh des Sackpfeifens.
> Sie überreden die unverständigen Leute, daß eine Krankheit von Zauberern komme.
> Hierdurch hängen sie manchen unschuldigen, gottesfürchtigen Matronen ein solch Schlötterlein an, das weder ihr noch ihren Nachkommen der Rhein zu ewigen Zeiten nimmermehr abwäscht.[28]

Eine Verwirklichung dieses Ziels scheiterte in den meisten Fällen an den Widerständen der Bevölkerung.
Zur Heilung der, wie man meinte, vom Teufel angehexten Krankheiten – und das bezog sich nicht nur auf die Besessenheit – sah man einen Theologen als kompetenter an. War der Teufel erst einmal besiegt oder die Behexung durch ein kirchliches

Gegenmittel ausgeschaltet, war auch das Verschwinden der Erkrankung nur noch eine Frage der Zeit.
Weihwasserkuren mit innerlicher und äußerlicher Anwendung waren ein oft »verschriebenes« Vorbeugungs- und Heilmittel, ebenso das Schlucken von Heiligenbildchen, von geweihtem Salz oder Wachs.
Der Mönch Jakob Vallick beschreibt die Heilung einer Scheinschwangerschaft. Von dem Erfolg seiner Heilmethode und deren Begleitumständen war er offensichtlich so beeindruckt, daß er nicht umhin konnte, den Vorgang in einem kleinen Traktat der Öffentlichkeit mitzuteilen.

> Vor etlich Jahren ist einem Weibe das Bäuchlein dermaßen aufgegangen, daß Jedermann, sie gehe schwanger, gänzlich vermeinet habe.
> Und dieweil sie guter Hoffnung, sie würde noch vor Fastnacht des Kinds genesen und solches aber nicht beschehen, hatte sie bei mir Rath und Hülf gesucht.
> Da hab ich ihr einen Trunk gegeben, dadurch bei meinem geschworenen Eid zwo Kannen Kirschenstein, die zum Theil schon angefangen zu grünen, zum Theil einen Finger lang aufgeschossen, von ihr getrieben habe.

Kommentierte Weyer:

> Es wird dieser Kauz die Anatomica etwan nicht gut gestudirt haben.
> Denn daß es eine lange, breite, dicke Lüge sey, mag ein Jeder dabei wohl leichtlich abnehmen.

Damit hatte er sicher recht, daß er allerdings dann dem Autor noch dessen mangelnde Kenntnisse der lateinischen Sprache zum Vorwurf machte, war auch nicht gerade die feine Art.

> Er hat kürzlich ein erlogen, erdichtet Gespräch im Druck verfertigt – doch allein in deutscher Zungen.
> Denn vielleicht das Latein um das liebe Herrlein ziemlich theuer ist gewesen.[29]

Während es in der wissenschaftlichen Auseinandersetzung inzwischen üblich geworden ist, die Person nur oder erst dann anzugreifen, wenn Argumente nicht oder nicht mehr vorhanden sind, arbeiteten die Autoren des 16. und 17. Jahrhunderts mit einer Doppelstrategie.
Erst wenn die Person des Gegners in höchstem Maße diskreditiert war, folgte ganz nebenbei noch die Bemerkung, daß dessen Thesen und »rationes« ohnehin falsch seien.
Dennoch, gegen das, was ihm an Verleumdungen und Beschimpfungen durch Bodin, Fischart, Scribonius und viele andere noch bevorstand, war Weyers Kritik an Jakob Vallick ausgesprochen zurückhaltend.
Weiterer Stein des Anstoßes für den niederländischen Arzt war

die oft übermäßige Anwendung der Folter und, schlimmer noch, das Verhalten der Richter, die einem abgefolterten Geständnis stets vollen Glauben entgegenbrachten, unabhängig davon, wie es um die Wahrscheinlichkeit, meist jedoch Unmöglichkeit des eingestandenen Vorganges bestellt war.
Ein Beispiel teilte er mit. Die Fischer zweier benachbarter Küstenorte waren zusammen zum Heringsfang ausgefahren.

> Als dann erstere mit reichem Fang heimkamen, die Netze der letzteren dagegen voller Steine waren, beschuldigten sie dieses ihres Unfalls sofort ein an Bord befindliches Weib.

Dieser Sachverhalt bot nach Ansicht der Richter ausreichende Indizien zur Anwendung der Folter. In der Folter

> gestand das Weib auch gleich ein, in den Schalen einer Miesmuschel in das Meer hinabgetaucht zu sein, durch ihre Zauberkünste die Heringe verjagt und statt ihrer Steine in die Netze geworfen zu haben.[30]

Von der Richtigkeit der Aussage überzeugt, denn welcher Angeklagte würde sich selbst zu Unrecht beschuldigen, verkündete das Gericht das Todesurteil. Es wurde vollstreckt.

Bereits im 15. Jahrhundert hatten verschiedene Inquisitoren damit begonnen, die Besessenheit der Hexerei anzunähern. Eine endgültige, vor allem aber eine eindeutige Entscheidung über das Verhältnis dieser beiden Zustände hatte noch nicht getroffen werden können; dafür fand sich eine zu große Zahl von Beispielen, in denen ein Dämon oder gar der Teufel selbst von frommen Männern und Frauen Besitz ergriffen hatte.
Um dies zu rechtfertigen – denn den Hexen und Zauberern wollte man diesen Personenkreis natürlich nicht zurechnen – sahen sich Sprenger und Institoris dazu gezwungen, eine sehr weitgehende Liste von Gründen aufzustellen, die geeignet waren (bzw. sein sollten), Besessenheit hervorzurufen.

> Bisweilen ist jemand besessen wegen seines eigenen größeren Verdienstes.
> Bisweilen wegen eines fremden leichten Vergehens.
> Bisweilen wegen seiner eigenen verzeihlichen Sünde.
> Bisweilen wegen einer schweren fremden Sünde.
> Bisweilen wegen einer eigenen großen Tat.

Damit waren die Voraussetzungen geschaffen, einen Besessenen je nach Bedarf zum Heiligen oder zur Hexe zu stempeln. Gleichzeitig bot eine solche Einteilung aber auch breite Angriffsflächen. Ganz entgegen ihrer sonstigen Gewohnheit waren die entscheidungsfreudigen Verfasser des »Hexenhammers« gezwungen, unentschiedene Ausführungen zu machen.

Nachdem Johann Weyer einige spektakuläre Heilerfolge nach seiner neuen Methode geglückt waren, hatte er verhältnismäßig leichtes Spiel, auch in Kreisen des Klerus als Autorität auf dem Gebiet der Besessenenheilung anerkannt zu werden.
»Rat und Bedenken« war der Titel einer kleinen Schrift Weyers über das Besessenenwesen, angefertigt für das Kloster Nazareth in Köln.
Nach den hier niedergelegten Grundsätzen dämmte er Besessenheitsepidemien in verschiedenen Frauenklöstern ein, unter anderem in Weert, Xanten und Nijmegen. Oft bewirkte allein schon die kurzzeitige Rückführung der unter hysterischen Anfällen leidenden Nonnen in ihre Familien den gewünschten Erfolg. Nach Weyer hatte jedenfalls die oft durchgeführte Gleichstellung von Besessenen und Geisteskranken mit den Hexen generell ein Ende.

16 Die wissenschaftliche Auseinandersetzung nach Weyer

16.1 Johann Ewich

Eine weitere Ausgabe der »Blendwerke der Dämonen« erschien 1567, gewidmet dem bremischen Rat, und aus der Hansestadt kam auch das erste positive Echo auf Weyers Schrift. Der Arzt Johann Ewich beglückwünschte Weyer zu seinem entschiedenen Auftreten – zunächst allerdings nur in einem persönlichen Schreiben vom Juni 1563. Schließlich, gut zwanzig Jahre später, trat Ewich auch öffentlich auf die Seite des herzoglichen Leibarztes, seines Freundes. Trotz der Übersiedlung Ewichs von Duisburg nach Bremen waren die Kontakte aufrechterhalten worden.

»Von der Hexen Natur, Kunst, Macht und Taten« wollte Ewich berichten, und schon der programmatische Titel machte deutlich, daß die Unterstützung Weyers in zumindest einigen Punkten nur halbherzig sein würde.

So war es denn auch. Wo Weyer in scharfen Worten zur Beendigung eines rechtswidrigen Verfahrens aufgerufen hatte, brachte Ewich in vorsichtigen Formulierungen zum Ausdruck, daß eine unterschiedslose Bestrafung aller Angeklagten unter Umständen nicht ganz das richtige sei.

> Man soll bisweilen eine ernste Strafe wider die Hexen verhängen, wie auch gegen lästerliche Ketzer, jedoch nach Gelegenheit der Untat, des Alters und nach anderen Umständen.[1]

Aber man mußte die Lage Ewichs verstehen. In seiner Stellung als Stadtphysikus und Magister und auf die beiden ohnehin nicht hohen Gehälter angewiesen, konnte man von ihm ein rückhaltloses Eintreten für die Thesen Weyers nicht erwarten. In einer Stadt, in der Hexen verurteilt wurden, konnte es sich ein städtischer Beamter schon gar nicht erlauben, die Hexen öffentlich zu verteidigen, ohne selbst innerhalb kürzester Zeit in den Ruf eines Hexenmeisters zu geraten. Daher also Ewichs Vorsicht. Aber jede auch noch so geringe Unterstützung war willkommen, zumal in einer Zeit, in der die Gesetzgeber nun daran gingen, die Tatbestandsschwelle der Zaubereivorschriften noch weiter nach unten zu drücken.

Nach Artikel 109 der peinlichen Gerichtsordnung Karls V. sollte die Todesstrafe nur in den Fällen verhängt werden, in denen das Gericht den Nachweis geführt hatte, daß ein bestimmter Schaden durch eine bestimmte Zauberhandlung kausal verursacht worden war.

Die kursächsischen Konstitutionen, eine Kriminalordnung aus dem Jahre 1572, ließ die bisher entscheidende Urteilsvoraussetzung, die Schadenzauberei, unter den Tisch fallen. Verfassungsrechtlich war das völlig in Ordnung, denn 1532 hatte man auf dem Reichstag in Regensburg zusammen mit der »Constitutio Criminalis Carolina« eine Klausel verabschiedet, die die Eigenständigkeit der verschiedenen Landesherren im Hinblick auch auf die Strafgesetzgebung gewährleisten sollte.

Trotz dieser salvatorischen Klausel waren sowohl der Kaiser als auch die einflußreichsten deutschen Fürsten davon ausgegangen, daß man mit der »Carolina« etwas Grundsätzliches geschaffen hatte, daß einzelstaatliche Gesetzesinitiativen nur den Sinn haben sollten, die »Carolina«-Bestimmungen zu verdeutlichen. Auf diese Art etwa konnten auch regionale Eigenheiten gesetzlich erfaßt werden, deren Berücksichtigung den Rahmen eines Reichsgesetzes gesprengt hätte.

Noch ein anderer Punkt sprach ursprünglich für die Zulässigkeit dieser Annahme. Alle Seiten waren sich darüber im klaren, daß Berufungen vor dem Reichskammergericht grundsätzlich nur nach den reichsgesetzlichen Vorschriften verhandelt werden würden. Aber auch in dieser Hinsicht hatten sich die starken Reichsfürsten gegen einen schwachen Kaiser abgesichert.

Für gewisse Streitigkeiten hatte der Kaiser das »privilegium de non appellando« gewähren müssen, ein Vorrecht, nach dem die Zuständigkeit des Reichskammergerichts als Berufungsinstanz ausgeschlossen war oder werden konnte.

Eine sinngemäße Anwendung der »Carolina«-Vorschriften beachtete die Rechte und Verteidigungsmöglichkeiten in ausreichendem Maße. Die sächsischen Konstitutionen verkehrten diese Fairneß in ihr Gegenteil.

> So jemand in Vergessung seines christlichen Glaubens mit dem Teufel ein Verbündnis aufrichtet, umgehet oder zu schaffen hat, daß dieselbige Person, *ob sie gleich mit Zauberey niemand Schaden zugefüget* mit dem Feuer vom Leben zum Tode gerichtet und gestraft werden soll.

Von dem Entstehungsprozeß dieses Gesetzeswerkes kann man sich ein recht genaues Bild machen, da auch die Motive im Druck erschienen.

Weyers Bedenken wurden in einem Nebensatz beiseitegefegt, schließlich, so der Tenor, könne man sich nicht mit den Phantastereien jedes Mediziners auseinandersetzen, wo es um juristische Probleme, um Staatsgeschäfte gehe.[2]

So ist es ein geringes Fundament, wenn er meint, die Weiber werden nicht leiblich zum Tanz und Teufelsgespenste geführt, da doch das Widerspiel durch Grillandum mit Exempeln und besseren Gründen ausgeführt wird.

Mit der Berufung auf Paulus Grillandus hatte man sich eines Gewährsmannes versichert, der den Weyer bei weitem aufwog, der es überflüssig machte, sich mit dem Medicus überhaupt noch auseinanderzusetzen. Schon sein Doppelstudium der Juristerei und Theologie machte Grillandus automatisch zu einer Kapazität in Fragen der Hexerei und Zauberei.

Daß die Gesetzesmaterialien der Öffentlichkeit zugänglich gemacht worden waren, bewog sowohl die Leipziger Juristenfakultät als auch den dortigen Schöffenstuhl zu scharfen Protesten, von Vertrauensbruch war die Rede. Verständlich, denn in Referaten und Diskussionsbeiträgen war manches Wort gefallen, das seinem Urheber nun im wahrsten Sinne nicht mehr druckreif erschien.

Auch von offizieller Seite hatte man ein Interesse daran gehabt, die Verhandlungen geheimzuhalten und nur mit einem klaren und von allen Seiten getragenen Text an die Öffentlichkeit zu treten. Der

Hochselige Churfürst August

hatte das Gerichtsverfahren vereinheitlichen,

die Zwistigkeiten derer Juristen in vielen Rechts-Fragen

entscheiden wollen. Das war seine erklärte Absicht und damit einer der Hauptentstehungsgründe des Gesetzeswerkes.

Um den Konstitutionen von Anfang an eine breite Basis zu schaffen, um ihre spätere Anwendung von vornherein sicherzustellen, hatte der Kurfürst einem ungewöhnlich demokratischen Verfahren zugestimmt.

Es wurden mehrere Termine angesetzt, in denen man den Vertretern der verschiedenen Richtungen Gelegenheit gab, ihre Standpunkte darzulegen und zu begründen, sogenannte Consultationes, wie man damals auf gut deutsch sagte, Hearings, wie man diesen Vorgang heute auf gut deutsch bezeichnet.

Der Auctor der ersten Consultation setzet ohne Unterschied eine Todes-Straffe drauff, aber der auctor der andern consultation machet einen Unterschied unter verschiedene Fälle.

Beide aber kommen darin überein, daß, wenn ein pact mit dem Teufel gemacht, oder der Beyschaff geschehen sey, die Todes-Straffe stat habe.[3]

Die unterschiedlichen Auffassungen aber sollten nicht nach außen dringen, denn sonst hätte man zwar eine einheitliche gesetzliche Grundlage geschaffen, die Gerichte jedoch vor der Auseinandersetzung mit den alten Streitfragen nicht bewahrt. Der Fiskal würde sich auf den Referenten der ersten Konsultation, der Advokat auf den der zweiten berufen und alles bliebe beim alten.

Zwar gelang es den Leipziger Juristen, die in der Sache federführend gewesen waren, ein Verkaufsverbot für das Kurfürstentum Sachsen durchzusetzen, in anderen Ländern aber blieben die Materialien frei verkäuflich, denn Druckort war die in Verlagswesen, Druck und Buchhandel führende Stadt Frankfurt.

Schon drohte die sächsische Regierung mit Schritten gegen die freie Reichsstadt. Als aber dann von dem Druck doch nicht die Brisanz ausging, die man in Leipziger Juristenkreisen befürchtet, die man in Frankfurt als verkaufsfördernd erhofft hatte, verlief die Sache bald im Sande.

Doch zurück nach Bremen. Der aufgrund der äußeren Umstände zu vorsichtigem Taktieren gezwungene Johann Ewich stimmte in zwei Punkten mit Weyer vollkommen überein.

Zunächst hielten beide die unzulängliche Ausbildung der Ärzte für eine der mitentscheidenden Ursachen an der Ausbreitung des Hexenwahnes. Ein Arzt, der bei einer ihm unbekannten Krankheit keine Diagnose stellen könne, dessen dennoch verordnete Heilmittel das Krankheitsbild nur verschlimmerten, sei oft zu leichtfertig in der Behauptung, es müsse sich um einen angehexten Zustand handeln.

Dieses ungehobelte Geschwüre von Chirurgen oder Wundärzten, ich hätte schier gesagt von Kälberärzten.

Damit sie in einer Krankheit, die durch sie schlimmer worden ist, nicht müssen Nachred besorgen, wissen ihrer Sach nit besser als mit solcher Ausred zu beschönen.[4]

Mit ebenso scharfen Worten griffen beide das finanzielle Interesse der Richter an einer Erhöhung der Prozeßzahlen an. Übereinstimmend scheuten sie aber auch davor zurück, diese Anklage mit Beispielen aus Deutschland zu belegen. Da hielten sie sich lieber an das für damalige Entfernungsvorstellungen exotisch weite Venedig. Vor nur wenigen Jahren sei

es mit der Strafe der Hexen dort so weit gekommen, daß schier alle Weiber aus dem Lande mit Feuer wären vertilgt worden, wenn die hohe Oberkeit nicht darein gesehen und die Sache gemildert hätte.[5]

Wie sah die Milderung aus? Eine Verfahrensmilderung? Wieder einmal wird an diesem Beispiel der unterschiedliche Einsatz für die Sache der Hexen zwischen Weyer und Ewich deutlich.
Um nun tatsächlich feststellen zu können, worin die Verbesserung bestand, mußte man die »Blendwerke der Dämonen« zur Hand nehmen.

> Der Senat von Venedig hat das Gesetz aufgehoben, wonach den Richtern der Besitz des Verurteilten zufiel.[6]

Ein so offensichtlicher Zusammenhang zwischen Verurteilung eines Angeklagten und Vermögenszuwachs des Richters hatte im Heiligen Römischen Reich Deutscher Nation nie bestanden.
Zwar wurden auch hier in vielen Fällen die Güter der Verurteilten konfisziert und fielen dem Landesherrn zu, der aus dieser Quelle letztlich wiederum das Gehalt der Richter abzweigte. Doch auch wenn die Anzahl der Verurteilungen nicht in »ausreichendem« Maße dazu beitrug, diesen Etat immer wieder aufzufüllen, standen dem Richter diese Zahlungen zu – zumindest nominell. In der Praxis sah das aber oft genug so aus, daß der Richter die Unzufriedenheit des Landesherrn mit einer Versetzung oder gar Entlassung bezahlen mußte. An seine Stelle trat dann der Hexenkommissar, dessen Interesse, die Prozeßmaschinerie in Gang zu halten, naturgemäß wesentlich größer war, da sich sein Einkommen nur nach der Zahl der durch ihn erreichten Hinrichtungen bestimmte.
Weiterer kritischer Ansatzpunkt Ewichs war die oft minimale Prozeßdauer, insbesondere die Tatsache, daß zwischen Urgicht (dem öffentlichen Geständnis), dem unmittelbar darauffolgenden Urteil und der Hinrichtung meist nur wenige Stunden lagen. Da auch die Prozeßakten geheim waren, bestand so gut wie keine Möglichkeit, das Verfahren auf seine Rechtmäßigkeit überprüfen zu lassen. Ewich hielt es für unumgänglich, den Verurteilten eine grundsätzliche Berufungsmöglichkeit an die Obergerichte zuzugestehen,

> damit die unteren Gerichte von jenen etwas lernen, oder jene korrigieren und bessern, was diese vielleicht nicht bedacht oder übersehen haben.[7]

So gut und richtig Ewichs Überlegungen sein mochten, seine Schrift hatte keine praktischen Auswirkungen, konnte sie nicht haben in einer Zeit, in der Zwischentöne nicht gefragt waren.

16.2 Augustin Lerchheimer

Größeres Aufsehen erregte da schon das Werk Augustin Lerchheimers (Pseudonym für Hermann Witekind), sein »Christlich Bedenken und Erinnerung von Zauberey« erschien im gleichen Jahr wie die Übersetzung Ewichs.

Der Mathematikprofessor und Philosoph Lerchheimer hatte ein leicht lesbares Buch geschrieben, er hatte dem Volk »aufs Maul geschaut«, und abgesehen von der systematischen Gliederung

> der Articul dieses buechleins,

also des Inhaltsverzeichnisses, deutete fast nichts daraufhin, daß es sich bei dem Verfasser um einen anerkannten Wissenschaftler handelte.

Anleihen bei der Faustsage sind festzustellen, offene Widersprüche ebenso wie seitenlange Exkurse, etwa über die durch das Tanzen begründete sittliche Verwilderung der Jugend und der Pfarrer.

> Mancher ist so vermessen, wirft den Rock auf die Bank, sagt:
> Da liegt der Pfaff, hie steht der Mann.
> Wo sie zur Hochzeit zu Gast sind, da führet der Superintendens, der Pfarherr den Reigen und Hüppffen an und lassen sich dünken, es stehe solches ihren Ehrwürden gar wohl an.

Da lobte sich Lerchheimer den

> weisen Heiden Cicero, der sagt:
> Daß keiner, der bey Sinnen ist, in einem züchtigen Gastmahl tanze.[8]

Drei Seiten weiter stellt der Autor fest, er habe sich

> zu weit in Tanz verrennt, wolle jetzt wiederkehren zur Zauberey.[9]

Und das gilt auch für uns.

Daß Lerchheimer ein so unwissenschaftliches Zauberbuch schrieb, konnte an sich nur den Grund haben, eine Aufdeckung seines Pseudonyms noch weiter zu erschweren. Man sollte den Verfasser in ganz anderen Kreisen suchen. Dafür spricht auch die Tatsache, daß Lerchheimer das Traktat nicht, wie sonst in Gelehrtenkreisen üblich, zunächst in lateinischer Sprache publizierte, bevor er eine deutsche Übersetzung folgen ließ.

Die Verwendung eines Pseudonyms bedeutete jedoch keinen Einzelfall. Viele anerkannte Autoren ließen die Erstausgabe eines neuen Werkes unter angenommenem Namen erscheinen und gaben sich in einer der nächsten Auflagen zu erkennen, wenn die Reaktionen der »lieben Kollegen« dem entsprachen, was sie erwartet hatten.

Die Hexenschriftsteller waren je nach Zeitpunkt ihrer Veröffentlichung von zwei Seiten bedroht; während der Höhepunkte der Verfolgungen war es gefährlich, sich als Verteidiger der Hexen entlarven zu lassen, später, gegen Ende des 17. Jahrhunderts, hatte sich die öffentliche Meinung so weit gewandelt, daß die Befürworter weiterer Verfolgungen in die Gefahr gerieten, als reaktionär verschrien zu werden.

Der vielfach als italienischer Rechtsgelehrter apostrophierte Ardonio Ubbidente dell'Ossa war niemand anderes als der bayrische Pater Jordan Simon, Jean Bodin schrieb als Lotharius Philoponus und Cornelius Loos als Callidus Chrysopolitanus. Die Reihe ließe sich fortsetzen.

Der Erfolg von Lerchheimers Schrift – zusammen mit Weyer und dem Rostocker Juristen Johann Georg Gödelmann machte sie ihn zu einem der wichtigsten Gegner der Hexenprozesse des 16. Jahrhunderts – ist um so erstaunlicher, als der Autor selbst voll im Hexenglauben befangen war.

Teilweise stimmte sein Bild von der Realität des Hexenwesens exakt mit dem überein, das auch den Verfassern des »Hexenhammers«, das Binsfeld und Remigius vor Augen gestanden haben muß. Zum Beispiel in bezug auf die immer wieder umstrittene Teufelsbuhlschaft: Lerchheimer war fest von der Möglichkeit des Geschlechtsverkehrs des Teufels mit den Hexen überzeugt. Er machte lediglich zwei Einschränkungen; einmal hielt er es für unwahrscheinlich, daß der Teufel den Frauen in seiner eigenen Gestalt gegenübertrete,

> denn was können ein Geist und ein Leib miteinander schaffen, deren Natur und Eigenschaft so ganz und gar ungleich sind, die sich keineswegs zu solchem Werk zusammenschicken und reimen.[10]

Daneben war es für Lerchheimer ausgeschlossen, daß aus einer solchen Verbindung Kinder hervorgingen, nicht einmal die an dieser Stelle von vielen Autoren angeführten Wechselbälge. Auch Thomas von Aquin und seine Samenvermittlungstheorie hatten ihn nicht überzeugt.

> Denn daß etliche meinen und schreiben, der Satan erwische etwas vergossenen Samen, den er in eim Augenblick dem Weibe beibringe und sie schwängere, das kann nicht sein.[11]

Für seine Buhlschaften müsse der Satan den Leib eines Mannes annehmen. Wie er daran komme, wo er doch nicht als Schöpfer tätig werden könne – ganz einfach.

> Etwan nimmt er einen todten Leib vom Galgen oder auß einer Schlacht, den trägt, reget und brauchet er als wann er lebte.

Lerchheimer, obschon formal Protestant, hatte Luthers übermächtig drohendes Teufelsbild nicht angenommen, hatte vielmehr die vermenschlichte, auch einmal zu übertölpelnde Teufelsgestalt der mittelalterlichen Sagen und Märchen im Sinn.

> Was ich von Schriftstellern, unangesehen wer sie sein und wie sie heißen, lese, daß mich wahr und gut bedünkt, das nehme ich zur Lehr und Besserung an. Nach dem Spruch der weisen Gelehrten: Siehe nur auf das *was* geredet wird, nicht auf den *der* es red,

beschrieb er seinen Standpunkt.

Augustin Lerchheimer war darauf bedacht, sich weitestgehend von Zwängen freizuhalten, er kämpfte gegen allen einseitigen Konfessionalismus und religiösen Fanatismus – in der Zeit nach dem Augsburger Religionsfrieden mit seinem »cuius regio, eius religio« sicher kein leichtes Unterfangen – er setzte sich für die Freiheit von Forschung und Lehre ein, kurz, war ein unbequemer Mann.

Eigenwillig war schon der Beginn seiner akademischen Laufbahn, als er die ehrenvolle Berufung der Heidelberger Universität ausschlug, die ihm die Professur der Dialektik angeboten hatte. Sein Ziel aber war es gewesen, die Ethik zu lehren – und so zog er es vor, als Griechischlehrer am Pädagogium zu arbeiten, einer akademischen Vorbereitungsschule.

Nach erneuter Berufung übernahm er dann Vorlesungen der Mathematik, stand der Universität für die Dauer eines Jahres als Rektor vor, bis seine Toleranz auf eine harte Probe gestellt wurde.

Kurfürst Ludwig VI. hatte 1576 die Herrschaft übernommen, ein strenger Lutheraner, der einige der weniger orthodoxen Professoren absetzte – andere verließen Heidelberg freiwillig – und dem auch Augustin Lerchheimer ein Dorn im Auge war. Lerchheimer hatte, wie sich aus mehreren Andeutungen seines Buches ergibt, bei Philipp Melanchthon studiert, und setzte sich als »Philippist« für einen Ausgleich innerhalb der protestantischen Strömungen ein.

Drei Jahre lang ging man sich möglichst aus dem Wege, bis der Kurfürst von seinen übriggebliebenen Professoren die Unterzeichnung der lutherischen Concordienformel verlangte.

Als Lerchheimer die Unterzeichnung ablehnte, wurde ihm noch am gleichen Tag seine Entlassungsurkunde zugestellt.

Nach dem Tod des Kurfürsten kehrte er auf ausdrücklichen Wunsch dessen Nachfolgers an seine alte Arbeitsstätte zurück, obwohl Mitglieder des noch streng lutherischen Senats einen schriftlichen Protest gegen seine Wiederberufung formuliert und von Lerchheimer die Ableistung des lutherischen Eides verlangt hatten. Schließlich ging es aber auch ohne; die Universität Heidelberg, gerade in personellem Neuaufbau begriffen, konnte es sich nicht leisten, Lerchheimer ziehen zu lassen, den ein Zeitgenosse als einen Wissenschaftler bezeichnet hatte, der

> jeder Universität zur Ehre

gereiche.

Noch eine andere Begebenheit ist für ihn kennzeichnend. Sein Geburtsort war Neuenrade an der Lenne, gelegen im Herzogtum zu Jülich, Cleve und Berg. Nach Beendigung seiner Studien, als er sich bereits einen Namen gemacht hatte, kurz vor der ersten Berufung nach Heidelberg, bat ihn der Rat seiner Heimatstadt um die Abfassung einer Kirchenordnung. Lerchheimer stellte der Schrift eine

> kurze Verinnerunge von der wahren Religion

voran, stieß aber damit auf den Widerstand des Mannes, den wir als Gönner und Förderer Johann Weyers und ungewöhnlich toleranten Fürsten kennengelernt haben, auf den Widerstand Wilhelms III. von Jülich-Cleve-Berg.

Ob nun die Kirchenordnung zuviel Melanchthon oder zu viele eigene Gedanken Lerchheimers enthielt, der Herzog sah im Vorgehen der Stadt einen Eingriff in das ihm zustehende »jus reformandi«. Lerchheimers Kirchenordnung wurde verboten und der Magistrat der Stadt Dortmund mit der Konfiskation der bereits ausgelieferten Broschüre beauftragt.[12]

Letztlich machen diese Episoden deutlich, wie Lerchheimer auch in seiner Schrift über das Hexenwesen, trotz, wie wir gesehen haben, wenn nicht gleicher, so doch ähnlicher gedanklicher Voraussetzungen zu den der übrigen Autoren entgegengesetzten Schlüssen und Lösungen kommen konnte.

Recht drastisch beschrieb er z. B. die Werbung des Teufels und zweier seiner Spießgesellen um eine ehrbare Wirtstochter.

> Nicht weit von R. an der Tauber kam in eines ehrlichen frommen Mannes Haus einer wie ein Edelmann, mit zwen Dienern, deren einer pfeifen konnte, der ander geigen. Gibt vor, er sey darum da, daß er seine züchtige wohlerzogene Tochter zur Ehe begehre, richtet das Gastmahl an, banckettieret, tanzet, ist fröhlich, wie die Freier oder Werber pflegen.
>
> Der Wirt merkete, daß es nicht recht zuging, daß es Bubenwerck und Betrug war, spricht zum Gaste, es sey ein ungleicher Heirat, edel und unedel reyme sich nicht zusammen, er soll sich anderswo bewerben, seiner müssig gehen.
>
> Der läßt nicht ab, kommt ein andermal wieder.
>
> Da ladet der Wirt einen Kirchendiener dazu mit dem er über Tisch auß der

Heiligen Schrifft redet.

Das verdreust den Gast, spricht, wann man will fröhlich sein, so soll man von andern Dingen reden.

Da fähret der Wirt aus sich heraus und sagt, ihr seyd Buben und unsere Feinde, seid kommen mich und die meinen zu beschädigen, es soll euch aber, will Gott, fehlen.

Wir sind getauft und vertrauen auf unsern Herrn Christum, der uns wider euer List und Macht wohl wird schützen.

Zur Stund fahren sie davon, lassen einen bösen unleidlichen Gestank hinter ihnen, und bleiben drei Leichnam, die am Galgen gehangen hatten, in der Stuben liegen.[13]

Lerchheimers Buch ist voll von derartigen Teufelsgeschichten, Dämonen- und Wunderhistorien, es berichtet über die Verträge, die von Gelehrten und Kriegsherren mit dem Satan geschlossen wurden. Erstere,

die einen Geist zu sich gewöhnen, der ihnen vorliest was sie begehren, ihnen sagt, was in Büchern geschrieben steht, die etwa verborgen liegen, keinem Menschen bewußt, ja die etwan gewesen, nun aber verweset, zerrissen verbrannt sind, in welchen der Teufel aber wohl gedenket und weiß, was gestanden ist.

Die Feldherren und Krieger, die der Teufel beschirmt,

wie jenen Kriegsherrn, der aus der Schlacht in die Stadt B. geflohen kam, wo er die Büchsenkugeln aus den Ärmeln schüttete auf einen Haufen wie die Erbsen.

Hätte ihn keine verwunden können.[14]

Das in die Schrift eingearbeitete Annekdotensammelsurium war ein zweischneidiges Schwert. Das Buch war leicht lesbar, damit verkaufbar, mehrere Neuauflagen innerhalb kurzer Zeit bezeugen dies, aber Lerchheimers Absicht war es nicht, jedenfalls nicht in erster Linie, zu unterhalten.

Sein Buch sollte ein Beitrag zur Vermenschlichung des Prozeßablaufes sein, der Obrigkeit einen Denkanstoß geben. Die Verantwortlichen sollten sich noch einmal – oder überhaupt erst einmal – fragen, ob der Hexenprozeß in seiner augenblicklichen Form, ein Schnellverfahren mit Einheits(todes)strafe, den Anforderungen der Gerechtigkeit genüge.

Herr Gott erleucht unsern Verstand,
Wahrheit und Recht mach uns bekannt,
In dieser dunklen Sach uns führ,
Daß wir nicht tun wider Gebühr.
Daß durch Irrtum und falsch Gericht
Wir uns an dir versündigen nicht.

Soweit das Programm aus der Vorrede.

Das war nicht nur ein Dilemma Lerchheimers; kein Autor, der sich gegen die Hexenprozesse oder für bestimmte Mäßigungen und Verfahrensänderungen aussprach, der aber andererseits auch ein breites Publikum ansprechen wollte, kam um die Darstellung von Zauber-, Gespenster- und Hexengeschichten herum.

Und wenn es nur zu dem Zweck geschah, hinterher sagen zu können, ein solcher Vorgang entbehre jeder realen Grundlage.

Das Schlimmste war, daß um entsprechende Fabeln zu erhalten, die Befürworter eines menschlichen Verfahrens auf die gleichen Quellen angewiesen waren, die auch ihre Gegner benutzten, auf Lebensbeschreibungen von Heiligen und Kirchenvätern, den »Hexenhammer«, auf Folterprotokolle und Volkssagen.

Insbesondere durch die Verwertung der den Hexen abgefolterten Geständnisse trugen sie entgegen ihrer erklärten Absicht wesentlich zur Ausbreitung und Vereinheitlichung der Wahnvorstellungen bei. Ihr Fehler sei es gewesen, daß sie

> die durch die Folter herausgebrachten Bekänntnisse, so wohl logice und ethice für wahr gehalten und den wahren Grund und die Ursachen nicht gebührender Massen untersuchet.

Zu gutgläubig und vertrauensselig seien sie davon ausgegangen,

> die Patres ecclesiae hätten nichts aus freien Stücken erdichtet und die Hexen hätten auch nicht aus Furcht vor weiterer Folter wider ihres Hertzens Meinung bekannt.[15]

Erst mit Christian Thomasius, also vom Anfang des 18. Jahrhunderts an, begann die Theoretisierung der Auseinandersetzung, die sich aber letztlich, vor allem bei den Befürwortern der Prozesse, nie durchsetzte. Immer wieder kam es zu Rückgriffen, Rückfällen bis in die Vorstellungswelt des 13. Jahrhunderts, bis zu Caesarius von Heisterbach.

Sie handeln »Von der Strafe der Hexen und Unholden« und dennoch geraten Lerchheimer die Schlußkapitel zu einer Abrechnung mit Rechtspolitik und Strafjustiz.

Die Unfähigkeit der Städte, Maßnahmen zur vorbeugenden Verbrechensbekämpfung zu treffen, wurde angeprangert. Es sei

> rühmlicher zu sagen: in unser Stadt ist in dreißig Jahren kein fürsetzlicher mutwilliger Todschlag geschehen,

als wenn ein Ratsherr darauf hinweise, daß

in dreißig Jahren dreihundert Todschläger abgethan[16]

und hingerichtet worden seien.

Die Aufsplitterung der Gesetzgebungskompetenzen und die sich daraus ergebende Möglichkeit zur Verabschiedung von Sondergesetzen hielt Lerchheimer für reformbedürftig. In einer bekannten Kaufmannsstadt etwa habe es die gewohnheitsrechtliche Bestimmung gegeben:

Wenn einer soviel gestohlen hat, als der Strick, daran er hängen konnte, wert war, so mußte er hängen.

Das war Kaufmannsrecht: die machten damit mehr als zuviel wahr das alte Sprichwort:

Die grossen Diebe hencken die kleinen.[17]

Ein weiterer kritisch beleuchteter Punkt war das Nebeneinander von weltlicher und geistlicher Gerichtsbarkeit. Da Lerchheimer die Vorschriften der »Carolina« als einzig und allein gültiges Gesetzbuch für den Hexenprozeß beachtet wissen wollte, war die Existenz der bischöflichen Gerichte, die auf den Grundlagen des »Hexenhammers« Recht sprachen, aus seiner Sicht natürlich überflüssig. Mit scharfen Worten karikierte er:

Da sitzen die Richter, alberne und unerfahrene Leute, verstehen und wissen von der Sach soviel wie die Krähe weiß wanns Sonntag ist.

Der Fiscal (hier: der bischöfliche Ankläger) stehet da, wirft viel Latein in die Anklag mit hinein, unverständlich für den Richter und den Beklagten.

Die meinen, es sei alles eitel Weisheit und Gerechtigkeit was er sagt.

Desgleichen tut auch der Advocat, sie spiegelfechten miteinander vor dem Volk.

Denn es ist zuvor allbereit beschlossen, daß die Frau sterben soll.

In weitaus sachlicheren Bahnen verlief seine Auseinandersetzung mit der Prozeßpraxis der weltlichen Gerichte. Lerchheimer machte konstruktive Vorschläge zur Abänderung des angewandten Strafprozeßrechts.

Er hielt es für falsch, daß man den überwiegend noch mit juristischen Laien besetzten Untergerichten die Entscheidung überließ, ob ein Angeklagter peinlich zu befragen sei. Die ländlichen Gerichte waren in der Tat überfordert, wenn man ihnen die mit der Beantwortung komplizierter Rechtsfragen verknüpfte Entscheidung abverlangte, ob

genugsame Anzeigung

vorhanden sei. Schon unter dem Gesichtspunkt der Rechtseinheitlichkeit wäre es besser gewesen, die Obergerichte hätten sich in diesem Punkt die alleinige Entscheidungsbefugnis vorbehalten und die Untergerichte hätten von dannen Befehl empfangen, fürsichtiglich glimpflich und löblich zu handeln.[18]

Lerchheimers Idealvorstellung sah den Ablauf der Prozesse ohne die Anwendung der Folter überhaupt vor. Er habe die Erfahrung gemacht, daß der Foltergebrauch in vielen Fällen die Grundlage zu Fehlurteilen geschaffen habe.

Körperlich starke Angeklagte – insbesondere wenn sie schuldig seien – hielten die Folter verhältnismäßig leicht aus.

Deren ich etwan einen im Wirtshaus hörete rühmen:
Ei, wie zog mich der Henker.
Da fragte einer:
Kontestu so grosse Pein erleiden und nicht verjahen?
Sollt, sprach er, mein Maul reden, deß mein Hals entgelten müßte?

Die schwachen Unschuldigen dagegen würden Geständnisse erfinden, nur um von der Folter abgenommen zu werden,

laut des alten Spruches:
Auch vielmal die unschuldig sein,
Verjahen von wegen der Pein.

Doch auch Lerchheimer war sich darüber im klaren, daß es unrealistisch sein würde, eine Kampagne gegen den Gebrauch der Folter zu starten. Er konnte sich immer wieder nur für eine Mäßigung in der Anwendung der Folter und daneben für die strikte Beachtung der »Carolina«-Vorschriften einsetzen.

Dabei müsse der Schwerpunkt der richterlichen Untersuchung die Frage betreffen, ob das Verhalten der Angeklagten ursächlich für das Entstehen eines Schadens gewesen sein könne.

Keinesfalls dürften die dabei auftretenden Beweisschwierigkeiten zu Lasten des Zauberers oder der Hexe gelöst werden, wie es in den gegenwärtigen Prozessen tagtäglich geschehe. Wenn man eine Frau kurz vor einem Unwetter auf den Feldern gesehen habe, sei dies eben nicht der Beweis, daß sie den Sturm oder Hagel herbeigezaubert habe, und ebenso könne man nicht grundsätzlich davon ausgehen, daß eine Beschwörung durch Worte und (oder) Gebärden ursächlich für den Tod oder die Krankheit von Mensch und Vieh sei.

Und was Besenritt und Hexentanz angehe:

laßt sie tanzen bis sie müde sind, damit thun sie ja niemand schaden.[19]

Selbst wenn man den Wunsch und Willen der Hexen unterstelle, vermittels einer Zauberei einen Schaden hervorzurufen – daraufhin allein könne keine Verurteilung erfolgen, denn für alle anderen Lebensbereiche gelte der Grundsatz

Gedanken und Wille straft man nicht.[20]

Warum aber sollte gerade den Phantastereien der Zauberer und Hexen strafrechtliche Relevanz beigemessen werden? Würde man diese Ausnahme zur Regel gestalten,

> müßte die Oberkeit fürnemlich die Landsknechte strafen, die allein darauf umgehen, darauf warten, wünschen und hoffen, daß sie dich erwürgen, dir Weib und Kind schänden, dein Gut rauben, dein Haus verbrennen.
> Der Totengräber wünschet, daß die Pestilenz komme.
> Der Schinder wollte, daß die alle Wochen ein Vieh abstürbe.
> Derhalben aber tut man ihnen nichts.

Die stereotype Antwort der Schultheißen, Schöffen und Richter auf derartige Vorwürfe: überall im Lande loderten die Scheiterhaufen und gestünden Frauen die immer gleichen Hexereien ein. Erstens sei es unvorstellbar, daß Angeklagte sich zu Unrecht selbst belasten, zumal nicht in diesen Mengen. Zweitens seien die Prozesse schon deshalb in Ordnung, weil bei der großen Zahl von Richtern nicht allen immer wieder der gleiche Fehler unterlaufen könne. Und drittens – diesem Argument hatten die Theologen Pate gestanden – werde Gott es nicht zulassen, daß Unschuldige verurteilt würden.
Auf die Praxis hatte Lerchheimers Schrift keinen meßbaren Einfluß, und auch schon der Autor selbst hatte vorausgeahnt, daß er mit seiner Sachargumentation nicht würde durchdringen können. Was blieb ihm anderes, als an die Milde und das Gerechtigkeitsgefühl der Richter zu appellieren.
Resignierend stellte er in seinem Schlußkapitel noch einmal die offenen Widersprüche heraus, die jedermann aus den sogenannten Geständnissen ablesen könne.

> Ihren, der Hexen Aberwitz und Unsinnigkeit verstehet man daraus, daß sie Korn und ander Frücht haben begehrt zu verderben, so sie doch allbereit selbst an Brot und anderem Notdürftigstem Mangel gehabt, den sie so für sich und ihre Kinder nur hätten gemehret.
> Das tut kein vernünftiger Mensch, daß er sich selber seinen Kummer größer mache; eines unsinnigen Menschen Tat ists.

Trotzdem sei das Volk in der Hexenfrage ganz auf Seiten der Obrigkeit, ja hetze noch weiter für eine strengere Behandlung der Zauberer und Unholden.

> Weg mit den Gottes und der Menschen Feinden – zum Feuer zu.
> Ein solch bestia und unvernünftig boshaftig Tier ist das gemein Volck.
> Derhalb, welch Oberkeit sich an seinem Urteil und Plaudern kehret, die kann kein gut Regiment führen.

Wer das Mitleid mit den armen alten Weibern als

> alberne Einfalt

ansehe, dem lasse er

> seine vielfältige Weisheit gefallen.
> Er sehe aber zu, daß er hie nicht zu weise sei, wie ich zu albern bin. Lieber will ich und besser ists zu barmhertzig dann zu rauh zu sein, gerade in so verwirreter, irrsamer und unverständlicher Sach.
> Es bestätigen und vergewissern mich in dieser meiner Meinung viel hochverständige, gelehrte und ungelehrte Männer, die ob dieser Strenge und Teuffels Brandopfern ein Unwillen, Mißfallen und Abscheu haben.
> Sie begehren und wünschen, daß eine Milderung und Maß darin gehalten werde, und daß man solche Weiber eher zum Arzt und Kirchendiener, dann zum Richter oder Schultheiß führe, damit ihnen von ihrem Aberwitz, Unsinnigkeit und Unglauben geholfen werde.[21]

16.3 Johann Georg Gödelmann

Neben Weyer und Lerchheimer war der Dritte im Bunde Johann Georg Gödelmann, Professor der Rechtswissenschaft an der Universität Rostock. Seine Strafrechtsvorlesung des Jahres 1584 – mit Schwergewicht auf den Zauberbestimmungen der »Carolina« – erschien wenige Jahre später in Buchform.
Unter anderem hatte er nun ein Gutachten darin verarbeitet, das eine westfälische Stadt bei ihm angefordert hatte.

> Ob nemlich es für ein Zeichen der Hexerey zu halten sey, wenn andere Hexen auf diesselbe bekannt, und man noch dazu die Prob auff dem kalten Wasser gebrauchet hätte, und ob des Bodini Lehre von dem Hexen-processe beyzupflichten sey?[22]

Obwohl er ebenso wie Lerchheimer an die Existenz von Hexen und den Teufelspakt mit Zauberern glaubte, bezog er eindeutig Stellung gegen Bodin, ganz im Sinne der zurückhaltenden Prozeßvorschriften der »Carolina«.
Selbst wenn die Auflagen seines Buches wesentlich niedriger lagen als die Lerchheimers, durch die Erstellung solcher Gutachten war Gödelmanns tatsächlicher Einfluß auf die Durchführung gerechterer Verfahren um vieles größer. Dazu trug auch in erheblichem Maße die Tatsache bei, daß die Unterstützung Weyers nun endlich einmal durch einen anerkannten Rechtswissenschaftler erfolgte und nicht »nur«, wie bisher, durch Mathematiker, Mediziner und Philosophen.
Zauberer und Hexen, die Mensch oder Vieh durch magische Künste getötet hatten, sollten dafür verbrannt werden. Dieser Ansicht war auch Gödelmann, einer solchen Kunst hielt er die

Hexen für fähig. Damit ist sein Hexenbild aber auch schon abschließend beschrieben. Was die übrigen der den Frauen nachgesagten Handlungen und Fähigkeiten anlangte, den Flug, die Tierverwandlung, den Geschlechtsverkehr mit dem Teufel, das Wettermachen, so Gödelmann,

> achte ich es nach meiner Einfalt dafür, daß es ein lauter Teufelsgespinst, Trügerei und Phantasie ist.[23]

Ein in diesem Sinne lautendes Geständnis dürfe nicht einmal zur Begründung der Folter, noch weniger als Grundlage eines Todesurteils herangezogen werden,

> weil derselbigen mit keinem Wort in der Peinlichen Halsgerichtsordnung gedacht wird.[24]

Der Kampf Johann Georg Gödelmanns um die Einhaltung der »Carolina«-Bestimmungen fand auch gut einhundert Jahre später bei Christian Thomasius lobende Erwähnung. Der dritte Hauptteil des Buches.

> ist sonderlich hervorzuheben, allwo er deutlich lehret, daß der wider die Hexen von denen Inquisitoribus eingeführte Process, so wohl der gesunden Vernunft als auch der Carolinischen Constitution offenbar zu wider sey.[25]

Ein Teil der Gödelmannschen Verbesserungsvorschläge wurde wenigstens in einzelnen Städten und Herrschaften in die Tat umgesetzt, mit seinem Hauptanliegen drang er jedoch nicht durch. Das mag daran gelegen haben, daß Gödelmann in diesem Falle zu praxisfern theoretisierte, andererseits theoretisieren mußte, wenn er in Fachkreisen Gehör finden und die juristische Meinungsbildung beeinflussen wollte.

Worum ging es? Gödelmann wandte sich gegen die Zugehörigkeit des Zauberei- und Hexereideliktes zur Gruppe der Sonderverbrechen.

Für Nichtjuristen war die Brisanz einer solchen Überlegung kaum erkennbar. Auf den ersten Blick nichts anderes als eine akademische Einteilungsfrage, die bei näherem Hinsehen jedoch ungeheure praktische Auswirkungen hätte nach sich ziehen können. Hätte man die Hexerei nicht länger unter die Sonderverbrechen eingestuft, wäre zunächst die Möglichkeit entfallen, das Verfahren

> summarisch, einfach und ohne Umstände, ohne viel Aufhebens seitens der Advocaten und Richter und ohne Formalitäten[26]

– so wörtlich die Empfehlung des »Hexenhammers« – abzuwickeln. Die Gerichte hätten sich dem zugegebenermaßen bis zur Umständlichkeit komplizierten Beweisverfahren der »Carolina« unterwerfen müssen.

Statt wie bisher, häufig sogar ausschließlich, die Aussagen von Kindern und Frauen zur Urteilsfindung heranzuziehen, wäre das Gericht nun auf die Beobachtungen von mindestens zwei unbescholtenen Zeugen angewiesen, die noch zusätzlichen Voraussetzungen genügen mußten. Regelmäßig sollte es sich um über zwanzig Jahre alte Männer handeln, und auch deren Zeugnis durfte nur insoweit in Betracht gezogen werden, als sie

> von ihrem selbs eigen wahren Wissen und nit von fremden hören sagen[27]

berichteten.

Was allein diese Einschränkung für die Anschuldigungen des Hexenfluges, der Tierverwandlung und der Teufelsbuhlschaft bedeutet hätte, kann man sich leicht ausmalen.

Und dabei wäre das noch nicht einmal die einschneidendste Änderung gegenüber der bisherigen Praxis gewesen. Die Verwirklichung von Gödelmanns Vorschlag hätte das Ende der auf der Folter abgezwungenen Denunziationen bedeutet.

Selbst für Petrus Binsfeld galt es bei normalen Delikten als strafprozeßrechtliche Regel, daß den Aussagen eines Angeklagten über Mitschuldige kein Glauben entgegengebracht werden dürfe.

> Niemandt der von sich selber bekennet, wird über anderer Laster Glauben geben.[28]

Schon Sprenger und Institoris, aber auch Binsfeld und der überwiegende Teil der Befürworter einer strengen Hexenverfolgung bis hin zu Benedikt Carpzow wollten diesen Grundsatz wegen der Schwere des Verbrechens hier nicht gelten lassen.

> Dieweil aber (wie die Grammatici sagen) kein Regel so beständig, daß sie nicht etwann ein Außzug zulasse,

konstruierte man diesen »Außzug« für die Sonderverbrechen,

> das Laster der Mörderey, falscher Müntzen, der Verrhaeterey,

den Meineid, sowie für Zauberei und Ketzerei.

In dieser Aufzählung der Kapitalverbrechen scheint der Meineid nicht recht am Platz. Wenn man sich jedoch die Bedeutung des Eides im formalen Beweisrecht des Mittelalters und der frühen Neuzeit vor Augen hält – mit einem Reinigungseid konnte ein Angeklagter sich unter Umständen vor einer Verurteilung bewahren, konnte der Schuldner einen zivilrechtlichen Anspruch abwehren – so war die Klassifikation des Meineides unter die Sonderverbrechen ein nahezu unverzichtbares Abschreckungsmittel gegen ein Überhandnehmen von Falschaussagen.

Daß die Hexerei dieser Verbrechenskategorie angehörte, hatte andere Gründe.
Die Autoren anerkannter juristischer Lehrbücher waren ehrlich genug, zuzugeben, daß sie diese Einstufung nur wegen der andernfalls zu erwartenden Beweisschwierigkeiten zuließen.[29]
Der von Gödelmann unter dem Motto »im Zweifel für den Angeklagten« angestrebte Wegfall dieser Beweiserleichterung – die von den Praktikern zwecks weiterer Vereinfachung oftmals bis auf einen Beweisverzicht reduziert wurde – hätte mit dem Verbot, die abgefolterten Denunziationen zu verwerten, den Vorgang ausgerottet, der aus vereinzelten Hexenprozessen erst die Prozeßlawine gemacht hatte.
Zugleich wären hinsichtlich der Zulässigkeit der Folter strengere Maßstäbe angelegt, eine ordnungsgemäße Verteidigung und die Berufung zugelassen worden.
Doch Gödelmanns Theorie war von Anfang an dazu bestimmt, ein akademisches Sandkastenspiel zu bleiben.
In Verwaltung und Justiz hätte eine solche Umkehrung der bisherigen Praxis ohnehin nicht von heute auf morgen durchgesetzt werden können, selbst dann nicht, wenn die Neuregelung an sich unstrittig gewesen wäre.
Gegen Ende des 16. Jahrhunderts aber kam folgendes hinzu: Die Schaltstellen, die eine Reform im Sinne Gödelmanns hätten fördern können, waren von Personen besetzt, die in ihrer weit überwiegenden Zahl genau entgegengesetzte Interessen hatten. Überspitzt kann man sagen, daß die Richter, schlechtbezahlte Beamte, im Akkord – für verurteilte Hexen zahlte der Landesherr zusätzliche Prämien – und unter Erfolgszwang arbeiteten. Blieben sie unter einer ihren Fürsten zufriedenstellenden Verurteilungsquote, liefen sie Gefahr, daß einer der berüchtigten Hexenkommissare an ihre Stelle gesetzt wurde; damit entfiel die zusätzliche Verdienstmöglichkeit. Die Hexenkommissare ihrerseits hatten überhaupt kein festes Einkommen, sie bestritten ihren Lebensunterhalt unmittelbar von den für die Hinrichtungen ausgesetzten Prämien.
Ebenso offen lag das Interesse des Landesherrn. Ihm fielen die konfiszierten Güter und Liegenschaften der Verurteilten zu, abzüglich der Prozeßkosten.
Der Klerus war in der Regel von anderen Motiven beherrscht. Unter dem Deckmantel der Hexenprozesse betrieb man Reformation und Gegenreformation. Nach dem Augsburger Reli-

gionsfrieden galten sie als geeignetes Mittel, die religiöse Gleichschaltung in den einzelnen Territorien voranzutreiben.

Es leuchtet ein, daß Gödelmann unter diesen Voraussetzungen scheitern mußte.

Wie Lerchheimer mußte er schließlich an das Mitleid der Richter appellieren.

> Es ist zu erbarmen, daß hin und wieder in Deutschland jährlich so viel hundert aberwitzige Weiber, die oftmals zu Haus weder zu beißen noch zu brechen haben, und in so großer Sorg und Schwermut sitzen, auch durch des Teufels geschwinde Rhetorica eingenommen werden und auf solche närrischen und phantastischen Bekenntnisse verbrannt werden.[30]

1592 erschien die von Georg Nigrinus angefertigte deutsche Übersetzung von Gödelmanns Werk in Frankfurt am Main – wie nahezu jedes Hauptwerk der frühen Hexenliteratur, sei es nun pro oder contra, irgendwann einmal in dieser Stadt herausgegeben wurde. Die überwiegende Anzahl der Schriften sprach sich für die Beibehaltung einer strengen Hexenverfolgung aus, und da war eines um so erstaunlicher: In Frankfurt fanden zwar Hexenprozesse statt, in keinem einzigen Fall jedoch wurde ein Todesurteil ausgesprochen – und das entgegen der öffentlichen Meinung, zumindest entgegen der Meinung derjenigen, die Gelegenheit hatten, ihre Ansichten einem größeren Kreis kundzutun, gegen die der Autoren, Übersetzer, Verleger und Prediger.

Auch Georg Nigrinus, der hessische Superintendent, nutzte das Erscheinen der Gödelmannschen Übersetzung, um in einem Vorwort den Rat der Stadt Frankfurt auf das seiner Ansicht nach etwas zu nachlässige Vorgehen gegen die Hexen hinzuweisen.

> Etliche aber werden zu kaltsinnig und hinterstellig in diesen Malefizhändeln, daß sie auch die kaum überführten Zauberer vor Gericht stellen, verurteilen und ihnen ihr Recht tun lassen wöllen.
>
> Aber wie jene zuviel, so tun jene zu wenig.
>
> Denn eine jegliche Obrigkeit an ihrem Ort schuldig ist, allen Sünden und Lastern zu steuern und sie zu strafen nach ihrem Vermögen.
>
> Warum dann nicht auch die Zauberei, wo sie offenbar und beweist worden?[31]

Es war sicher nicht ganz fair von Nigrinus, daß er dem Werk diese Worte voranstellte, die genau das Gegenteil von dem forderten, was später im Buch selbst zu lesen war, und daß er sie ausgerechnet auch noch dem Frankfurter Rat widmete, einer der wenigen offiziellen Stellen, die schon seit längerer Zeit in der Hexenfrage so vorsichtig handelte, wie es sich Gödelmann von allen deut-

schen Gerichten gewünscht hätte.
In Frankfurt tat man nicht mehr oder weniger, als sich an dem Sinn der »Carolina«-Bestimmungen zu orientieren, und der Rat hatte es abgelehnt, die Hexerei den Sonderverbrechen zuzurechnen. Das Ergebnis – keine Todesurteile.

16.4 Der Fall Burgk

Wie sich die Frankfurter Richter bis ins letzte bemühten, den strengen Beweisanforderungen der »Carolina« zu genügen, zeigte in besonderem Maße die Verhandlung gegen Elisabeth Burgk.
Elisabeth Burgk war von ihren Stiefkindern, dem achtjährigen Melchior und der dreizehnjährigen Elisabeth der Hexerei bezichtigt worden. Die beiden Kinder hatten sich zunächst an ihren erwachsenen Bruder und auf dessen Anraten an den zuständigen Pfarrer gewandt.
Daraufhin war die Sache in die Hände des Stadtrates gekommen, der die Festsetzung der Frau verfügte. Bis zu diesem Punkt war es ein Prozeß wie jeder andere auch. Doch statt nun die Aussagen der Kinder als die Folter rechtfertigende Indizien anzusehen und der Frau ein Geständnis abzuzwingen – so der normale weitere Verlauf der Dinge –, wurde eine Voruntersuchung angesetzt. Die Vorwürfe der Kinder, bisher aus dem Stadium der Denunziation noch nicht herausgekommen, sollten sich zur beweiskräftigen Zeugenaussage erhärten.
Die Mutter habe sie mit zu einem Hexentanz genommen, wo sie vom Teufel getauft worden seien. Auch habe man sie angeleitet, ein verstümmeltes »Pater noster« zu beten, unter Aussparung des »führe uns nicht in Versuchung«.
Gegen Ende der Voruntersuchung stellte der Anklagevertreter Dr. Trinkhaußen fest:

> Obige Indicia sampt der Kinder Aussagen tun so viel, daß wenigstens mit der peinlichen Frage gegen sie fortgeschritten werden kann.

Diesem schwerwiegenden und das Verfahren regelmäßig zu Ungunsten eines Angeklagten entscheidenden Schritt gingen in Frankfurt weitere Beweistermine voraus, Rechtsgelehrte und Praedikanten mußten gutachtlich gehört werden.
Entgegen der Gepflogenheit vieler anderer Gerichte war es in Frankfurt einem Angeklagten auch gestattet, sich eines Verteidigers zu bedienen. Selbst wo diese Möglichkeit sonst wenigstens

theoretisch bestand, weigerten sich viele Juristen, die Verteidigung einer Hexensache zu übernehmen, zu leicht gerieten sie selbst in den Geruch eines Hexenmeisters.
Elisabeth Burgk nutzte ihre Chance und reichte eine von ihrem Advokaten aufgesetzte kombinierte Bitt- und Verteidigungsschrift ein. Die sich in mehreren Punkten widersprechenden Aussagen der Kinder boten gute Ansatzpunkte zu einer Verteidigung. Einmal habe der Flug zum Hexentanz tagsüber und auf einem Esel stattgefunden, ein andermal auf einem Bock und bei Dunkelheit. Die gesamten Prozeßakten übergab man einem juristischen Gutachter, der zwar grundsätzlich im Sinne der Anklage entschied, die peinliche Befragung von Elisabeth Burgk aber nicht vor einem erneuten Verhör aller Beteiligten vorgenommen wissen wollte.
Die Widersprüche seien zwar offenkundig, doch die Übereinstimmung in den Hauptpunkten dermaßen auffällig, daß sie die Anwendung der Folter rechtfertigten. Die Kinder ebenso wie die Angeklagte müßten

> scharf zu erneuter Confessio angefaßt

werden.
Der Tenor des Gutachtens war dem Rat nicht eindeutig genug. Man faßte den Beschluß, die Akten den Universitäten von Straßburg und Speyer zur Begutachtung vorzulegen.
Nach Monaten traf das Straßburger Gutachten ein.
Die Aussagen der Kinder beruhten

> auf lauter Illusiones diabolicae

und hätten nicht einmal die Verhaftung von Elisabeth Burgk gerechtfertigt,

> davon zu schweigen, daß man gegen sie die peinliche Befragung vornehmen könnt.

Erst nach einem weiteren Verhör der Kinder vor dem Predigerministerium – beide gaben schließlich zu, von ihrem Bruder zu der Denunziation angestiftet worden zu sein – wurde Elisabeth Burgk freigelassen.

> Nachdem die Kinder ihre Aussagen zurückgenommen, fallen die fundamenta der Sachen in sich zusammen,

begründete Richter Zacharias Stenglin die Entscheidung.

> Was die Gefangene anlangt, ist nichts übrig, als daß diesselbe ohne Entgelt auf freien Fuß gesetzt und hingegen Nikolaus Burgk, der Bruder, verhaftet wird.

Es war jedoch keine unbedingte Freilassung, Elisabeth Burgk erhielt die Auflage, die Stadt für einige Zeit zu verlassen, wobei es aber offensichtlich falsch wäre, diese Maßnahme des Gerichts in eine Verbannung, eine Art Strafe mangels Beweises umzudeuten.

Den Frankfurter Richtern schwebten bei ihrer Entscheidung sicherlich Fälle vor Augen, in denen der Hexerei angeklagte Personen nach ihrer Freilassung von einer über das milde Urteil aufgebrachten Menge erschlagen worden waren. Da Elisabeth Burgk

> des Lasters der Hexerei berüchtigt, ist es nicht geraten, daß sie sich unter den Leuten allhier aufhalte und wohne.

Dabei war der Stadtrat als oberstes Strafrichterkollegium alles andere als zurückhaltend, wenn es galt, unter dem Gesichtspunkt der Abschreckung schwere Strafen auszusprechen.

Die Verhängung der Todesstrafe gegen einen Dieb war kein Einzelfall, aber auch hier hielt man sich an den Grundsatz, daß erst ein voller unumstößlicher Beweis eine Verurteilung rechtfertige.

In konsequenter Übertragung auf die Verfahren gegen Hexen kamen die Richter zu der Einsicht, daß man

> wie bei solchen occultis zu geschehen pflegt, auf keinen festen Grund kommen

könne, daß man gemäß dem Ratschlage Johann Fichards

> mehr zu Gütigkeit und Milde, dann zur Strenge neigen

müsse.

16.5 Fichard und Fischart

Johann Fichard war der bedeutendste Frankfurter Rechtsgelehrte jener Zeit, der sich auch mehrfach als Gutachter in den Hexenprozessen betätigte, seinen Standpunkt aber nicht exakt definieren wollte oder konnte.

Er wandte sich gegen das Hexenbrennen des »Malleus maleficarum«, stimmte dagegen Luthers Auslegung der Exodus Stelle,

> die Zauberer sollst du nicht leben lassen,

zu, die sich andererseits wiederum Petrus Binsfeld zum Wahlspruch erkoren hatte, dessen Werk letztlich ja nur eine Kurzfassung des »Hexenhammers« war.

Da Fichard aber insbesondere hinsichtlich des Foltergebrauchs einer gemäßigten Richtung angehörte – in seinen Augen galt die Folter noch als Mittel, das den Angeklagten Gelegenheit gab, sich von einem Schuldvorwurf zu reinigen –, wird er nicht zu Unrecht der Weyerschen Seite zugerechnet.

Im Prozeß gegen Endressen Klein etwa hielt er peinliche Befragung der Angeklagten für zulässig, sie sei jedoch

> wenn dies nicht weiter brächte, des rechten Glaubens zu erinnern und sofern sie sich auf christlichen Glauben bessern will, auszulassen.[32]

Ein ebenso

> hochgelehrter und ehrenfester Doctor beyder Rechte

wie Johann Fichard und wegen der Namensähnlichkeit mit diesem oft verwechselt, war sein Zeitgenosse Fischart, ein sprachgewaltiger Satiriker und Zeitkritiker, der neben Luther produktivste Schriftsteller des 16. Jahrhunderts.

Beste Kostproben der phantastischen Wortlust Fischarts sind die Titel seiner Schriften und die von ihm gewählten Pseudonyme. Als J. Noha Trauschiff von Trübuchen oder Aloniscus Meliphron Teutofrancus schrieb er Werke wie

> Aller Practic Großmutter oder die dickgeprockte Pantagruelinische Btrugdicke Prodic oder Pruchnastikaz, Lastafel, Bauernregel oder Wetterbüchlein, auf alle Jahr und Land gerechnet und gericht durch den volbeschreiten Mäusstörer Winhold Alcofribas Wustblutus von Aristophans Nebelstatt, des Herrn Pantagruel zu Landagreuel Oberster Löffelreformirer.[33]

Unverwechselbar waren beide jedoch hinsichtlich ihrer Bedeutung für die Ausbreitung des Hexenwahns. Fichards zurückhaltende Äußerungen haben wir kennengelernt, Fischart dagegen verdankte seinen Namen (in dieser Beziehung) der Übersetzung von Bodins »De la Démonomanie des Sorciers« und der nach mehr als sechzigjähriger Druckpause erneuten Herausgabe des »Hexenhammers«.

Der Übersetzung Bodins kam insofern besondere Bedeutung zu, als nun eine zusammenfassende Darstellung der schärfsten Thesen gegen die Hexen zum erstenmal in deutscher Sprache vorlag. Seine

> wohlgemeinte Arbeit

sei nicht nur wie sonst üblich allein den

> Theologen, Rechtsgelehrten, Medicis, Amtleuten, Richtern, Räten, Ratspersonen und jeder Obrigkeit notwendig zu wissen,

sondern als ein Volksaufklärungsbuch zu verstehen, das jedermann von dem

> teuflischen Trieb der Zauberei, der Hexenwüterei und Zaubereirasigkeit[34]

warnen wolle. Was der Leser alles erwarten durfte, konnte er schon im voraus dem Monumentaltitel deutlich entnehmen.

> Vom ausgelaßnen wütigen Teufelsheer der besessenen unsinnigen Hexen und Hexenmeister, Unholden, Teufelsbeschwörer, Wahrsager, Schwarzkünstler, Vergifter, Nestelverknüpfer, Veruntreuer, Nachtschädiger, Augenverblender

> und aller andern Zauber Geschlecht, samt ihren ungeheuren Händeln: wie sie vermöge der Recht erkannt, eingetrieben, gehindert, erkundigt, erforscht, peinlich ersucht und gestraft werden sollen.

Für Jean Bodin war die Hexerei »das Verbrechen« schlechthin. Nicht weniger als

> fünfzehn abscheuliche Laster

beinhalte sie,

> deren das geringste schon unfehlbar den Tod

rechtfertige. Blutschande und fortwährende Lästerung gehörten ebenso dazu wie die Verleumdung Gottes und die Anbetung des Teufels, das Verzehren junger Kinder und was der bekannten Vorwürfe mehr waren.

Das Gedankengut des »Hexenhammers« wurde von Bodin vielfach variiert, er stellte neue Erkennungsmöglichkeiten des Deliktes zusammen, er erweiterte und konkretisierte – und all dies lief letztlich in einem Punkt zusammen: der Zugehörigkeit der Hexerei zu den Sonder- oder Ausnahmeverbrechen.

Das von Sprenger und Institoris durchgehend vertretene Motto, der Zweck der Ausrottung der Hexen heilige die Mittel ihrer Überführung, fiel bei Bodin auf fruchtbaren Boden. Die Regeln des ordentlichen Strafprozesses könnten in Hexensachen keine Anwendung finden, wenn man der Plage Herr werden wolle.

> Eine mutmaßliche Beweisung und Präsumption

waren für ihn ausreichender Ersatz für einen vollen Beweis. Wenn man eine der Hexerei berüchtigte Person

> aus ihres Feindes Stall hat gehen sehen und danach erfahren, daß gleich darauf das Vieh angefangen zu sterben,

so sei diese

> kräftige Präsumption

ausreichender Strafgrund für eine oder eine Kombination der folgenden Strafen:

> Rutenstreichen, Abhauen etlicher Glieder, Brandmalen, ewiges Gefängnis, Geldbußen und Konfiszierung.

Eine solche Milde aber sei nur angebracht, wenn die Verurteilung ohne einen über das Vermutungsstadium hinausgehenden Beweis und ohne Geständnis erfolge; in allen übrigen Fällen sollte die Todesstrafe unabdingbar sein.

Um dies sicherzustellen nahm der Jurist Bodin es sogar in Kauf, die Richter zu Verurteilungsmaschinen zu degradieren, die im Falle einer Funktionsstörung – also bei zu milden Strafen – des Landes zu verweisen seien und deren Güter, ebenso wie die der Hexen, einzuziehen seien.

Die Geständnisse bereits verurteilter Hexen waren ihm genügender Beweis für alle Vorgänge, die mit dem Hexenwesen in Verbindung gebracht worden waren.
So konnte Bodin die Richter nicht verstehen, die unter Umständen Teilbereiche – etwa den Flug oder die Teufelsbuhlschaft – als nicht mit der menschlichen Natur vereinbar, irreal und damit straffrei ansahen. Es sei

> eitele Sophisterei, welche auf ein Geständnis von unnatürlichen Sachen nicht fußen wolle.
>
> Als ob nicht durch die göttliche und menschliche Autorität, durch Einhelligkeit des ganzen Altertums, durch göttliches und menschliches Gesetz, durch Erfahrung, durch Urteil und Geständnis stattlich dargetan sei, daß die Zauberbursche wahrhaftiglich von Ort zu Ort getragen, auch Ungewitter und Unfruchtbarkeit verursacht haben.
>
> Deßwegen so muß es ja möglich sein.

Zu einer Zeit, in der die Zahl der Hexenprozesse allgemein im Abnehmen begriffen war, gewannen verschiedene Werke der frühen Hexenliteratur ein zweitesmal aktuelle Bedeutung – als Unterhaltungsliteratur.
Im Mittelpunkt des Interesses standen Werke, die trotz ihrer wissenschaftlichen Aufmachung in reichem Maße Prozeßberichte, Folterbeschreibungen und Hexenbekenntnisse enthielten. Da lag Bodins »Démonomanie« genau richtig, die sich

> fürnemlich berufft auf die Exempel solcher Geständnisse oder auff grobe Mährlein[35],

wie Christian Thomasius das Werk charakterisierte.
Einen ähnlichen Wert wird auch Thomas von Wiering der Schrift beigemessen haben – der Verleger der deutschen Ausgabe des Jahres 1693 – wenn er sie nämlich zusammendruckte mit den

> Kurzweiligen Geschichten von erdichteten Gespenst-Händeln.

16.6 Martin Delrio

An der Schwelle zum achtzehnten Jahrhundert konnte eine solche Zusammenstellung auf das wohlwollende Interesse eines, wenn auch noch nicht aufgeklärten, so doch rational angehauchten Publikums hoffen, garantierte sie dem Verleger eine beachtliche Auflage.
Mit wohligen Schauern führte sich ein Leser – dem John Lockes »Versuche über den menschlichen Verstand« geläufig waren und der die erste Universitätsvorlesung in deutscher Sprache

von Christian Thomasius beifällig begrüßt hatte – das finstere Mittelalter vor Augen, ohne sich darüber im klaren zu sein, daß der Rationalismus an einzelnen gesellschaftlichen Bereichen fast spurlos vorübergegangen war.
Noch im Todesjahr von Montesquieu (1755) erschien in Köln die allerdings dann auch letzte Auflage *des* Werkes der Hexentheorie, der »Disquisitiones magicae«, der »Magischen Untersuchungen« des belgischen Jesuiten Martin Delrio.
Gut einhundertfünfzig Jahre waren seit der Erstausgabe vergangen, und innerhalb kürzester Zeit hatten sich die »Disquisitiones« zum Standardwerk der Hexenverfolger entwickelt. Umfassend hatte Delrio die Schriften der Hexen- und Ketzerjäger, die der Nider, Binsfeld, Sprenger, Institoris, Remigius und vieler anderer ausgewertet, hatte – aus der Sicht der Befürworter einer unerbittlichen Hexenverfolgung – Weyer, Gödelmann und Lerchheimer zunächst als Zauberer und Werkzeuge des Teufels entlarvt und sie anschließend, an sich überflüssig, auch noch eindeutig widerlegt.
Auch seine Gegner kamen nicht umhin, den Fleiß und die Besessenheit Delrios anzuerkennen, seine im Vergleich mit dem »Hexenhammer« strenge Wissenschaftlichkeit. Im Hinblick auf Aufbau und Darstellung der theoretischen Abschnitte konnte das Werk jeder Kritik standhalten, und man hätte es gar als einen Aufruf zur Einhaltung der Verfahrensregeln ansehen können, hätte der Autor nicht in einer seiner sonstigen Arbeitsweise widersprechenden Kritiklosigkeit und Leichtgläubigkeit so gut wie jede erreichbare Hexen-, Gespenster- und Zauberfabel in das Werk aufgenommen.
Dadurch nahm er seinem Versuch zur Begrenzung der Folter, seinen strengen Beweisanforderungen und seinem Eintreten gegen die Wasserprobe vieles von ihrer sonst zu erwartenden Wirkung.

Wunderbare Histörchen und die auf der Folter erpreßten Geständnisse[36], hielt dann auch wenige Jahre nach ihm sein Ordensbruder Friedrich von Spee für die Grundlage der Hexenlehre Delrios.
Vor allem die Geständnisse verurteilter Hexen verführten ihn dazu, einzelne Bestandteile des Hexenwesens als real hinzunehmen, die er in einer rein theoretischen Abhandlung mit Sicherheit als Einbildung abgetan hätte.
Ein nahezu blindes Vertrauen in den Wahrheitsgehalt der aktenmäßig festgehaltenen Geständnisse – wobei unter diesen den abgefolterten besondere Glaubwürdigkeit zukam, war gemein-

sames Merkmal der Juristen unter den Hexenschriftstellern des 16. Jahrhunderts.

Bevor er mit neunundzwanzig Jahren in die Gesellschaft Jesu eintrat, hatte auch Martin Delrio Rechtswissenschaft studiert und eine Reihe juristischer Kommentare herausgegeben, deren Schwerpunkte auf zivilrechtlichem Gebiet lagen. Auch in den Ausführungen zum Hexenwesen schien die juristische Grundierung des Theologen Delrio immer wieder durch.

Er ebenso wie Gödelmann hatten in Vorlesungen und Kommentaren die Folter immer nur als das Reinigungsmittel kennengelernt, das sie für die Mehrzahl aller Verbrechen auch geblieben war. Wenn eine überstandene Folter in der Lage war, einen Angeklagten vor der Todesstrafe zu bewahren – so der Gedankengang der Juristen –, sei es einfach unvorstellbar, daß ein Angeklagter sich zu Unrecht selbst belastete.

Für bestimmte Delikte war dieser Schluß von der Praxis jedoch längst überholt; für Ketzerei, Zauberei und Hexerei hatte die Folter den Sinn des reinen Beweismittels aufgeben müssen.

Die von vielen Autoren vertretene Theorie der absoluten, der nach Art, Maß und Dauer unbeschränkten Folter hatte sie zu einer »Strafe auf Verdacht« werden lassen.

Chancengleichheit oder auch nur die Möglichkeit des Bestehens der peinlichen Befragung waren nicht mehr gegeben. »In meiner Folter hat noch jede Hexe gestanden«, mußte ein auf seine Berufsehre bedachter Foltermeister sagen können.

Die Fehlvorstellung, der Delrio in diesem Punkt unterlegen war, machte sein Werk so gefährlich.

> Vernimm, oh Leser, eine andere ganz sichere Geschichte. Die handelt davon, wie im Jahr 1587 aus einer dunklen Wolke am Abend ein Weib plötzlich zu Füßen eines wallonischen Wachtpostens fiel, der in die Wolke geschossen hatte.[37]

Soweit der Tatbestand, den es zu beweisen galt.

Die Beweisführung setzte regelmäßig mit einem Zitat aus einer bereits veröffentlichten Schrift ein, häufig dem »Hexenhammer« oder Binsfelds »Traktat vom Bekenntnis der Hexen«.

Folgte die Behauptung, schon dies müsse als ausreichend angesehen werden, den Sachverhalt unbestreitbar zu machen – und anschließend der Hinweis zur Anwendung auf künftige Fälle. Eine des Vergehens berüchtigte Frau sei so lange zu foltern, bis auch sie den Flug zum Hexensabbat zugebe, denn daß solches möglich sei, ergebe sich bereits aus dem vorher Gesagten. Wenn sie es dann endlich eingestehe, halte man den Beweis in Händen,

daß die Inquisitoren nicht geirrt haben, gleichzeitig, daß die Angeklagte eine Hexe sei.
Nach diesem Schema stellte Delrio einen auf die Bedürfnisse der Gerichte zugeschnittenen Fragenkatalog zusammen, in dem viele Hundert Geständnisse verwertet waren.
Den letzten Nachweis, daß Delrio in keinem der von ihm angeführten Punkte zu weit gegangen war, erhielt er in einem Brief seines Ordensbruders Kaspar Rhey.

> Am 27. November sind hier zu München eine Mutter mit ihrer Tochter, zwei Männer und ein zwölfjähriger Knabe auf entsetzliche Weise hingerichtet worden.
> Was es nur immer an Verbrechen gibt in deinem Buche über die Zauberei, das haben diese verübt.
> Das habe ich selbst aus dem Mund des geschworenen Richters gehört, der gegen diese Zauberer die Untersuchung geführt und dein Buch sehr sorgfältig gelesen hat.[38]

Vom Umfang her konnte man das Werk als Handbuch des gesamten Zauberei- und Hexenwesens bezeichnen.
Natürliche und dämonische Magien samt ihren Ausgestaltungen wurden abgehandelt, der Einfluß der Gestirne auf die Heilung von Krankheiten, magische Amulette und Inschriften, Alchimie und Goldmacherkunst, jüdische und arabische Zauberbücher.
Regelmäßig waren Delrios Vorgänger an dem Versuch gescheitert, die Anschauungen des »Canon Episcopi« über den Hexenflug zu widerlegen. Dieses Problem umging er geschickt: auf die jetzige Hexengeneration, die zur Zeit der Abfassung des Kanon noch gar nicht existiert habe, könne man ihn deshalb auch nicht anwenden.
Delrio beschränkte die Strafbarkeit der Hexerei nicht entsprechend der weltlichen Gesetzgebung auf einen Schadenzauber, sondern befürwortete die Vorverlegung des Strafgrundes schon in den Teufelspakt.
Abschluß und Inhalt des Teufelspaktes waren dann auch einer der Zentralpunkte seiner Theorie des Hexenwesens. Nachfolgend einige der elf Schritte.

> ... zum sechsten schwören sie dem Teufel den Eid über einem in die Erde beschriebenen Kreis. Der Kreis ist, weil er keinen Winkel hat, das Gegenteil von dem winkelreichen Zeichen des Kreuzes, das der Teufel verabscheut.
> Zum siebenten bitten sie den Teufel, daß er sie aus dem Buch des Lebens austilge und in das Buch des Todes einschreibe. So lesen wir in einem Buche der schwarzen Kunst der Magier von Avignon.

Zum achten versprechen einige Hexen, daß sie an gewissen Tagen ein Kind rauben und töten werden, wie Spinäus dartut.

Zum neunten werden sie gezwungen, den Dämonen etwas alljährlich zu schenken, um sich von der Furcht vor Plagen oder allerhand Quälereien loszukaufen. Gültig ist aber nur, was eine schwarze Farbe hat, wie Remigius ausführlich beweist.

Zum zehnten pflegt der Teufel an einem gewissen Teil des Körpers, bald hier bald dort, sein Zeichen einzugraben, welches unempfindlich selbst für Nadelstiche ist.[39]

Wie schon angedeutet, waren die »Disquisitiones« aber durchaus auch geeignet, die Rechtsstellung der angeklagten Hexen zu verbessern.

Delrio brachte jedoch nicht den Mut auf, in dieser Hinsicht systematisch vorzugehen. Wo er gerade noch die Theorie des Hexenmals unterstützte und damit der Nadelprobe weiteren Vorschub leistete, wandte er sich wenig später mit scharfen Worten gegen die Wasserprobe, die er als völlig ungeeignet ansah, den Schuldbeweis gegen eine Hexe zu erbringen.

Entschiedener war da schon sein Eintreten für Mäßigungen im Gebrauch der Folter. Zwei grundsätzliche Beschränkungen wollte er durchsetzen: Eine Foltereinheit dürfe die Dauer einer Stunde nicht überschreiten, und nach spätestens drei überstandenen Folterungen sei eine Angeklagte zu entlassen. Keinesfalls dürfe der Körper der Gefolterten

was Muskeln, Knochen und Nerven betrifft, zerrissen werden.

Sicher eine notwendige Mahnung, wenn man den Berichten über grausame Hexenverstümmelungen Glauben schenken durfte.

Ich habe gesehen, welchermaßen sie den festen Leib des Menschen zertrümmern,

schrieb der Theologe Johann Matthäus Meyfart in seiner »Christlichen Erinnerung an gewaltige Regenten«.

Ich habe gesehen, wie sie die Glieder voneinander treiben, die Augen aus dem Haupte zwingen, die Füße von den Schienbeinen reißen, die Gelenke aus den Spannadern bewegen, bald das Ober in das Unter, bald das Unter in das Ober wenden.

Es sind wohl die armen Leute an einem Stück hin ganze vierundzwanzig Stunden gepeinigt und diesselben zwanzig-, dreißig-, vierzig- oder fünfzigmal aufgezogen, und zwar so hart, daß die Sonne durch den Leib geschienen und man ihnen das Eingeweide hab sehen können.[40]

Diese Gegenüberstellung macht deutlich, welche Verbesserungen die Vorschläge Delrios allein schon unter dem Gesichtspunkt der Dauer der Folter mit sich gebracht hätten. Seine

Zurückhaltung belief sich aber auch auf die Folterarten, Schlafentzug hielt er für die wirksamste,

> hauptsächlich für vornehme Frauen geeignet, wenn keine Verstreckung der Glieder mit verbunden ist.[41]

Mit harten Worten wandte sich Delrio gegen die, wie er sie einstufte, verschlagene und grausame Folteranleitung des »Hexenhammers«.

Sprenger und Institoris hatten etwa den Grundsatz aufgestellt, daß eine Wiederholung der Tortur nicht zulässig sei, gleichzeitig dem Gericht aber sogar formularmäßig vorgezeichnet, wie dieser Grundsatz zu umgehen sei.

> Wenn der peinlich Verhörte nicht während der Folter zur Bekennung der Wahrheit gebracht werden kann, dann wird in seiner Gegenwart das Urteil auf *Fortsetzung* des peinlichen Verhörs, nicht auf Wiederholung – da nicht wiederholt werden darf, wenn nicht neue Indizien dazugekommen sind – in folgender Weise vorgetragen:
>
> Wir Vorgenannten, Richter etc., wie oben, bestimmen für dich N. N. den und den Tag zur Fortsetzung des peinlichen Verhörs, damit aus deinem eigenen Mund die Wahrheit herauskomme.[42]

Ein Richter, so Delrio, müsse sich bei seinen Entscheidungen immer vor Augen halten, daß er dereinst selbst vor dem höchsten Richter stehen werde, den er mit einem Wortspiel nicht täuschen könne.

> Was nützt es Fortsetzung zu nennen, was in der Tat eine Wiederholung ist?

Mäßigende Worte wie diese wurden an anderer Stelle des Werkes regelmäßig wieder aufgehoben, der Delrio konnte mit dem Delrio bekämpft, konnte durch ihn widerlegt werden.

Empfahl er den Richtern Barmherzigkeit vor Strenge, so hieß es an anderer Stelle entsprechend den Forderungen Jean Bodins:

> die Richter sind unter schwerer Sünde gehalten, die Hexen, die bekannt haben, zum Tode zu verurteilen.
>
> Wer sich gegen die Todesstrafe ausspricht, gibt berechtigten Verdacht eines geheimen Einverständnisses.[43]

Die Beschränkungen der Folter wurden entkräftet durch die Einteilung der Hexerei zu den Sonderverbrechen, die nach allgemein herrschender Ansicht eine unbeschränkte Folter rechtfertigte.

In diese Reihe gehört auch das unentschiedene Verhältnis Delrios zu den Hexenproben. Dem »Nein« zur Wasserprobe – Motto:

> es ist besser, hundert schuldige Hexen freizusprechen, als durch eine solche

Probe auch nur eine einzige zu verurteilen oder in Gefahr zu bringen – folgte das »Ja« zur Nadelprobe, kein eindeutiges, doch eine Äußerung, die nie in anderem Sinne aufgefaßt wurde.
In einem ähnlichen Mißverhältnis standen schließlich die Abfassung einer Verhöranleitung für die Gerichte – detaillierte Fragen nach Hexenflug und Teufelsbuhlschaft – und die nachfolgende Aufforderung, die Geständnisse der Hexen daraufhin zu überprüfen, ob sie sich tatsächlich in der beschriebenen Art zugetragen haben konnten.
An vielen Stellen der »Disquisitiones« scheint Delrios Auffassung durch, die Hexerei sei nicht in erster Linie ein der weltlichen Ordnung zuwiderlaufendes Delikt.
Vorzüglicher Strafgrund sei vielmehr die in dem Teufelspakt zum Ausdruck kommende Ableugnung Gottes. Aus dieser Grundhaltung wird erklärlich, warum er den Teufelspakt zum Kernstück seiner Theorie machte, warum es ihm auf den zusätzlichen Nachweis eines Schadenzaubers gar nicht einmal so sehr ankam. In besonderem Maße trat diese Vorstellung in dem Bild zutage, das sich Delrio vom Ablauf eines Hexensabbats machte. Während für die überwiegende Mehrzahl der Autoren neben der Teufelsbuhlschaft die Berichte der Hexen über verübte und die Planung neuer Schadenzaubereien im Mittelpunkt standen, legte Delrio das Schwergewicht auf die im Verlaufe des Hexensabbats immer wieder auftauchenden Parodien kirchlicher Riten und Gebräuche – auf das Abendmahl, die Beichte und bestimmte Gebete.

> Die Feste der Hexen geschehen also: nachdem sie dem in Tiergestalt auf einem Trone sitzenden Dämon den Hintern geküßt, bringen die Hexen ihm Opfer dar und weihen und töten ihm ihre eigenen und fremden Kinder. Von der empfangenen Kommunion haben sie die heilige Hostie im Munde behalten, diese speien sie nun aus, weihen sie dem Dämon, treten sie in seiner Gegenwart mit Füßen.
> Nach solchen Schandtaten setzt man sich zu Tische und schmaust von den Speisen. Und nicht fehlt das Tischgebet, aber aus gotteslästerlichen Worten bestehend, mit welchen sie den Beelzebub als den Schöpfer und Erhalter aller Dinge feiern. Denselben Charakter tragen auch die Danksagungen nach Tische. Ich habe selbst die Formel, von der Hand einer berühmten Hexe niedergeschrieben, gelesen.
> Nachher führen sie Tänze auf und singen obszöne Lieder zu Ehren des Dämon, und machen das lächerlichste Zeug.[44]

Die Schrift Delrios war mitentscheidend für das beträchtliche Anwachsen der Hexenprozesse zu Beginn des 17. Jahrhunderts, wobei vor allem die Partien Bedeutung erlangten, in denen er sich für ein kompromißloses Vorgehen gegen die Hexen aussprach.

16.7 Christian Thomasius

Friedrich II. nennt ihn den Mann, der den Weibern »die Gewißheit vindicierte in Ruhe alt werden und sterben zu können«. Bis dahin jedoch war es ein weiter Weg gewesen, und wäre es nicht zu jener einschneidenden Erfahrung im Rahmen seiner praktischen juristischen Tätigkeit gekommen, die ihn zwang, sein Verhältnis zu den Hexenprozessen zu überprüfen, er wäre nicht als einer der Hauptkämpfer gegen den Hexenwahn in die Geschichte eingegangen, sondern auch nur einer jener »doctores« gewesen, die als Gutachter zur Anwendung der Folter rieten und damit die Hexenrichter »nach oben« absicherten. Diese Erfahrung machte Thomasius in einem Hexenprozeß des Jahres 1694:

> Dieser gegenwärtige casus wurde auch anno 1694 in unsere Facultät geschickt im Monat September, und war ich damahls noch mit der gemeinen Meinung von den Hexen-Wesen so eingenommen, daß ich selbst dafür geschworen hätte, die in des Carpzovii praxi criminali befindliche Aussagen der armen gemarterten oder mit der Marter doch bedroheten Hexen bewiesen den mit den armen Leuten pacta machenden, und mit den Menschen buhlenden, auch mit der Hexe Elben zeugenden, und Sie durch die Lufft auff den Blockersberg führenden Teuffel überflüssig, und könnte kein vernünftiger Mensch an der Wahrheit dieses Vorgebens zweiffeln. Warum? Ich hatte es so gehöret und gelesen, und der Sache nicht ferner nachgedacht.[45]

In seinem Gutachten stellte er den Tatbestand des Prozesses ausführlich dar und sprach sich unter Bezug auf Carpzow für eine »mäßige« Anwendung der Folter aus. Damit hatte er selbst den verhängnisvollen Fehler begangen, den er als Hemmschuh für die wissenschaftliche Weiterentwicklung bezeichnet hatte und vor dem er seine Studenten warnte: »blinde Autoritätsgläubigkeit und kritiklose Übernahme älterer Lehrmeinungen«.[46]
Die Quittung folgte. Seine Fakultätskollegen, u. a. Samuel Stryk und Heinrich Bodinus[47], nahmen sein Votum nicht an.

> Nun verdroße es mich aber nicht wenig, daß bey diesem ersten mir unter die Hände gerathenen Hexen-Prozeß mein Votum nicht hatte wollen attendiret werden, aber dieser Verdruß war nicht so wohl wieder den damahligen Herrn Ordinarium und meine übrigen Herren Collegen, als wieder mich selbst gerichtet.

> Denn da ich allbereit in der Ausarbeitung meiner Teutschen Logic gelehrt hatte, daß ein weiser Mann die beyden Haupt-praejudicia menschlicher autorität und der Übereilung meyden muste, verdroß es mich auf mich selbst, daß mein votum auff nichts als die Autorität obiger, und zwar grösten Theils offenbahr partheyischer unvernünfftiger Männer, und auff dero übereilte und unzulängliche rationes sich gründete, fürnehmlich darauff, daß die justificirte Hexe es der Inquisitin in die Augen gesagt, daß Sie von Ihr hexen lernen, und umbgetaufft worden, auch bey dieser Aussage biß an Jhren Tod beständig verharret wäre.
> Ja es verdroße mich noch mehr auff mich, daß ich, so bald ich die rationes contrarias meiner Herren Collegen nur hörete, ich alsbald von deren Wichtigkeit convinciret (überzeugt) wurde, und nichts darauf antworten kunte.[48]

Und dies, obwohl er dachte, »dannenhero mit diesem voto in der Facultät ehre einzulegen«.

Ihm wurde aufgegeben, ein neues Conclusum Facultatis zu entwerfen, daß gegen die Angeklagte »in Ermangelung anderer Indizien ferner nichts vorzunehmen, sondern sie ist ... der gefänglichen Haft zu erlassen, jedoch seynd diese Acta wohl zu verwahren und ist auf ihr Leben und Wandel fleißig Acht zu geben«.

Obwohl sein erstes Gutachten also abgelehnt worden war, blieb er weiter mit der Ausarbeitung der Hexengutachten betraut. Aber der ihm von seinen Fakultätskollegen gegebene Denkanstoß begann Wirkungen zu zeigen.

> ... so fügte es die göttliche Vorsehung, daß immer nach und nach auch andere Hexen-Acten in unsere Fakultät geschickt und meiner relation anvertraut wurden, die mich gleichsam forcirten die Augen immer weiter und weiter auffzuthun, und die miserable prostitution der Hexen-Richter und Advocaten zu erkennen.

Am 12. November 1701 erschien die Zusammenfassung seiner Erkenntnisse in der Schrift »De Crimine Magiae«. Seine Forderung: Einstellung aller Hexenprozesse, da es sich bei der Hexerei nur um ein fiktives Verbrechen handele.

Nachdem sich Thomasius in dieser Arbeit mit den bisher herrschenden juristischen und theologischen Vorstellungen zum Hexenverbrechen auseinandergesetzt und sie ebenso wie die Vorschriften des geltenden Rechts (Art. 44 »Constitutio Criminalis Carolina«) verworfen hatte, kam es zu einer Flut von Gegenschriften.

Darunter die des Staruper Pastors Petrus Goldschmidt, die an dieser Stelle nur ihres Titels wegen angeführt sei:

> Petri Goldschmidts Verworfener Hexen und Zauberadvocat, d. i. wohlgegründete Vernichtung des thörichtes Vorhabens Herrn Christiani Thomasii, J.U.D.

et Prof. Halens., und aller derer, welche durch die superklugen Phantasiegrillen dem teuflischen Hexengeschmeiß das Wort reden wollen, in dem gegen dieselben aus dem unwidersprechlichen göttlichen Worte und der täglich lehrenden Erfahrung das Gegentheil zu Genüge angewiesen und bestätigt wird, daß in der That eine teufelische Hexerei und Zauberei sei und dannenhero eine christliche obrigkeit gehalten, diese abgesagten Feinde Gottes, Schadenfrohe Menschen und Viehmörder aus der christlichen Gemeinde zu schaffen und dieselben zur wohlverdienten Strafe zu ziehen.

und eine anonyme Schrift von einem, wie er sich selbst bezeichnet, »Diener des Göttlichen Worts in der Mark Brandenburg«:

> Nothwendige Gewissensrüge an den Hallischen Professor Christian Thomasium, Wegen seines abermahligen Unfugs, So er ... angerichtet, nach der Wahrheit und Liebe ohne Schmähungen angestellt.[49]

Nur mittelbar gegen die Dissertation von Thomasius gerichtet ist die Reaktion der theologischen Fakultät der Universität Halle. Durch eine Beschwerde beim Oberkonsistorium erreichte sie, daß Thomasius, bei Strafe der Absetzung, vom 27. 10. 1702 an keine theologischen Angelegenheiten mehr in seinen Vorlesungen behandeln durfte. Dies richtete sich insbesondere gegen eine weitere mündliche Verbreitung seiner ablehnenden Ansichten über die von Theologen aus Bibelfundstellen hergeleitete Begründung des Hexenwesens.[50]

Es ist zweifelhaft, ob Thomasius sich nur dem Buchstaben nach an diese Anordnung hielt oder auch in deren Geist handelte. Denn ein Jahr nach ihrem Erscheinen wird die »Nothwendige Gewissensrüge« erneut herausgegeben, diesmal jedoch von einem »Freund der Wahrheit«, versehen mit widerlegenden Anmerkungen. Es ist nicht ausgeschlossen, daß dieser »Freund der Wahrheit« Christian Thomasius selbst war.

Daß Thomasius durchaus ernst gemeinte Anfeindungen mit Humor trug, zeigt ein von ihm selbst mitgeteiltes gegen ihn gerichtetes Gedicht:

> Ein längst verlohrner Sohn, der alles Gut verprasset,
> Was an Religion, an Ehr, und Nahmen ist,
> Der hasset, was man liebt und liebet, was man hasset,
> Der Hohn für Wasser säufft und Spott für Träbern frisst,
> Lacht alle Lehren aus, dreht und verkehrt die Bibel,
> Ist wohl ein Ismael und rechtes Kirchen-Übel,
> Gespenster glaubt er nicht, auch keinen Bund der Hexen!
> Welch Atheistisch Gifft, das er hierunter hegt!
> Er ist ein Höllen-Huhn, das itzo erst will käcksen,

> Bis daß er nach und nach die Eyer hingelegt,
> Den Sudducäer Geist von neuen auszubrüten,
> Ach dafür woll uns doch der liebe Gott behüten![51]

Aber von 1705 an konnte Thomasius wieder eigene Veröffentlichungen und unter seiner Federführung entstandene Übersetzungen von englischen Autoren herausgeben, z. B. die Werke der englischen Hexengegner Webster und Hutchinson.[52]

Die tatsächlichen und rechtlichen Auswirkungen zeigt ein Edikt Friedrich Wilhelms I.:

> Edict wegen Abstellung der Mißbräuch bey denen Hexen Prozessen de dato Berlin den 13. Decembr. 1714.

Dieses Edikt markiert für Brandenburg-Preußen das Ende der Hexenprozeßhysterie, denn jedes Urteil in Hexensachen, jede Anwendung der schweren Folter mußte vom König bestätigt werden, von einem König, der schon 1701 einen märkischen Gerichtsherrn wegen eines fehlerhaften Prozesses zur Rechenschaft gezogen hatte.[53] In der Uckermark war ein fünfzehnjähriges Mädchen wegen Geschlechtsverkehrs mit dem Teufel enthauptet worden, nachdem man ein Gutachten der Universität Greifswald eingeholt hatte. Bei der Überprüfung der Akten stellten sich mehrere Verfahrensfehler heraus. Einzelne Zeugen waren nicht verhört worden, es hatte keine ordnungsgemäße Verteidigung des Mädchens stattgefunden. Außerdem hatte das Urteil ein Gutachten des Hoffiskals nicht berücksichtigt, nach dem das Mädchen als Melancholikerin unter ärztliche Obhut hätte gestellt werden sollen.

Doch der zugleich mit Richterfunktionen ausgestattete Gutsherr entschuldigte sich mit seiner Abwesenheit zur Zeit der Entscheidung der Sache und damit, daß er »auch keine iura verstehe«.

Unter damaligen Umständen noch eine ausreichende Entschuldigung für ein fälschliches Todesurteil gegen eine Leibeigene.

1721 und 1728, noch zu Lebzeiten Thomasius', fanden die beiden letzten preußischen Hexenprozesse statt. In beiden Fällen erging jedoch kein Todesurteil mehr.

17 Juristenbild und Prozeßkosten

Mit der Rezeption »in complexu«, der vollständigen Übernahme des römischen Rechts und seiner unkritischen, nicht auf die deutschen Verhältnisse übertragenen Anwendung durch die Gerichte, war aus dem Volksrecht das Juristenrecht geworden. Parallel dazu verlief die Entfremdung zwischen denen, die Recht begehrten und jenen, die Recht sprachen und lehrten.
Zunächst entlud sich der Zorn weiter Bevölkerungskreise über die Universitäten.

> Sie dienen zu nichts mehr, denn daß man darin Müßiggänger erziehe, die da lernen, wie man die Leute ineinander verwirren, die guten Sachen bös und böse gut machen, einem Armen sein Recht stopfen und aufhalten, einem Reichen zu seinem Unrecht verhelfen.

Solche und ähnliche Klagen hatte sich der mansfeldische Kanzler Georg Lauterbecken mehrfach anhören müssen und auch Überlegungen, ob es nicht besser sei,

> daß man die Universitäten lasse zergehen, denn daß man sie mit vielen Uncosten solle aufrichten und erhalten.

Einige Universitäten bestanden faktisch nur noch aus den juristischen Fakultäten.

> In unserer Zeit lächelt die Jurisprudenz Alle so an, daß Jeder ein Rechtsbeflissener zu werden wünscht.
> Die meisten werden zu diesem Studium angetrieben durch Gier nach Geld oder durch Ehrgeiz,[1]

klagte ein Leipziger Professor zu Beginn des 16. Jahrhunderts.
Hatte sich die Kritik zunächst auf die Hochschulangehörigen beschränkt, geriet bald der ganze Stand in Verruf, Richter, Advokaten und herrschaftliche Räte.
Die Advokaten,

> deren Rechtsgefühl rabulistischer Fertigkeit[2]

gewichen war, die auch rechtlich eindeutige Sachverhalte in komplizierter Form vor die Gerichte brachten, die den Prozeß zumindest solange verschleppten, wie zu erwarten stand, daß der Klient noch für ihre Gebühren aufkommen würde.
Die Räte,

> deren Ehrgeiz und Gewinnsucht wirksame Bundesgenossen für die steigenden Ansprüche der Landesherren[3]

waren, die neue Geldquellen – in Form von Zusatz- und Sonderabgaben – erschlossen, die den ersten Schritt in Richtung amtlicher Gebühreninflation taten.

Lauterbecken sagte es

> frei heraus, daß es nie übler in der Welt und allen Regimenten gestanden ist, denn seit man zu der Regierung die Gelehrten, sonderlich die Juristen hat kommen lassen.

Härteste Vorwürfe trafen die Richter, von Rechtsbeugung und Bestechlichkeit war die Rede. Meist jedoch unberechtigterweise und vielfach nur darauf zurückzuführen, daß einem Urteil die den Parteien unbekannten und ihrem Rechtsgefühl widersprechenden römisch-rechtlichen Normen zugrunde lagen.

Das Bild des bestechlichen Richters hatte noch andere Ursprünge. Bei einer an den Oberhöfen und Hofgerichten in der Regel mehrjährigen Prozeßdauer konnte es durch Zahlungen an Richter oder Kanzleibeamte gelingen, das eigene Verfahren vorzuziehen und so zu einem schnelleren Abschluß zu bringen.

> Viel Geld, kurze Zeit – wenig Geld, lange Zeit,

so lautete die den Vorgang treffend charakterisierende Kurzformel. Daß auch diese Praxis nicht dazu geeignet war, dem immer stärker werdenden Vertrauensschwund der Rechtsprechung entgegenzuwirken, leuchtet ein.

Wenn dann ein formell und materiell ordnungsgemäßes, für die Parteien aber unerwartetes Urteil gefällt wurde, mußte sich der Eindruck aufdrängen, nicht nur ein vorgezogener Verhandlungstermin, sondern das Recht selbst sei käuflich.

> Ein ehrlicher Mann erzählet seinen Handel vor einem Richter und der Richter hieß ihn lügen.
>
> Er aber sprach: hab ich denn nit allhie einen ehrlichen Mann, der mein Zeuge sein wird?
>
> Der Richter fragt den Zeugen, ob dem also wäre, wie dieser gesagt hätte, der antwortet: ja.
>
> Da sprach der Richter zu deme, den er hätte heißen lügen, so muß ich dann dein Ehr wieder zustellen?
>
> Der aber antwortet ihm und sprach: Herr Richter, bemühet euch nicht so viel, denn wenn ihr jedem sein Ehr wiedergeben müßtet, dem ihr sie genommen, so würd euch nichts überbleiben.[4]

Das in solchen Anekdoten noch zum Ausdruck kommende augenzwinkernde Verhältnis zur Justiz, in dem der Richter – Mensch wie alle anderen auch – vom schlauen Bäuerlein rhetorisch ausgestochen wurde, hatte nicht lange Bestand.

Vor allem galt dies für strafrechtliches Gebiet, wo Satiren und

Abb. 8: Leibstrafen. Holzschnitt aus Tenglers Laienspiegel, Mainz: Joh. Schöffer 1508.
Leibstrafen (von oben links): Verbrennen, Hängen, Ertränken, Blenden, Entdärmen (oder Häuten), Rädern, Auspeitschen, Enthaupten, Handabhauen.
Die für Hexerei und Zauberei vorgesehene Strafart war das Verbrennen bei lebendigem Leib, das dennoch nur selten zur Anwendung kam. Zeigten sich die Verurteilten reuig, gewährte das Gericht ihnen den sog. Gnadenzettel: sie wurden enthauptet oder erdrosselt, der Leichnam verbrannt.

Schmähschriften die Anekdote ablösten, wo bald die Furcht vor der Folter und den bei geringsten Vergehen verhängten schweren Leibstrafen vorherrschte, der Richter zum Herrn über Leben und Tod geworden war.
Ausschluß der Öffentlichkeit, Schriftlichkeit der Verfahren in einer Zeit verbreiteten Analphabetentums und der in den Hexenprozessen zum ungeschriebenen Gesetz erhobene Ausschluß der Verteidigung taten ein übriges, um die Strafjustiz im denkbar schlechtesten Licht erscheinen zu lassen.
Besonders beklagt wurde immer wieder die Höhe der Prozeßkosten, die von den Gerichten oft willkürlich festgesetzt wurden und die sich meist erheblich über den amtlich festgelegten Gebührensätzen bewegten.
Wenn selbst ein Mann wie der Trierer Kurfürst Johann von Schönenburg – in dessen Amtszeit mehrere Hundert Menschen als Zauberer und Hexen verbrannt worden waren – Mittel und Wege suchte, dem abzuhelfen, waren solche Vorwürfe sicher nicht aus der Luft gegriffen.
Zwar sei es seine besondere Aufgabe

> das hochstrafliche Laster der Zauberei durch ordentliche Mittel auszurotten,

doch habe er erfahren, daß

> viel Nullitäten und Unrichtigkeit so wohl der Proceß, als der Execution halben vorgegangen, dahero den armen Underthanen unträgliche Costen zur Handt gewachsen, ja Witwen und Waisen ins eusserst Verderben gesetzt worden.[5]

Dennoch konnten die Beteiligten – Richter und Henker, Schöffen und Notare, Gerichtsboten und Folterknechte – mit einiger Sicherheit darauf vertrauen, weder gerügt noch sonst zur Verantwortung gezogen zu werden.
Häuften sich die Beschwerden, mochte es allenfalls vorkommen, daß der Landesherr eine Rechnungsprüfungskommission einsetzte, die zunächst schriftliche Kostenaufstellungen anforderte.
Die gröbsten Unregelmäßigkeiten wurden ausgemerzt und mit dem Vermerk

> nicht passirt

versehen.
Etwa der bei den Gerichtsmahlzeiten oder Verfolgungen flüchtiger Hexen angefallene Alkoholkonsum.

> Dem Wirt zu Hainichen, was die der Hexenkönigin nachgesetzten Schützen daselbst vertrunken .... 2 Rth. 7 Albs.[6]

Die nur schwer nachzuprüfenden Spesenrechnungen betrugen oft ein Mehrfaches der reinen Folter- und Exekutionskosten, bei denen sich die Henker weit eher mit dem genehmigten Fest-

betrag zufriedengaben.
Zu den »nicht passirten« Beträgen konnte auch die Rechnung des Ortspfarrers für Kerkerbesuche und den geistlichen Trost auf dem Weg zum Richtplatz gehören.

Die Mönche nehmen kein Geld,

hieß es in der Randbemerkung eines Kölner Rechnungsprüfers.
Gegen die nicht zuletzt aus dem Vermögen der Verurteilten finanzierte Unterhaltung der privaten Schutztruppe des Henkers wurden zwar ebenso kritische Stimmen laut, ohne daß es jedoch den Kommissionen gelungen wäre, in diesem Punkt auch nur einen Vergleich zu erzielen.
Nachdem mehrfach Scharfrichter und Hexenkommissare von aufgebrachten Bauern erschlagen worden waren, fürchteten sie zu Recht um ihre Sicherheit.
Insgesamt kam es nur zu geringfügigen Korrekturen der Kostenaufstellungen, dabei war schon die Tatsache der Rechnungsprüfung überhaupt eine seltene Ausnahme.
Die mangelnde Kontrolle durch regierungsamtliche Stellen oder gar den Landesherrn selbst, war nicht zuletzt darauf zurückzuführen, daß es unter Berufung auf das kanonische Recht üblich geworden war, das Vermögen der Verurteilten zu konfiszieren, und zwar unabhängig davon, ob – wie meist der Fall – noch Erben vorhanden waren oder nicht.
Der Großteil der Güter und Liegenschaften fiel den Landesherren zu, deren Quote fünfzig vom Hundert nur selten unterschritt. Vielfach hatte es sich sogar eingebürgert, den gesamten, nach Abzug der Gerichtskosten verbleibenden Betrag dem Herrschervermögen zuzuschreiben.
Von der Mitte des 16. Jahrhunderts an geriet diese Praxis bei den Fürsten etwas in Verruf, objektiv gesehen war sie seit dem Inkrafttreten der Gerichtsordnung Karls V. im Jahr 1532 sogar rechtswidrig.

Item an etlichen Orten, so ein Übeltäter außerhalb des Lasters der beleidigten Majestät oder sonst in anderen Fällen, so der Übeltäter, Leib und Gut nit verwirkt, vom Leben zum Tode gestraft, werden Weib und Kinder an Bettelstabe, und das Gut dem Herren zugewiesen, und die und dergleichen Gewohnheit, Wollen wir, daß ein jede Obrigkeit abschaffen soll.
(Artikel 218 CCC)

Die eindeutige kaiserliche Absichtserklärung wurde zunächst sogar von Personen richtig aufgefaßt, von denen man viel eher eine ausweitende Interpretation hätte erwarten können, so von dem Trierer Weihbischof und engstem kurfürstlichen Berater, Petrus Binsfeld, dem Urheber der vielen Hundert Hexenverbrennungen im Trierer Raum. Die Frage,

> ob die Güter der Zauberer dem Fisco verfallen,

verneinte er klar. Im Laster der Hexerei und Zauberei sei

> – so wol als in vielen anderen – die Confiscation und Entfrembdung der Güter durch Keyserliche satzung Caroli deß fünfften, recht und wol auffgehoben und eingestellt.[7]

In der Praxis hatte die kaiserliche Satzung aber mehr oder weniger nur Papierwert, denn die Richter verstanden es, ihre durch den Wegfall der Gütereinziehung entstandenen Einkommensverluste auf andere Weise wieder wett zu machen. Für sie sowohl als für die Betroffenen hatte das neue Verfahren den gleichen alten Effekt, lediglich der Begriff der Konfiskation tauchte nun nicht mehr auf.

> Dann etliche Richter, dieweil sie aus verbottener Confiscation der Güter nichts haben mögen, unter anderen Farben und erdichteten Titeln, der entstandenen Uncosten, Vacation gehabter Muehe und Arbeit in der Wahrheit, welches zu erbarmen, wider Recht und Billigkeit ist, der Armen beschuldigten Güter, also zu sich reissen, dass die arme Waisen und Witwen offtermal in hoechste Armut geraten.

Wie wir in der Folge sehen werden, war der Versuch Binsfelds, die Verfahrenskosten zu senken, unter dem Gesichtspunkt der Beibehaltung, ja Intensivierung der Hexenprozesse, ein Schnitt ins eigene Fleisch. Die Prozesse fortzuführen, gleichzeitig aber die Verdienstmöglichkeiten der an der Verfolgung Beteiligten zu beschneiden, war ein Ding der Unmöglichkeit.

Ein Blick auf die Prozeßzahlen verdeutlicht den Zusammenhang. Mit seinen Stellungnahmen hatte Binsfeld den Weg freigemacht für eine Verordnung des Kurfürsten zur Einschränkung der Verfahrenskosten vom Dezember 1591. Schon im folgenden Jahr verringerte sich die Prozeßzahl um die Hälfte, drei Jahre später waren Hexenprozesse nur noch Einzelfälle.

Die »Ordonatio« des Kurfürsten Johann von Schönenburg war gekennzeichnet von einer ungewöhnlich realistischen Einschätzung der Lage.

Seine Kritik richtete sich in erster Linie gegen ein mehr als fragwürdiges Verfahren und Vorgehen, das vor allem in den kleinen Gemeinden des Erzstifts eingerissen war. Hier kam es – meist auf Betreiben und unter Führung des Zenders, des ranghöchsten Ordnungsbeamten – zur Bildung sogenannter »Ausschüsse«, die ihre Aufgabe einzig und allein darin sahen, den

Gerichten immer neue der Zauberei und Hexerei verdächtige Personen zuzuführen.
Im Falle einer Verurteilung mußten die Angeklagten für alle in Zusammenhang mit ihrem Prozeß stehenden Maßnahmen die Kosten übernehmen, angefangen von den Wirtshausrechnungen, wo die Ausschußmitglieder ihr Vorgehen gegen einen Verdächtigten berieten, bis hin zum Holz des Scheiterhaufens.
Freisprüche – sie hätten den zu Unrecht Beschuldigten in die Lage versetzt, Schmerzensgeld zu fordern – waren so gut wie ausgeschlossen, denn die Ausschußmitglieder hatten die Prozesse vom ersten Verdachtsmoment bis zur Exekution voll in der Hand. Es habe Fälle gegeben, klagte der Kurfürst, in denen sie

> zugleich Ankläger, Zeugen, ja bisweilen auch Mitrichter gewesen.

Die angeprangerten Mißstände lassen den Schluß zu, daß für wohlhabende Familien die Möglichkeit bestand, sich durch Zahlung einer Schutzgebühr davor zu bewahren, eines ihrer Mitglieder in einen Hexenprozeß verwickelt zu sehen.
Schönenburg sah sich auch gezwungen, darauf hinzuweisen, daß es zumindest nicht üblich sei, wenn Richter und Schöffen die Durchführung des Verhörs an Folterknechte und Henker delegierten. In Zukunft sollten während einer peinlichen Befragung neben zwei Schöffen auch der Schultheiß oder ein Notar anwesend sein.
Weiterhin bemängelte der Kurfürst auch die Zusammensetzung der Ausschüsse, die

> ohne Respect der Personen, ob sie qualificiert oder unqualificiert,

erfolge.
Wie die mangelnde Qualifikation in Extremfällen aussehen konnte, geht aus einem Mandat des Reichskammergerichts hervor, in dem die Richter feststellten, der bisher unbescholtene Kläger sei durch zwei »Orts-Deputirte« verhaftet worden,

> deren der eine wie in processu causae künftig dargetan werden sollte, zu diesem Werk durchaus nit tüchtig oder qualificiert, wie nit weniger der andere, der um Mordtat willen eine Zeitlang in gefänglicher Haft enthalten worden.[8]

Auch trotz einiger verfahrensrechtlicher Reformen war die Bedeutung der Verordnung in einer

> ohnedas schweren teuren Zeit

vor allem auf der Prozeßkostenseite zu suchen. Die Obrigkeiten wurden ausdrücklich angehalten, aus den Verhandlungen keinen persönlichen Nutzen zu ziehen, sie sollten

> in allem Justitiam allein vor Augen haben

und keine die offiziellen Gebühren übersteigenden Beträge annehmen.
Damit bewegte man sich ganz auf dem Boden der »Carolina«, die es als

> gantz wider Ampt und Wirde eynes Richters

bezeichnete, sich aus einem Strafprozeß zu bereichern, er

> möcht dem Nachrichter (= Henker) derhalb wol zuvergleichen sein.

Dann, innerhalb nur einer Generation, kehrten sich die Rechtsauffassungen über die Zulässigkeit der Konfiskationen in ihr Gegenteil. Der Dreißigjährige Krieg hatte begonnen, und mit seinem Andauern entfernte man sich immer weiter vom ursprünglichen »Carolina«-Ideal, bis nach etwa zehn Kriegsjahren die Einziehungen der Güter wieder in gleichem Umfang zu beobachten waren wie vor Inkrafttreten der »Constitutio Criminalis«.
Subtiler nur die Begründungen – schließlich wollte man sich keines offensichtlichen Rechtsverstoßes schuldig machen. Am Beispiel der Stadt Köln soll diese Entwicklung kurz verfolgt werden – auf den ersten Blick ein ungeeignetes Demonstrationsobjekt, immerhin war die Stadt neutral, und da sollte es schwerfallen, einen Zusammenhang zwischen den finanziellen Belastungen des Krieges und der Kostenregelung der Hexenprozesse herzustellen.
Bei näherem Hinsehen fiel das schon leichter. Zu Beginn des 17. Jahrhunderts hatte die Stadt eine zweite Handelsblüte erlebt und es vor allem auch aufgrund ihrer wirtschaftlichen Machtposition verstanden, sich aus den Kriegswirren der ersten Jahre herauszuhalten.
Die offizielle Neutralität stellte jedoch keinen Hinderungsgrund dar, größere Summen in die Kriegskasse des deutschen Kaisers zu zahlen. Möglich war dies nur über Steuererhöhungen. Als dann fremde Heere das Gebiet des Erzbistums teils plündernd durchzogen, teils besetzten, flüchteten große Teile der Landbevölkerung in die Stadt, die mehr und mehr mit Versorgungsproblemen zu kämpfen hatte.
Verschiedentlich hatten die Spannungen schon öffentliche Tumulte ausgelöst. Gleichzeitig begann mit dem Prozeß gegen Katharina Henot eine kurze, aber intensive Hexenverfolgungsperiode.
Die ersten Urteile waren gerade gefällt, da legte Kurfürst Ferdinand von Bayern dem Rat der Stadt schon eine Kostenordnung vor, die bisher nur in den kurkölnischen Gebieten Geltung

erlangt hatte und die er nun auch auf die städtischen Prozesse angewandt wissen wollte.
Sein besonderes Interesse galt der Konfiskation der Bürgervermögen, die er sich grundsätzlich vorbehalten hatte. Mit allen Mitteln versuchte der Rat der Stadt, die Einführung der Verordnung zu verhindern, und bald nachdem sie zum erstenmal angeklungen, war auch diese Frage beherrscht von dem schon traditionellen Gegensatz zwischen Erzbischof und Stadt.
Die mit großem Aufwand, Gutachten und Gegengutachten geführte Kontroverse zog sich mehrere Jahre hin, ohne daß man zu konkreten Regelungen gekommen wäre. Dieser Streit ist insofern von Interesse, als die gegenteiligen Ansichten den Stand der Diskussion um die Zulässigkeit der Konfiskation nahezu erschöpfend beleuchteten.
Dem Hauptargument der kurfürstlichen Räte lag ein im Strafrecht überhaupt, zu Lasten des Angeklagten aber immer ein bedenklicher Analogieschluß zugrunde. Wenn Karl V. in der »Constitutio Criminalis« die Konfiskation bei Majestätsbeleidigung (crimen laesae maiestatis humanae) zugelassen habe, müsse dies auch, ja erst recht dann gelten, wenn das Delikt – wie die Zauberei – eine Gotteslästerung (crimen laesae maiestatis divinae) beinhalte. Anderes hieße den Kaiser Gott vorziehen.
Für die städtischen Juristen war dies eine unzulässige Ausweitung. Auch als die kurfürstliche Seite die Forderungen herabschraubte – der einer Konfiskation unterliegende Vermögensteil sollte 50 % nicht überschreiten – kam es zu keinem Kompromiß.
Schließlich versuchte der Kurfürst, seine Kostenordnung als Notstandsregelung durchzusetzen. Das Laster der Hexerei und Zauberei habe in derart starkem Maße um sich gegriffen, daß es rechtspolitisch unklug erscheine, den Buchstaben des Gesetzes Wort für Wort zur Anwendung kommen zu lassen.
Davon wollte man beim Rat jedoch nichts wissen und stellte dem die Aussage des Artikels 205 CCC entgegen, den Vergleich zwischen Richter und Henker (s. o.). Der letzte Vorschlag der erzbischöflichen Verhandlungsdelegation lief auf eine Billigkeitsregelung hinaus. Es sei nur gerecht, den Gerichtspersonen, die die Hexen

> mit guter und peinlicher Frage abgehört und anschließend hingerichtet

hätten, die

> deswegen große Mühe haben und viel Zeit anwenden, ein pillig recompens[9]

zu gewähren.

Doch die Verärgerung der kurfürstlichen Räte über die ergebnislose Langwierigkeit der Verhandlungen wird sich in Grenzen gehalten haben, denn längst war man dazu übergegangen, die außerhalb der Stadt auf kurkölnischem Gebiet liegenden Güter verurteilter Hexen dem kurfürstlichen Säckel einzuverleiben. Aber zumindest die Erstattung der Gerichtskosten war noch über eine weitere Quelle gesichert. Ein erzbischöflicher Erlaß erkannte die von den Hingerichteten aufgestellten Testamente nur dann als rechtsgültig an, wenn die letzten Verfügungen zugunsten kirchlicher Einrichtungen getroffen waren.
Intern wurden die Beträge, Güter und Liegenschaften dem bestimmten Zweck aber erst zugeführt, nachdem die Gerichtskosten davon in Abzug gebracht worden waren.
Meinungsverschiedenheiten zwischen obrigkeitlichen Stellen um die letztendliche Verantwortung für die Aufbringung oder Erstattung der Gerichtskosten waren nicht selten.
So versuchte der Abt von Heisterbach seinen Jurisdiktionsanspruch auf solche Fälle zu beschränken, in denen das Vermögen der Angeklagten mit Sicherheit zur Entrichtung sämtlicher Kosten ausreichen würde. Als ihm ein Memorial der kurfürstlichen Kanzlei zugestellt wurde, gegen eine der Hexerei verdächtigte Person einzuschreiten – bei der die Voraussetzung nicht gegeben war –, zögerte er die Sache so lange hinaus, bis die Frau auf Veranlassung der Räte verhaftet und in Bonn vor Gericht gestellt wurde.
Juristisch hatte man sich abgesichert; »unter Vorbehalt der Rechte des Abtes« war die Verhaftung erfolgt, wobei seine Rechte in diesem Fall lediglich aus der Pflicht bestanden, die Prozeßkosten an das Bonner Gericht zu überweisen, mit denen er, so die offizielle Begründung, ja auch in seinem Bezirk belastet worden wäre.[10]
Im Jahre 1604 stellte die Stadt Hannover dem Grafen Ernst von Schaumburg 25 Taler in Rechnung für Unterbringung, Verhöre und Folterungen zweier Hexen, die ihren Wohnsitz ursprünglich auf gräflichem Territorium gehabt hatten. Die Hannoveraner zeigten sich großzügig. Für die Materialkosten des Scheiterhaufens wollte der

> Ehbar Rhath nichts furdern und begehrn.[11]

Eine preiswerte Amtshilfe, wenn man den Kölner Kostenansatz von 280 Goldgulden pro Prozeß daneben hält.
1628, nach zehn Kriegsjahren, war in Köln die Frage nach der Zulässigkeit der Konfiskationen wieder in die Diskussion gera-

ten. Das war symptomatisch für die Zeit – ein Zufall dagegen, daß die folgenden Parallelfälle dem exakt gleichen Jahr entstammten.

Die Frage

> ob die Untersuchungskosten vom Fiskus oder von den Erben der justifizierten Hexe

zu tragen seien, wollte Herzog Johann Kasimir von Coburg vom dortigen Schöffenstuhl beantwortet haben. Daß die Antwort der Coburger Schöffen im Sinne ihres Herzogs ausfallen würde, stand außer Frage, aber sie taten noch mehr.

Sie bejahten nicht nur die Kostenpflichtigkeit der Erben, sondern auch die Berechtigung des Herzogs auf eine darüber hinausgehende Konfiskation.

Im Juristendeutsch des 17. Jahrhunderts kamen sie zu dem Ergebnis, die Obrigkeit sei berechtigt

> in dem Laster der Hexerei die Güter der Condemnierten zu konfiszieren, – und daß an anderen Orten die, ob crimen haereseos eingezogenen Güter ganz oder zum halben Teil den Inquisitoribus zugeschlagen werden, und weil sich bishero aus etlicher Justifizierten Urgicht ergeben, daß sie viel Geld vom bösen Feind, dem sie sich ergeben, überkommen,

sei es

> mit Fug

keine Beschwer der Erben, solch Teufelsgeld zurückzuzahlen,

> denn es sei ja nicht billig, was dergestalt vom Teufel zugebracht, sie besitzen wollen, und sollte ein Christ dasjenige, was vom Teufel immediat herrührt, zu behalten nicht begehren, sondern selbst der Obrigkeit offerieren, damit solch verflucht Geld, dadurch die Ihrigen vom Teufel verführt wurden, zur Ausrottung dergleichen Leute und dem Teufel Abbruch zu tun, angewandt werden möchte.[12]

Das eindeutige »Nein« eines Binsfeld hatte auch in Trier keinen langen Bestand.

Kurfürst Philipp Christoph von Sötern, der einen durch Mißernten, Plünderungen spanischer Truppen schon vor Kriegsbeginn und den Krieg selbst völlig unausgeglichenen Haushalt übernommen hatte, begann die Sanierung mit der Vergabe eines Gutachtenauftrages an Melchior Goldast von Haiminsfeld:

> Rechtliches Bedenken von Confiscation der Zauberer und HexenGüter,

wobei, das war ausgemacht, das Schwergewicht keinesfalls auf den Bedenken liegen sollte. Dennoch, so ganz im Sinne des Kurfürsten gerieten die Ausführungen Goldasts nicht, der die Zulässigkeit der Gütereinziehung zwar bejahte, sie dann aber nicht grundsätzlich dem Landesherrn, sondern dem Inhaber der

Gerichtsbarkeit zusprach.
Die in Köln, Trier und Coburg zutage getretenen Hemmungen, das auffällige Bemühen um juristische Absicherung waren ungewöhnlich.

> Man solle nicht so viele Umstände machen und vor allem das Vermögen einziehen[13],

befahlen die Mainzer Räte ihren Schultheißen und Amtleuten.
Der Mainzer Verfolgungseifer nahm nicht alltägliche Formen an. 1618 gewährte das Kloster St. Klara der Stadt Hochheim ein Darlehen in Höhe von 2000 Gulden

> zur Ausrottung der Hexen.

Immerhin ging die Zurückhaltung in beiden Städten noch so weit, daß man die Konfiskationsmaßnahmen erst dann in Angriff nahm, wenn die Hexe abgeurteilt war.
Nicht einmal diesen Zeitpunkt wartete man in Bamberg ab, wo die Güter mit der Verhaftung des Beschuldigten inventarisiert und im Verlaufe des Prozesses Teil um Teil an den Fiskus abgetreten wurden. Schließlich sah sich sogar der Kaiser zum Eingreifen genötigt; Ferdinand II. richtete harte Worte an den Bischof:

> Was aber die höchst schmutzige Confiskation in diesem Crimine anbelangt, können wir diese Dero Andacht nicht und unter keinerlei Vorwand mehr gestatten.[14]

Weit stärker als die größeren Herrschaften waren die oft winzigen ritterschaftlichen Territorien abhängig von den durch die Hexenprozesse zu erzielenden Haushaltsaufbesserungen. Der Herr von Lindheim erhielt ein Schreiben seines Vogtes Johann Geiß, der ihm die Restaurierung von Kirche und Brücke in Aussicht stellte, wollte der Herr nur seine Zustimmung zum Beginn der Verfolgungen geben.

> Der mehren Teils von der Bürgerschaft

sei bestürzt über die Ausbreitung des Zauberer- und Hexenwesens und habe

> sich erbotten, wenn die Herrschaft nur Lust zum Brennen hätte, so wollten sie gerne das Holz dazu und alle Uncosten erstatten und köndte auch die Herrschaft so viel bei denen bekommen, daß die Brügck wie auch die Kierche köndten wiederrumb in guten Stand gebracht werden.
>
> Noch über das so köndten sie auch so viel haben, daß deren Diener Inkünftige köndten so viel besser besuldet werden, denn es dürften vielleicht gantze Häuser und eben diejenigen, welche genug dazu zu tun haben, infociret seyn.

Nachdem er die Zustimmung zur Verfolgung erhalten hatte, arbeitete Geiß zunächst ausschließlich in die eigene Tasche.

Fünf Reichstaler kassierte er für einen Ritt ins zwei Stunden entfernte Ortenberg,

> denn das Wetter war dazumahle gar schlimb und mußte bey der eyffrigen Verfolgung der Teufels-Hexenkönigin mein arm Leib, Gesundheit und Leben daran wagen.[15]

In dieser Höhe bewegte sich sonst der einem Henker für Folterung und Hinrichtung zustehende Betrag.

Aber Leute wie Geiß waren nicht die einzigen, die von der Hexenangst und den Prozessen profitierten. Bettelmönche zogen umher, verkauften Heiligenbildchen, die zum Schutz vor Hexen wahlweise aber auch der Pest vom Käufer verschluckt wurden. Gegen entsprechende Gebühren entflammten die Mönche die sogenannten Hexenrauchfeuer oder inszenierten Teufelsaustreibungen.

Selbsternannte Hexenkommissare trieben ihr Unwesen, deren einzige Einnahmequelle die von den Hexen zu zahlenden Entdeckungs-, Verhaftungs- und Verhörgebühren waren. Die meisten unter ihnen werden weit erfolgreicher gearbeitet haben als Hans Schoch aus Fürstenfelden, der in Straßburg versuchte, durch Verleumdungen und gegenseitiges Aufhetzen der Bürger eine Verfolgungsepidemie in Gang zu setzen, der aber schon in seinem ersten Verfahren nicht in der Lage war, einen unanfechtbaren Schuldnachweis zu führen und der aufgrund der falschen Anschuldigung dann selbst ertränkt wurde.[16]

Nicht weniger unheilvoll als die der selbsternannten war die Arbeit der beamteten Hexenkommissare, deren geringes Grundgehalt dem Landesherrn Sicherheit für hohe Auffindungs- und Verurteilungsquoten bot. Ihr Funktionsbereich reichte vom Sachverständigen bis hin zur Kontrollinstanz des örtlich zuständigen Richters, in dessen Befugnisse sie aufgrund eigener Entscheidung eintreten durften.

> Sollten die Richter dem Recht zuwider etwas erkennen, so muß der Kommissar ihnen sagen, was das Recht fordert.
>
> Notfalls muß er auch das Urteil im Namen des Gerichts verfassen[17],

umschrieb Heinrich Schultheiß, Hexenkommissar in Paderborn und Köln, seinen Aufgabenkreis.

Die Hexenjagden rollten nach einem einheitlichen Muster ab. Der Hexenkommissar sandte einige seiner Leute in die ausgesuchte Gegend, die dort

> die Bauern gewaltig gegen die Hexen aufhetzen.
>
> Hernach, von ihnen herbeigerufen, antwortet er, er werde kommen und diese Pest ausbrennen.

> Dann schickt er zunächst einige Geldeinnehmer voraus, die für ihn, von Haus zu Haus sammelnd, eine reichliche Summe zusammenbringen, daß die Bauern ihn gleichsam mit einem Handgeld einlüden – wie sie das nennen.

Der Auftritt des Hexenkommissars:

> Er veranstaltet eine oder zwei feierliche Verbrennungen und bringt das Volk noch mehr in Aufregung mit der Erzählung von den Schandtaten und weiteren Absichten, die die nun verbrannten Hexen gestanden haben sollen.[18]

Die Andeutung des Hexenkommissars, wegen dringender Geschäfte weiterziehen zu müssen, belebte noch einmal die Spendenfreudigkeit der Dorfbewohner, wobei es für den einzelnen galt, die Höhe der gezahlten Summe genau abzuwägen. Lag sein Betrag zu niedrig, geriet er in den Verdacht, die Verfolgung sabotieren zu wollen – er sei wohl selbst ein Zauberer oder schütze eine Hexe aus seiner Familie –, und gleiche Überlegungen wurden angestellt, wenn eine übertrieben hohe Summe bekannt wurde.

Abweichungen von diesem Schema waren selten und überhaupt nur möglich, wenn sie sich nicht finanziell zu Lasten des Hexenkommissars auswirkten. So gelang es Hermann Löher, dem Bürgermeister und Schöffen des Eifelortes Rheinbach, den Hexenkommissar Franz Buirmann durch Zahlung einer hohen Schutzgebühr zum Weiterziehen zu bewegen.

1636, fünf Jahr später, kehrte Buirmann zurück, und als die Bürger nicht willens waren, sich der Erpressung ein zweitesmal zu beugen, fügte Buirmann seinen mittlerweile achthundert Todesurteilen noch weitere hinzu.

Löher, der sich aktiv gegen die Prozesse eingesetzt hatte, mußte in die zu dem Zeitpunkt schon hexenprozeßfreien Niederlande flüchten, nach Amsterdam, wo er kurz vor seinem Tod die

> Hochnötige, Underthanige, Wemütige Klage der frommen Unschuldigen

herausgab.

Vor den Sondergerichten der Hexenkommissare kam es ebenso selten zu Freisprüchen wie vor den ordentlichen Gerichten. Nicht einmal nach der vom Angeklagten bestandenen Folter konnte man sich regelmäßig dazu durchringen.

> Sie wollen nicht übereilig und leichtfertig scheinen.
> Sie wollen viele Hexen haben, damit ihre Arbeit notwendig erscheine.
> Sie verlieren nicht gerne die Belohnung, die ihnen von den Fürsten für jede verurteilte Hexe zugesagt ist.[19]

Das waren für Friedrich von Spee die Gründe dieses rechtswidrigen Verfahrens.

Ein unbedingter Freispruch war so gut wie undenkbar. Zunächst mußte der Angeklagte Urphede schwören, eine förmliche Erklärung des Rache- und Schadensersatzverzichtes gegenüber allen Prozeßbeteiligten, dann aber wurde er mit den Prozeßkosten belastet und erst nach deren vollständiger Begleichung aus dem Kerker entlassen. Doch das war noch nicht das Ende der auf den Freigesprochenen zukommenden finanziellen Belastungen.

Die Inquisitoren und Hexenkommissare

> haben unter jenen Unglücklichen nicht wenige, die eine jährliche Steuer zahlen müssen, um nicht von neuem vor Gericht gezogen zu werden.[20]

In den Gerichtsakten waren die Freisprüche in Hexensachen mit dem Vermerk versehen, daß ein neuer Verdacht jederzeit eine erneute Verhaftung rechtfertige, und das selbst dann, wenn sich dieser Verdacht auf die alten Vorwürfe bezog. Der Grundsatz, daß man wegen ein und derselben Tat nicht mehrfach vor Gericht gezogen werden durfte, hatte in Hexensachen keine Geltung. Es war einem Freigelassenen daher nur zu raten, die »Steuer« regelmäßig zu entrichten, da eine Säumnis in dieser Angelegenheit schon wieder den Verdachtsmomenten zugerechnet wurde.

Lag noch nicht einmal ein Verdacht vor, nur ein Gerücht, so konnte es dennoch vorkommen, daß der »Berüchtigte« eine Vorladung seines bischöflichen Offizials erhielt, ihm werde Gelegenheit gegeben, sich durch einen Reinigungseid von dem Gerücht zu befreien. 2¼ Gulden hatte er anschließend für die Beurkundung des Vorgangs zu zahlen. Dieses Verfahren war derart eingerissen, daß der Nürnberger Reichstag des Jahres 1522 es in den dem Papst zugestellten 57-Punkte-Beschwerdekatalog mit aufnahm.

Alles, was man hier zur weiteren Abrundung noch hinzufügen könnte – und an Material ist kein Mangel –, würde immer wieder nur die Ansicht von Cornelius Loos bestätigen, die Hexenprozesse seien

> eine neue Alchymie, die aus Menschenblut Gold mache.[21]

18 Rückblick und Ausblick

Mehrfach wurde im Verlauf der wissenschaftlichen Auseinandersetzung um die Realität des Hexenwesens deutlich gemacht, wie sich Gegner und Befürworter in gegenseitigen Verleumdungen, Beschimpfungen und Diskreditierungen übertrafen.
Als die Prozesse selbst schon längst Geschichte waren, kam eine derartige Auseinandersetzung wieder auf – mit etwas veränderten Vorzeichen. Es ging nun um die Mitschuld der Kirchen an Entstehung und Ausbreitung des Verfolgungswahnes.
Gegen Ende des 19. und zu Beginn des 20. Jahrhunderts standen sich protestantische und katholische Historiker und Theologen erbittert gegenüber. Die Tendenz der Aussagen blieb die gleiche, ob Jean Bodin den Arzt und Gegner der Prozesse Johann Weyer als

> schamloses Schwindelhirn

titulierte oder ob es den Umgang mit der historischen Wahrheit betraf, deren Verfälschung sich Katholiken und Protestanten gegenseitig vorwarfen.
Soldan-Heppe wandten sich in ihrer »Geschichte der Hexenprozesse« mehrfach gegen die

> katholische Tendenzhistorik[1],

mußten es sich aber gefallen lassen, daß Max Bauer – der Bearbeiter der dritten Auflage – die immer wieder zutage tretende Bestrebung ausmerzte,

> die protestantischen Hexenverfolger gegenüber denen aus der alten Kirche möglichst glimpflich zu behandeln.[2]

Johann Diefenbach, Inspektor an der Deutsch-Ordenskommende in Frankfurt faßte die Quellen wohl etwas zu vereinfachend zusammen, wenn er 1886 ausführte,

> . . . ergab sich aus der zeitgenössischen Literatur die Tatsache, daß der protestantischen Theologie ein ungleich größerer Anteil an der Verbreitung und Unterhaltung des Hexenwahns zufällt als der katholischen Theologie.

Georg Längin nahm im Vorwort seines Werkes »Religion und Hexenprozeß« (1888) zu eben diesen Ausführungen Diefenbachs Stellung.

> Aber es heißt doch die Tatsachen auf den Kopf stellen, wenn man (dies) behauptet.

Ausdrücklich weist Längin auf sein Anliegen hin, nur den wirklichen, objektiven Sachverhalt darstellen zu wollen.

Wir wiederholen ..., daß uns nichts ferner liegt, als eine Parteinahme für den Protestantismus.

Wenn man Riezler, dem Verfasser der »Hexenprozesse in Bayern« (1896) folgt, hat Längin dieses Klassenziel jedoch nicht erreicht, denn

der protestantische Theologe verrät sich ... in der etwas zu glimpflichen Art, wie Luthers Stellung zur Hexenfrage beurteilt wird.

Besonders hart geht Riezler mit dem Werk von Janssen-Pastor »Geschichte des deutschen Volkes seit dem Ausgang des Mittelalters« ins Gericht.

Ich brauche nur die Namen der Autoren Janssen und ... Pastor zu nennen, um dem Kundigen zu verraten, daß für diese Darstellung unbefangene Erforschung und rückhaltloses Aussprechen der Wahrheit nicht die heiligsten Prinzipien sind.

Die Verfasser verfolgen ... das doppelte Ziel: die katholische Kirche reinzuwaschen, dagegen das Odium des Greuels auf den Protestantismus zu wälzen ... das Ergebnis ist ein Zerrbild der Geschichte.[3]

Doch das war noch sachliche Kritik gegenüber sonstigen Anfeindungen.

Ein raffinirt polemisches, planmäßig auf Angriff gegen das protestantische Bewußtsein brechnetes Werk eines zweckbewußten römischen Priesters.
Systematische Sophistik ...
Historische Taschenspielereien ...
Attentat auf Alles, was historische Wissenschaft heißt ...[4]

Lassen wir einmal die andere Seite zu Wort kommen – Auszug aus »Deutsche Reichspost«, Nr. 286, 1877:

Hohe Wellen über dem todten Meer der deutschen Gelehrsamkeit ...
Keine Polemik im Buche ...

Janssen wehrte sich. In sechzig Briefen »An meine Kritiker« – 372 Seiten in zwei Bänden.

Diefenbach ließ sich zu dem Minimaleingeständnis hinreißen,

... können die Katholiken mit einem befriedigenden Bewußtsein auf dieses traurige Geschichtsbild zurückblicken: einzelne haben sich befleckt mit dem Irrwahn ihrer Zeit, die Kirche dagegen hat sich makellos erhalten.[5]

Doch langsam begann sich

die unwiderstehliche Macht der historischen Wahrheit[6]

durchzusetzen, für die katholische Seite wohl auch unter dem Eindruck eines von Papst Leo XIII. im Jahre 1883 herausgegebenen Rundbriefes.

Der Historiker soll nicht wagen, die Unwahrheit zu sagen, und nicht fürchten, die Wahrheit zu offenbaren.[7]

Paul M. Baumgarten unternahm einen ersten Schritt in den »Frankfurter Zeitgemäße(n) Broschüren«:

Indirekt dürfen wir allerdings die Geistlichkeit und die Hierarchie der katholischen Kirche für die Greuel der Hexenprozesse verantwortlich machen.[8]

Der Jesuit Bernhard Duhr – »Die Stellung der Jesuiten in den deutschen Hexenprozessen« (1900) – rechnet die Schuld der katholischen Seite gegen die der Protestanten auf: unentschieden.

Jedenfalls hat der Hexenhammer mit seinen Ammenmärchen nicht mehr Unheil angerichtet, als Luthers und seiner Prediger Brandreden und Brandschriften gegen die Hexen.[9]

Duhr selbst will seine Ausführungen verstanden wissen, als

eindringliche Predigt gegen Leichtgläubigkeit und Kritiklosigkeit ... (als) ein(en) Versuch, ohne Tendenz nach der einen oder anderen Richtung hin die wahre Sachlage zu schildern.

Ein paar Seitenhiebe aber kann auch er sich nicht verkneifen.

Wohl kein katholischer Jurist hat soviel Hexen zum Tode verurteilt, als der Protestant Benedikt Carpzow ... Unsinnige Teufelsliteratur und aufreizende Hexenpredigten wiegen bei den Protestanten ganz entschieden vor.

Diese Auseinandersetzung ist inzwischen über- und ausgestanden, ganz im Gegensatz zum Glauben an die Existenz der Hexen ...

Wenn Lessing seinen Nathan sagen läßt, daß auch der erkannte Aberglaube seine Macht nicht über uns verliert, gilt das heute mehr denn je.

Das Wissen um den Aberglauben tut der Empfänglichkeit weiter Bevölkerungskreise für Übernatürlich-Magisch-Okkultes keinen Abbruch. Tagtäglich werden Fälle gerichtsaktenkundig, Verhandlungen, die man gut zweihundert Jahre zuvor noch als Hexenprozesse klassifiziert hätte, Prozesse gegen Hexenbanner, Erdentstrahler, Gesundbeter, Wahrsager, Hellseher, Teufelsbeschwörer, Rutengänger, Handleser, Teufelsaustreiber – gegen Okkulttäter.

Nach der Definition H. Schäfers

natürliche Personen, welche sowohl Straftaten im engeren Sinne, als auch sozialwidrige Handlungen begehen und dadurch ein strafwürdiges Unrecht setzen, wenn sie sich dabei entweder okkulter Methoden bedienen oder die okkulte abergläubische Einstellung der von ihnen angegangenen Personenkreise ausnützen.

Dabei ist es gleichgültig, ob diese Personen selbst an die Richtigkeit ihrer Behauptungen und ihre Berechtigung zum Handeln glauben oder ob sie bei vorhandener besserer Einsicht den fremden Aberglauben betrügerisch ausnutzen.[10]

Der Begriff »des Hexens, der Hexe« taucht in den Prozeßakten heute nicht mehr auf. Diese Tabuisierung kann auf eine lange Tradition zurückblicken.

1782 verhandelte man in der schweizerischen Kantonshauptstadt Glarus gegen die Magd Anna Göldi – ein Prozeß, der allgemein als letzter Hexenprozeß des deutschsprachigen Raumes bezeichnet wird. Aber schon damals – schließlich befand man sich mitten in der Aufklärung – vermieden die Richter, die Angeklagte als Hexe zu bezeichnen, was dann andererseits kein Hinderungsgrund war, Anna Göldi wegen »Kunstkraft und Vergiftung« zum Tode zu verurteilen.

In früheren Jahrhunderten hat man an Hexen geglaubt. Denken Sie, daß vielleicht doch etwas dran ist – daß es vielleicht Hexen gibt?

So der gleichlautende Text zweier Umfragen des Instituts für Demoskopie Allensbach aus den Jahren 1956 und 1973.

Wollte man von der Möglichkeit Gebrauch machen, mit Statistik wieder einmal »alles« zu beweisen, könnte man die Behauptung aufstellen: zwischen 1956 und 1973 hat sich in der Bundesrepublik Deutschland die Zahl der Personen, die uneingeschränkt an die Existenz von Hexen glauben, verdoppelt. Doch diese Steigerung von einem auf zwei Prozent war mit Sicherheit ein auswahlbedingter Zufall.

Aussagekräftiger und wertvoller das Gesamtergebnis, das sich beide Male um 10% bewegte. Im Klartext: mehr als fünf Millionen Bundesbürger sind fest oder mit nur geringen Vorbehalten von der Existenz der Hexen überzeugt – fünf Millionen.

Gott bewahre die Menschen vor ähnlichen guten alten Zeiten!

Frankfurter
Allgemeine Zeitung
5. März 1976

Schließlich töteten sie den „Hexer"

PARIS, 4. März (AFP). Nahezu alle 680 Einwohner des französischen Dorfes Hesloup hielten ihn für einen Hexer, und zwei Brüder im Alter von 20 und 28 Jahren zogen daraus die Konsequenz: Sie erschossen den 49 Jahre alten Jean Camus, der, wie alle glaubten, mit dem Teufel im Bunde stand. Die Brüder gestanden, den „Hexenmeister", der sich selbst gerühmt hatte, den Tod herbeizaubern zu können, mit einer Schrotladung in seinem Bett getötet zu haben. Die Bewohner des 200 Kilometer westlich von Paris gelegenen Dorfes machten den „Hexer" für Trockenheit, Viehsterben und alle anderen Schicksalsschläge verantwortlich. Und die beiden Täter glaubten, er habe drei Wochen zuvor auch den Autounfall ihrer Schwester herbeigeführt. Kurz vor der Tat hatten sich die Brüder eine Fernsehsendung über Hexerei angesehen. Das gab den unmittelbaren Anstoß zu der Tötung des Mannes. Die Mutter der Täter zeigte Verständnis für die Handlungsweise ihrer Söhne. Sie sagte: „Camus war der Teufel. Er gab allen Krebs, die sich über ihn lustig machten. Er hat selbst Pompidou sterben lassen."

Welt am Sonntag
19. April 1976

Spiritistin als Hexe vor Gericht

SAD **Morganton, 17. April**

Eine Frau in Morganton, US-Staat North Carolina, die angeblich einen Todesfall vorhersagte, wurde unter Berufung auf die in diesem Bundesstaat noch gültigen Gesetze wegen Hexerei unter Anklage gestellt.

Es geht um den Tod von Dorthy Ramsey, die am 10. April durch die Einwirkung großer Mengen von Beruhigungstabletten und Alkohol ums Leben kam. Ihr Tod zu diesem Zeitpunkt war angeblich von Joann Denton, die als Wahrsagerin und Spiritistin ihr Geld verdient, prophezeit worden. Allerdings hatte die Seherin den Tod als Folge eines Autounfalles vorhergesagt. Die Prophezeiung kam zustande, nachdem der in Trennung lebende Ehemann der Verstorbenen die Angeklagte in einer Seance gebeten hatte, Kontakt mit seinem toten Sohn im „Jenseits" herzustellen.

Anmerkungen

Kapitel 1

1 Spee, Frage 51 (= q.51)

Kapitel 2

1 Janssen, Bd. 8, 211
2 Spangenberg, Cyriacus: Adelsspiegel (Schmalkalden. 1591.) sowie Friese, T. und Spangenberg, C.: Müntzspiegel (Frankfurt. 1592), 260/61. nach Janssen, Bd. 8, 115
3 Janssen, Bd. 8, 221
4 Lerchheimer, 23
5 Breitkopf, Leonhard: Charfreitagspredigt (o. O. 1591) Bl. B
6 Janssen Bd. 6, 488
7 Patritius de Alto Saxo: Wegweiser die Krankheiten zu heilen durch astronomische Konkordanz. (Frankfurt. 1613.), Kap. Methodus, nach Janssen, Bd. 6, 490
8 Janssen, Bd. 6, 491
9 Sprengel: Versuch einer pragmatischen Geschichte der Arzneikunde. (3. Aufl. Halle 1827), 255
10 Breitkopf, Bl. B
11 Luther, M.: Sämtl. Werke (Erlangen. 1826/68.) 57, 318/19
12 Janssen, Bd. 7, 332

Kapitel 3

1 Baschwitz, 253
2 Soldan-Heppe II, 80
3 Janssen, Bd. 8, 725
4 Spee, q.51. Nr. 41
5 Längin, 257
6 Janssen, Bd. 8, 725
7 Baschwitz, 254
8 Längin, 257/58

Kapitel 4

1 Soldan-Heppe I, 88
2 ebd. I, 88
3 Riezler, 36
4 Soldan-Heppe I, 185
5 Baschwitz, 63
6 Chronik von Veaux Cornay, nach Baschwitz, 65
7 Baschwitz, 70
8 Soldan-Heppe I, 183
9 Spee, 5
10 Soldan-Heppe I, 140
11 Längin, 5
12 ebd., 5
13 Propyläen V, 523
14 ebd. V, 473/74
15 Lexikon für Theologie und Kirche, Band T., Spalte 590
16 Holtzmann, 492
17 Handbuch Kirchengeschichte (Jedin-Hubert) Bd. III, 2. Halbbd., 370
18 Baschwitz, 71
19 Handbuch Kirchengeschichte, 377
20 ebd., 377
21 Baschwitz, 71
22 ebd., 72
23 Soldan-Heppe I, 169
24 ebd. I, 169
25 ebd. I, 274/75
26 Zwetsloot, 57
27 Binz: Weyer., 86
28 Baschwitz, 83
29 ebd., 83
30 Soldan-Heppe I, 222
31 Hansen, Quellen, 172/73
32 Soldan-Heppe I, 226
33 Baschwitz, 85
34 Soldan-Heppe I, 223
35 Schultheiß, 436
36 Zwetsloot, 196
37 Gödelmann (1591), praemiss. ad lib. III
38 Hansen, Quellen, 176
39 Soldan-Heppe I, 226

Kapitel 5

1 Hansen, Quellen, 381
2 ebd., Quellen, 369
3 zum ganzen: Hansen, Quellen, 365-395
4 Riezler, 53 und 83
5 Längin, 8
6 ebd., 9
7 Baschwitz, 90

Kapitel 6

1 Soldan-Heppe I, 257
2 Riezler, 102
3 Recueil des historiens des Gaules XVIII, 726
4 Rapp, 5
5 Riezler, 92
6 Malleus maleficarum (1669. Lyon), 119
7 Hansen, Quellen, 243
8 ebd., Quellen, 28, Nr. 38
9 Malleus maleficarum (J. W. R. Schmidt) I, 1
10 ebd. I, 206
11 ebd. vor III, VII
12 ebd. III, 66
13 ebd. III, 65
14 Schultheiß, Register, II
15 Malleus maleficarum III, 66/67
16 ebd. III, 67
17 Soldan-Heppe II, 23/27
18 ebd. II,24
19 ebd. II,26
20 Malleus maleficarum III, 67
21 Spee, q. 17
22 Weyer, Praestigiis III, nach Baschwitz, 139
23 Scot, Discovery I, nach Baschwitz 140
24 Knortz, Hexen, 28
25 Brockhaus, 1968, Bd. 6, 542
26 Baschwitz, 140
27 Soldan-Heppe II, 17
28 Ersch-Gruber II, 7, 356
29 Kurth, 44
30 Soldan-Heppe I, 375
31 Malleus maleficarum I, 95
32 Scherr, II, 13
33 Matthäus 19, 10
34 Längin, 63
35 Haag, 450
36 ebd., 450
37 Luther, WA 26, 504
38 ebd., WA 10, 44
39 Havemann, 169
40 Dissertatio nova, in qua mulieres non esse homines probatur. Zerbst. 1595. Hrsg.: Valens Acidalius
41 Janssen 12. A. Bd. 6, 396
42 ebd. 12. A. Bd. 6, 391

Kapitel 7

1 Malleus maleficarum II, 2
2 ebd. II, 156
3 ebd. II, 4
4 ebd. II, 268
5 ebd. II, 264/65
6 Lerchheimer, 45
7 ebd., 50
8 Müller, M. F. J., »Hexenwesen«, 19
9 Thomasius, Historische Untersuchung, § 44
10 Soldan-Heppe I, 164
11 ebd. I, 144
12 Malleus maleficarum II, 73/4
13 ebd. II, 75
14 Spee, q. 43 (214)
15 ebd., q. 43 (216)
16 Wyttenbach bei Müller, M. F. J., »Hexenwesen«, 4
17 Manser, 46
18 Malleus maleficarum I, 36 und 185
19 Augustinus: De civit. Dei. 15, 23
20 Soldan-Heppe I, 72
21 Manser, 93
22 ebd., 94/5
23 ebd., 95
24 Binsfeld, fol 52
25 Lerchheimer, 70
26 Längin, 46
27 Lerchheimer, 70
28 Soldan-Heppe I, 160
29 1 Henoch, 16, 2-4 und 15, 3ff.
30 ebd., 15, 8 und 10-12 und 16,1
31 Horst, Zauberbibliothek, V, 65
32 Malleus maleficarum I, 54/5
33 Längin, 172
34 Soldan-Heppe I, 297
35 Schultheiß, 79
36 zum ganzen: Wittmann, 192/3
37 Soldan-Heppe II, 17-20

Kapitel 8

1 Spee, 5/6
2 Zwetsloot, 119
3 Malleus maleficarum III, 46
4 Ersch-Gruber, H., 354
5 Malleus maleficarum III, 86
6 Wächter, 96
7 Soldan-Heppe I, 324/5
8 Zwetsloot, 221
9 Soldan-Heppe I, 325
10 Längin, 81
11 ebd. 81
12 Zwetsloot, 217 = Art 30 CCC
13 Spee, q. 34 (164)
14 Ennen, Bd. 5, 787
15 zum ganzen: Siebel, 64-75
16 Siebel, 112
17 Schmidt, E., 4
18 Soldan-Heppe, 315
19 Binsfeld, ed. 1591, 261
20 Zwetsloot, 243
21 ebd., 177
22 Horst, Zauberbibliothek, I, 260, Anm.
23 Malleus maleficarum III, 43
24 Constitutio Crim. Carolina, II. Projekt, Art. 66
25 Zwetsloot, 244
26 Horst, Zauberbibliothek, I, 218
27 ebd., I, 215-218
28 Thomasius, Laster der Zauberei, § 46
29 ebd., § 46
30 ebd., § 46
31 Schultheiß, 136/7
32 Pius von Bononien in ›Theatrum de Veneficis‹, 247
33 Scribonius, 231
34 Neuwalt, 237
35 Lerchheimer, 105
36 Scribonius, 232
37 Lerchheimer, 106
38 Scribonius, 232
39 Binsfeld, fol 117
40 Spee, q. 11 (34)
41 Baschwitz, 369
42 Zwetsloot, 229
43 Spee, q. 43 (216)
44 Soldan-Heppe I, 386
45 Thomasius, Verbannung der Folter, 123
46 Lieberwirth, Thomasiana 4, 7/8
47 Soldan-Heppe I, 340
48 Lieberwirth, Thomasiana 4, 63 und 65
49 ebd., 63/64
50 Spee, q. 27 (125)
51 Schultheiß, 251
52 Janssen, Bd. 8, 477
53 Thomasius, Verbannung der Folter, 171 (= Caput II, § 5)
54 Janssen, Bd. 8, 516
55 Thomasius, Verbannung der Folter, 147 (= Caput I, §10)
56 ebd., 127 (= Caput I, §3)
57 Janssen, Bd. 8, 519/20
58 Längin, 206
59 Soldan-Heppe II, 215
60 Thomasius, Historische Untersuchung, 213 (= § 84)
61 Janssen, Bd. 8, 666/7

Kapitel 9

1 Zwetsloot, 123
2 Binsfeld, ed. 1591, 279
3 Agrippa, De vanitate scient., Cap. 96, Epist. lib. II, 38–40
4 Längin, 73
5 ebd., 73
6 ebd., 73
7 ebd., 74
8 ebd., 74
9 Weyer, ed. 1586, 98
10 Binz, Weyer, 17
11 Morley, Agrippa, 319
12 Augustinus, Confessiones IX, 42
13 Biedermann, Handlexikon, 106
14 Soldan-Heppe I, 290
15 Baschwitz, 14
16 ebd., 15
17 ebd., 126
18 Biedermann, 202
19 Lerchheimer, 28 und 25/6
20 ebd., 38
21 Peukert, Pansophie, 85
22 ebd., 85/6
23 Lerchheimer, 36
24 Kurth, 45
25 Lerchheimer, 34
26 Baschwitz, 108
27 Haag, 152
28 Thomas von Aquin: Quodlib IV, q. g nach Manser, 88
29 Zwetsloot, 40

30 Peukert, Pansophie, 87
31 Baschwitz, 16
32 Riezler, 122

Kapitel 10

1 Längin, 170/1
2 Hansen, Zauberwahn, 195
3 Riezler, 127
4 ebd., 127
5 Freytag, G.: Bilder aus der deutschen Vergangenheit, 24. A., 355
6 Buchdrucker, 387
7 Längin, 173
8 ebd., 173
9 ebd., 173
10 ebd., 173
11 Horst, Zauberbibliothek, I, 356
12 Reiter, Kirchenlex, II, 336
13 Erikson, 162
14 Längin, 173
15 ebd., 147
16 Delrio, Disquisitiones, II q. 26 bis III q. 7
17 Längin, 173
18 Baschwitz, 30
19 Hansen, Quellen, 613

Kapitel 11

1 Janssen, Bd. 8, 641
2 ebd., Bd. 8, 638
3 Spee, q. 19 (78)
4 Thomasius, Laster der Zauberei, 40
5 Längin, 224
6 Janssen, Bd. 6, 516
7 ebd., Bd. 6, 383–385

Kapitel 12

1 Soldan-Heppe I, 476
2 ebd. I, 345
3 ebd. I, 476
4 Thomasius, Historische Untersuchung, § 79, Anm. 5
5 ebd., § 79

Kapitel 13

1 Hansen, Quellen, 592–594 (Nr. 166)
2 Heinemann, 127
3 Malleus maleficarum III, 59, 60
4 ebd. III, 93 und II 36/7
5 ebd. III, 96
6 Hontheim, Historia Trevirensis Diplomatica et Pragmatica. 1750. Tom. I, 877
7 Gesta Trevir. 3, 53
8 Pauls, 186
9 Thomasius, Historische Untersuchung, § 78
10 Binsfeld, fol 35
11 ebd., fol 150
12 Duhr, 32
13 ebd., 32/3
14 Riezler, 171
15 Soldan-Heppe I, 473
16 Janssen, Bd. 8, 696
17 Soldan-Heppe I, 473
18 ebd. I, 473 ff
19 Janssen, Bd. 8, 634

Kapitel 14

1 Lauen, 131
2 Riezler, 188
3 Gramineus, 8

Kapitel 15

1 Thomasius, Historische Untersuchung, § 67
2 Janssen, Bd. 8, 650
3 Längin, 158
4 Soldan-Heppe I, 453
5 ebd. I, 453
6 ebd. I, 452
7 Längin, 159
8 Janssen, Bd. 8, 601
9 ebd. 8, 603
10 ebd. 8, 603
11 Längin, 158
12 ebd., 158/9
13 Soldan-Heppe I, 466
14 ebd. I, 465
15 Längin, 158
16 Ennen, V, 758
17 Scotti, J: Gesetze und VO Kleve . . . I, 39
18 Pauls, 236 (Anlage IIIa)
19 Gramineus 101
20 Pauls, 237 (Anlage IIIb)
21 Gramineus, 6
22 ebd., 86
23 ebd., 99
24 ebd., 109

25 Lerchheimer, 78
26 Soldan-Heppe I, 456
27 Lerchheimer, 78
28 Soldan-Heppe I, 456/7
29 ebd. I, 458
30 Janssen, Bd. 8, 604

Kapitel 16

1 Janssen, Bd. 8, 604
2 Baschwitz, 433
3 Thomasius, Historische Untersuchung, § 71, Anm. u.
4 Längin, 161
5 Janssen, Bd. 8, 610
6 Längin, 161
7 Janssen, Bd. 8, 561
8 Lerchheimer, 72 und 180
9 ebd., 74
10 ebd., 68
11 ebd., 70
12 Binz, Lerchheimer, VI–XI
13 Lerchheimer, 69
14 ebd., 24
15 Thomasius, Historische Untersuchung, § 70 und § 70, Anm. r.
16 Lerchheimer, 145
17 ebd., 116
18 ebd., 88
19 ebd., 87
20 ebd., 91
21 ebd., 140
22 Thomasius, Historische Untersuchung, § 75
23 Soldan-Heppe I, 468
24 ebd. I, 469
25 Thomasius, Historische Untersuchung, § 76, Anm. g.
26 Malleus maleficarum III, 46
27 Art 65 CCC
28 Binsfeld, fol 63
29 P. Farinacius: Theoria Criminalis, Pars I, Tom. II, q. 37, fol 180
30 Soldan-Heppe I, 496
31 Janssen, Bd. 8, 621
32 Eschenröder, gesamt
33 Janssen, Bd. 6, 272
34 ebd., Bd. 6, 274
35 Thomasius, Historische Untersuchung, § 74
36 Spee, q. 20
37 Duhr, 42
38 ebd., 43
39 Längin, 136/7
40 Janssen, Bd. 8, 513 und 667
41 Längin, 150
42 Malleus maleficarum III, 88
43 Duhr, 42/3
44 Längin, 138/9
45 Thomasius, Jurist. Händel (Halle. 1720), XVIII, 197
46 Lieberwirth, Thomasiana 5, 14
47 Schrader, W., Geschi d Friedrichs Uni Halle, II, 556
48 Thomasius, Jurist. Händel, 197
49 Lieberwirth, Thomasiana 5, 21: richtig: Joachim Lange, Theologe
50 Thomasius, Laster der Zauberei, §§ 14 und 26 ff
51 Thomasius, Jurist. Händel, 205
52 a) Thomasius: De tortura ex foris christianorum prosribenda.
b) Thomasius: De origine ac progressu processus . . .
c) Webster: Untersuchung der vermeinten Hexereien
d) Hutchinson: Historischer Versuch (alle: Halle: 1705–1726)
53 Soldan-Heppe I, 260

Kapitel 17

1 Janssen, Bd. 6, 258/259
2 Stintzing, Geschichte des Strafrechts, 72
3 ebd., 72
4 Heinemann 90/1
5 Hontheim, Hist. Trevir. 1750, Tom. III 170–173
6 Längin, 125
7 Binsfeld, fol 17/8
8 Altona, 911
9 Siebel, 145
10 Pauls, 208
11 Soldan-Heppe I, 499
12 Meyers Lexikon (1850), XV, 709
13 Soldan-Heppe I, 402
14 ebd. II, 15
15 Längin, 125
16 Soldan-Heppe I, 436
17 Schultheiß, 266
18 Spee, q. 17 (54)
19 ebd., q. 22 (103)
20 Soldan-Heppe I, 433
21 ebd. I, 473

Kapitel 18

1 Soldan-Heppe I, 247
2 ebd., Vorwort
3 Riezler, 4
4 Janssen, An meine Kritiker, 2
5 Diefenbach, 273
6 Längin, 55 und 1
7 Duhr, Vorwort
8 FZB, NF IV, 144
9 Duhr, 21/2
10 Schäfer, Okkulttäter, 5

Literaturangaben

Titel vor 1800

Agricola, Franz (1548–1624) Pfarrer (Rödingen und Sittard)	Gründlicher Bericht, ob Zauberey die argste und greulichste Sünd auf Erden sei, Köln, bei Henricus Falkenburg, 1597
Agrippa von Nettesheim (1486–1535) Okkultistischer Gelehrter, Arzt, Astrologe, Advokat	De incertitudine et vanitate scientiarum, Köln 1527 De Occulta Philosophia, Köln 1510
Albrecht, Bernhard (um 1630)	Magia, das ist ein christlicher Bericht von der Zauberey und Hexerey insgemein und dero zwölfferlei Sorten und Arten insonderheit, Leipzig 1628
Bekker, Balthasar (1634–1698) niederl. prot. Prediger (Weesp und Amsterdam)	Die bezauberte Welt (De betooverede wereld), Amsterdam 1691/93
Binsfeld, Petrus (1543–1598) Theologe, Weihbischof (Trier)	Tractatus de Confessionibus maleficorum et sagarum . . ., Augustae Trevirorum 1589 (deutsch: Tractat von Bekantnuß der Zauberer und Hexen. Ob und wieviel denselben zu glauben, Trier, bei Heinrich Bock, 1590)
Bodin, Jean (1530–1596) Staatsrechtler, französischer Kronanwalt	De la Démonomanie des Sorciers aveque la réfutation des opinions de Jean Wier, Paris 1580 (lat.: Bodini De magorum daemonomaniae . . ., Francofurti 1591; deutsch: Vom außgelaßnen wütigen Teufelsheer der besessenen, unsinnigen Hexen und Hexenmeister, Unholden, Teufelsbeschwörer, Wahrsager, Schwarzkünstler, Vergifter, Nestelverknüpfer, Nachtschädiger und aller anderen Zauberer Geschlecht, Straßburg 1591, Übersetzer: J. Fischart)

Brunnemann, Jakob (1674–1735) Rechtswissenschaftler (Halle)	Discours von betrüglichen Kennzeichen der Zauberei, worinnen viel abergläubigste Meinungen freymüthig untersuchet und verworffen . . ., Halle 1727
Brunnemann, Johann (1608–1672) Professor der Rechtswissenschaft und Logik (Frankfurt/O); Kurfürstlich Brandenburgischer Rat	De processu tum civili tum criminali inquisitorio, 1647
Danaeus, Lambertus (1530–1595) französischer Theologe; Pfarrer (Gien/Loire); Professor der Theologie (Leiden und Gent)	De veneficis, quos olim sortilegos, nunc autem sortiarios vocant, Parisiis 1574 (deutsch: Ein Gespräch von Zauberern, welche man lateinisch sortilegos oder sortiarios nennet, in welchem kuertzlich und gruendtlich erklaeret wirdt, was von diesem gantzen Handel der Zauberey disputiert wirdt, Frankfurt 1586)
Dell'Ossa, Ardonio Ubbidente (Mitte 18. Jh.) Pseud. f. Jordan Simon, Mönch	Das große weltbetrügerische Nichts oder die heutige Hexerei und Zauberkunst, Frankfurt 1761
Delrio, Martinus (1551–1608) Rechtswissenschaftler, Verwaltungsjurist; später Jesuit; Professor der Philosophie (Douai) und Moraltheologie (Lüttich)	Disquisitonum magicarum libri VI quibus continetur accuratu curiosarum artium et vanarum superstitionum confutatio, utilis Theologis, Jurisconsultis, Medicis, Philologis, Lovaniae 1599 / Coloniae Agrippinae 1755
Elichius, Philippus Ludovicus (um 1600) Magister der Philosophie	De Daemonomagia, seu de daemonis cacurgia, cacomagurgum et lamiarum energia, Frankfurt 1607
Ellinger, Johann (Mitte 17. Jh.) Theologe, luth. Diakon	Hexen – Coppel, das ist uhralte Ankunfft und grosse Zahl der unholdseligen Unholden oder Hexen, Frankfurt 1629
Erastus, Thomas (1523–1583) Professor der Medizin (Heidelberg) und Ethik (Basel); Staatskirchenrechtler	Disputatio de Lamiis seu Strigibus, Basilae 1572

Ewich, Johann (Ende 16. Jh.) Stadtphysikus und Lehrer (Bremen)	De Sagarum quos vulgo Veneficos appellant natura . . ., Bremae 1584 (deutsch: Bedencken von Hexen, Bremen 1585)
Gaar, Georg (Mitte 18. Jh.) Jesuit	Christliche Anred nächst dem Scheiterhaufen, worauff der Leichnam Mariä Renatä . . . 1749 verbrennt worden, Wirtzburg 1749
Gödelmann, Johann Georg (1559–1611) Rechtswissenschaftler (Rostock), Hofrat (Dresden)	Tractatus de magis, veneficis et lamiis deque his recte cognoscendi et puniendis, Norimbergae 1584 (deutsch: Von Zauberern, Hexen und Unholden . . ., 1592, Übersetzer: Georg Nigrinus)
Gochausen, Hermann (1600– nach 1647) Rechtswissenschaftler (Rinteln)	Processus juridicus contra sagas et veneficos, das ist: Rechtlicher Proceß, wie man gegen Unholdten und Zauberische Personen verfahren soll, Rintelii 1630
Goldast, Melchior (= Melchior von Haiminsfeld) (1578–1635) Archivar, Historiker (St. Gallen) Weimar und Kurtrier, Rat	Rechtliches Bedencken von Confiscation der Zauberer und Hexen-Güther, Bremen 1661
Goldschmidt, Petrus (1660–1713) Pfarrer (Sterup), Superintendent (Güstrau)	Höllischer Morpheus, daraus erwiesen, das Gespenster seien, namentlich wider D. Bekkern in der bezauberten Welt, Hamburg 1698
ders.	Verworffener Hexen und Zauberadvocat. Das ist: Wohlbegründete Vernichtung des thörichten Vorhabens Hn. Christiani Thomasii, Hamburg 1705
Graminaeus, Diederich (1550–1610) Professor der Mathematik (Köln); Jurist, Generalanwalt und Landschreiber im Herzogt. Jülich, Cleve und Berg	Inductio sive directorium . . . Anleitung . . . wie ein Richter in Criminal- und peinlichen Sachen der Zauberer und Hexen sich zu verhalten, Köln 1594
Grillandus, Paulus (Ende 16. Jh.) ital. Jurist und Theologe (Neapel)	Tractatus de hereticis et sortilegiis omnifariam coitu eorumque penis, Lugduni 1536

Hauber, Eberhard David (1695–1765) Theologe, Prediger (Kopenhagen)	Bibliotheca, Acta et scripta magica und Urtheile von solchen Büchern und Handlungen, Lemgo 1736–1741
Hutchinson, Francis (1694–1746) Moraltheologe (Glasgow)	An historical essay concerning Witchcraft, London 1718
Institoris, Heinrich (1430–1505) Theologe und Inquisitor und Sprenger, Jacob (1435–1495) Theologieprofessor (Köln), Inquisitor; beide Dominikaner	Malleus maleficarum, Straßburg 1487 (deutsche Übersetzung: Der Hexenhammer, Berlin 1906, Übersetzer: J. W. R. Schmidt)
James I. (1566–1625) König von England	Demonologie, Edinburg 1597
Jaquerius, Nicolaus († 1472) französischer Inquisitor, Dominikaner	Flagellum Haereticorum Fascinariorum, Frankfurt, bei Myntzenberg, 1581
Jordaneus, Johannes (1. Hälfte 17. Jh.) Pfarrer, Bonn	Disputatio brevis et categorica de proba Stigmatica, Coloniae Agripp 1630
Lavater, Ludwig (1527–1586) Theologe, Prediger (Zürich)	Von Gespenstern, ungeheuren Faellen, oder Foltern und andern wunderbaren Dingen . . . kurtzer und einfeltiger Bericht, Zürich 1569
Laymann, Paulus (1574–1635) Jesuit; Professor der Philosophie (Ingolstadt) und Moral (München)	Processus juridicus . . . das ist ein rechtlicher Prozeß gegen die Unholden und zauberische Personen, Cöllen 1629 (Laymann ist nicht Verfasser, der Verleger hat nur mit seinem Namen spekuliert.)
Lerchheimer, Augustin (Pseud. f.: Witekind Hermann, genannt Wilcken) (1524–1603) Professor der Philosophie und Mathematik (Heidelberg)	Christlich bedencken und erinnerung von Zauberey, woher was und wie vielfeltig sie sei . . ., Heidelberg 1585

Löher, Hermann (1595–1678) Bürgermeister und Schöffe (Rheinbach/Eifel)	Hochnötige, Underthanige, Wemütige Klage der frommen Unschuldigen, Amsterdam 1676
Loos, Cornelius (Pseud.: Callidus Chrysopolitanus) (1545–1595) Professor für Theologie (Mainz und Trier); Pfarrer (Brüssel)	De vera et falsia magia, Köln 1591 (nur teilweise gedruckt, dann konfisziert)
März, Angelus (Mitte 18. Jh.) Benediktiner (Scheiern)	Kurze Verteidigung der tätigen Hex- und Zauberei wider eine dem hl. Kreuz zu Scheiern nachteilige akademische Rede, 1767 oder 1768
Meder, David (Ende 16. Jh. – Mitte 17. Jh.) Pfarrer (Nebra, Thüringen); Hofprediger der Grafen von Hohenlohe	Acht Hexenpredigten, darinnen von den Teufels Mordkindern, der Hexen, Unholden . . . berichtet wird, Leipzig (bei Apel) 1605
Merz, Agnellus (um 1750) Augustiner-Eremit	Urteil ohne Vorurteil über die wirkendtätige Hexerei, Sterzingen 1766
Meyfart, Johann Mattheus (1590–1642) Professor der Theologie (Erfurt und Coburg)	Christliche Erinnerung an gewaltige Regenten und gewissenhafte Praedicanten, wie das abschewliche Laster der Hexerei mit Ernst auszurotten aber in Verfolgung desselbigen auf Cantzeln und in Gerichtshäusern sehr bescheidenlich zu handeln sei, Halle 1703
Milichius, Ludwig (16. Jh.) Prediger	Der Zauber Teuffel, Sagen, Aberglauben Hexerey und mancherley Wercken des Teuffels, Frankfurt (bei Feierabend) 1563
Molitoris, Ulrich (Mitte bis Ende 15. Jh.) Jurist	De laniis et phitonicis mulieribus tractatus pulcherrimus, Constanz 1489 (deutsch: Von Hexen und Unholden, Ein christlicher, nuetzlicher unnd zu diesen unsern gefaehrlichen Zeiten nothwendiger Bericht, auß Gottes Wort, Geistlichen und Weltlichen Rechten, auch sonst allerley Historien gezogen, Straßburg 1575, Übersetzer: Conradus Lautenbach)

Nagoldanus, Paulus Frisius (um 1600) Theologiestudent	Von deß Teuffels Nebelkappen. Das ist: Ein kurtzer Begriff, den gantzen Handel von der Zauberey belangend, zusammengelesen, Frankfurt 1583
Neuwalt, Hermann (Ende 16. Jh.) Professor der Medizin (Helmstedt)	Von Erforschung, Prob und erkaendtniß der Zaeuberinnen durchs kalte Wasser, in welchem Wilhelm Adolph Scribonii meynung wiederleget und von ursprung, Natur und Wahrheit dieser und anderer Purgation gehandelt wirdt, Helmstedt 1584 (Übersetzer: Heinrich Meybaum, Professor der Geschichte und Poesie)
Nider, Johann (1385–1438) Theologieprofessor, Dominikaner (Wien)	Formicarius de maleficis earumque praestigiis ac deceptationibus ad exemplum sapientae de formicis, 1517
Ostermann, Peter (1. Hälfte 17. Jh.) Rechtswissenschaftler (Köln)	Commentarius iuridicus ad L. Stigmata . . ., Coloniae Agrippinae 1629
Palingh, Abraham (Mitte 17. Jh.) Stadtphysikus (Haarlem)	Het af gerukt Mom-aangezicht der Tooverij, Amsterdam 1659 (Die abgerissene Maske der Zauberei)
Prätorius, Antonius (Pseud.: Scultetus, Joannes 1598 bereits unter Pseud. erschienen) (Ende 16. – Anfang 17. Jh.) Pfarrer	Gründlicher Bericht von Zauberei und Zauberern, Frankfurt 1629
Reiche, Johann (Anfang 18. Jh.) Übersetzer und Herausgeber (Halle)	Unterschiedliche Schriften vom Unfug des Hexenprozesses, zu fernerer Untersuchung der Zauberey heraus gegeben, Halle (bei Renger) 1703
Remigius, Nicolaus (Ende 16. Jh.) Geheimrat und Hexenrichter (Lothringen)	Daemonolatriae libri tres, Lugduni 1594
Romeßwinckel, Joanne und Blanckenbergh, Walramo (um 1620) Juristen und Schöffen (Köln)	Defensio probae stigmaticae et magistratuum. 2. Processus et forma procedendi per stigmatica contra sagas. 3. Alia defensio . . . (wie oben), Köln 1630

Saur(ius), Abraham(us) (Ende 16. Jh.) Jurist, Hofgerichts-prokurator	Eine kurtze, trewe Warnung, Anzeige und Underricht: Ob auch zu dieser unser Zeit under uns Christen, Hexen, Zauberer und Unholden vorhanden, Unnd was sie außrichten koennen, Frankfurt 1586
Schultheis, Hinrich (Anfang 17. Jh.) Jurist, Kurfürstlich-Kölnischer Rat, Hexen Kommissar	Eine außführliche Instruction Wie in Inquisition Sachen des grewlichen Lasters der Zauberey ohn gefahr der Unschueldigen zu procediren, Coelln 1634
Schwager, Johann Moritz († 1804) Theologe	Versuch einer Geschichte der Hexenprozesse, Berlin 1784
Scot, Reginald (Ende 16. Jh.) Unterhausabgeordneter	Letters on Demonologie and Witchcraft, London 1584
Scribonius, Wilhelm Adolf (Ende 16. Jh.) Arzt und Philosoph (Marburg)	Responsio ad examen ignati patroni veritatis de purgatione Sagarum per aquam frigidam, Francofurdi 1590
ders.	De Sagarum natura et protestate deque his recte cognoscendis et puniendis. Contra Joannem Euvichium in Republica Bremensi, Marpurgi 1588
Spee, Friedrich von (1591–1655) Theologieprofessor, Jesuit	Cautio Criminalis seu de Processibus contra sagas, Rinthelii 1631 (deutsch: Gewissens-Buch von Processen gegen die Hexen . . ., Bremen [bey Jacob Köhler] 1647; hier verwendet: Rechtliches Bedenken wegen der Hexenprozesse, Weimar 1939, Übersetzer: J. F. Ritter)
Spizelius, Theophilus (1639–1691) Theologe und Polyhistor; Pastor (Augsburg)	Expugnatio Orci: die gebrochene Nacht der Finsterniß oder zerstörte teufflische Bunds – und Buhl – Freundschafft mit den Menschen, das ist ein gründlicher Bericht wie und welch Gestalt die abscheuliche und verfluchte Zauber-Gemeinschaft mit den bösen Geistern angehe, wie diesselbe zu- und fortgehe, ob und auf waß Art sie wiederum zergehe, Augspurg 1687
Sterzinger, Ferdinand (1721–1786) Priester, Theatiner (München) Professor für Moraltheologie (Prag) und Philosophie (München)	Betrügende Zauberkunst und träumende Hexerei, München 1767

ders.	Von dem gemeinen Vorurteil der wirkenden und tätigen Hexerei, München 1766
Theatrum de Veneficis	das ist . . . von Teufelsgespenst, Zauberern und Giftbereitern, Schwartzkünstlern, Hexen und Unholden vieler fürnemmen Historien und Exempel (Hrsg.: Bassaeus), Frankfurt 1586
Thomas, Siegfried (16. Jh.)	Richtige Antwort auf die Frage, ob die Zauberer und Zauberinnen Krankheiten . . . bewirken können, Erfordt 1594
Thomasius, Christian (1655–1728) Rechtsphilosoph und Staatsrechtler (Halle)	De tortura ex foris christianorum proscribenda . . ., Halae 1705 (dt.: Über die Verbannung der Folter aus den Gerichten der Christen . . ., Weimar 1960, Übersetzer: Lieberwirth, R.)
ders.	Disputatio de Origine ac Progressu Processus Jnquisitorii contra Sagas, Halae 1712 (dt.: Historische Untersuchung vom Ursprung und Fortgang des Inquisitionsprocesses wieder die Hexen, Halle 1712)
ders.	Theses de Crimine Magiae, Halae 1701 (dt.: Kurtze Lehr-Sätze von dem Laster der Zauberey, Halle 1704, Übersetzer: J. Reiche)
Torreblanca, Franciscus († 1645) spanischer Jurist	Daemonologia, sive de Magia naturali daemoniaca licita et illicita, Moguntiae 1623
Trithemius, Johannes (1462–1516) Abt, Okkultist	Antipalus maleficorum
ders.	Joannis Tritemii liber octo quaestionum ad Maximilianum Caesarem. Francoforti, per Cyriacum Jacobum, 1550
Vallick, Jacob (Ende 16. Jh.) Pfarrer (Groossen)	Von Zauberern, Hexen und Unholden. Fuernemlich aber was zaubern fuer ein Werck seye, was Krankheit, Schade und Hindernuß darauß erstehe. Auch was GegenArtzney darwider zu gebrauchen seye, Frankfurt 1586
Wagstaff(e), John (1633–1677)	Questions of Witchcraft debated, London 1669 (dt.: Gründlich ausgeführte Materie

	von Hexerey, oder die Meinung derjenigen, so da glauben, daß es Hexen gebe, deutlich widerlegt . . ., Halle 1711)
Wahrlieb, Gottfried (Pseud. f.: Jo. Christ. Francke)	Deutliche Vorstellung der Nichtigkeit derer vermeynten Hexerejen und des ungegründeten Hexenprocesses, Amsterdam 1720 (Erscheinungsort an sich Halle).
Waldschmidt, Bernhard (1608–1665) Prediger (Frankfurt) Magister der Philosophie	Pyntonissa Endorea, das ist Acht und Zwanzig Hexen- und Gespenst-Predigten, Frankfurt (bei Serlin) 1660
Webster, John (1610–1682) Vikar, später Arzt	Displaying of supposed Witchcraft, London 1673 (dt.: Untersuchung der vermeinten und so genannten Hexereijen. Mit einer Vorrede von Chr. Thomasius, Halle 1719)
Wecker, Johan Jacob (Anfang 17. Jh.)	Wahre und eigentliche Entdeckunge und Declaration oder Erklärunge fürnehmer Artikul der Zauberey . . . vor vielen Jahren aus jhren Urgichten erfahren durch Jacob Weckern etwas weitläufiger beschrieben. Nun aber an jetzo mit allem Fleisse revidiret . . ., Leipzig (bei Francke und Scheib) 1631 (Bearbeiter: Wolfgang Hildebrand)
Weyer-Johann (1515–1588) (= Wierus, Joannes = Wier, Johan = Piscinarius) Leibarzt der Herzöge von Cleve	De praestigiis Daemonum et incantationibus ac veneficiis, Basilae (bei Joannem Oporinum) 1563
Zehner, Joachim (1566–1612) Pastor (Suhla) und General-Superintendent (Henneberg)	Fünf Predigten von den Hexen, ihrem Anfang, Mittel und End in sich haltend und erklärend, Leipzig 1613

Titel nach 1800

Altona	Die Stellung des Reichskammergerichts zu den Hexenprozessen. In: Zeitschrift für die gesamte Strafrechtswissenschaft, Bd. 12, S. 909, Berlin 1892

Ammann, H. — Die Hexenprozesse im Fürstentum Brixen. In: Forschungen und Mitteilungen zur Geschichte Tirols und Vorarlbergs, Bd. XI, 1914

Auhofer, H. — Aberglaube und Hexenwahn heute. Freiburg 1960

Baeyer-Katte, Wanda v. — Die historischen Hexenprozesse. In: (Hrsg.) Wilhelm Bitter, Massenwahn in Geschichte u. Gegenwart, Stuttgart 1965

Baroja, Julio Caro — Die Hexen und ihre Welt, Stuttgart 1967

Baschwitz, J. K. — Hexen und Hexenprozesse, München 1963

Beemelmans, Wilhelm — Hexenwesen und Hexenprozesse, Mühlhausen 1909

Beinhoff, Johannes — Der Hexenglaube in der Walpurgisnacht und die Blocksbergsage. Diss. phil., Leipzig 1923

Biedermann, Hans — Handlexikon der magischen Künste, München 1976

ders. — Hexen. Auf den Spuren eines Phänomens, Graz 1974

Binz, Karl — Wier oder Weyer? Düsseldorf 1887

ders. — Dr. Johann Weyer, ein rheinischer Arzt, der erste Bekämpfer des Hexenwahns, Bonn 1885

Breiden, Heribert — Die Hexenprozesse der Grafschaft Blankenheim von 1589 bis 1643. Diss. jur., Bonn 1954

Bruch, Hans — Strafrechtspflege in der Stadt Trier im 16. bis 18. Jahrhundert. Diss. jur., Waldkirch 1934

Buchrucker, A. E. — Die Bedeutung des Teufels für die Theologie Luthers. In: Theologische Zeitschrift 29, 73, S. 285

Burr, George L. — The fate of Dietrich Flade. In: Papers of the American Historical Association, Vol. 5, No. 3, 1891

Byloff, Fritz — Hexenglaube und Hexenverfolgung in den österreichischen Alpenländern, Berlin und Leipzig 1934 ders. — Das Verbrechen der Zauberei, Graz 1902

Closs, August — Summarische Rechnung für Hexenprozesse und Hinrichtungen. In: Literaturwiss. Jahrbuch der Görres Gesellschaft, S. 51, Berlin 1971

Colesie, Georg — Hexenprozesse am Hochgericht Nalbach. In: Zeitschrift für die Geschichte der Saargegend, Jg. 17/18, S. 229, Saarbrükken 1969/70

Corbach, Gottfried — Hexenprozesse in der Herrschaft Homburg. In: Romerike Berg, Jg. 19, S. 15, Burg/Wupper 1969

Debrumer, Hans W. — Der Einfluß des Hexenglaubens. In: Theologie und Kirche in Afrika, S. 114, Stuttgart 1968

Diefenbach, Johann — Der Hexenwahn vor und nach der Glaubensspaltung in Deutschland, Mainz 1886

Duhr, Bernhard — Dic Stellung der Jesuiten in den deutschen Hexenprozessen, Köln 1900

Ebner, Theodor — Friedrich von Spee und die Hexenprozesse seiner Zeit, Hamburg 1898

Emrich, Gertrud — Formen und Grundlagen des gegenwärtigen Hexenglaubens. Diss. phil., Mainz 1954

Ennen, Leonhard — Geschichte der Stadt Köln, Bd. V, Düsseldorf 1880

Erich, E. — Die Darstellung des Teufels in der christlichen Kunst, Kunstwiss. Studien Bd. 8, Berlin 1931

Erikson, E. H. — Der junge Mann Luther. Eine psychoanalytische und historische Studie, München 1958

Eschbach, H. — Johannes Wier, der Leibarzt des Herzogs Wilhelm III. von Cleve-Jülich-Berg. In: Beiträge zur Geschichte des Niederrheins, Düsseldorf 1886

Eschenröder, Walter — Hexenwahn und Hexenprozesse in Frankfurt am Main. Diss. jur., Gelnhausen 1932

Evans. E. P. — Ein Trierer Hexenprozeß. In: Augsburger Allgemeine Zeitung. Beilage 86, Augsburg 1892

Fehr, Hans — Gottesurteil und Folter. Festgabe für Rudolf Stammler, Berlin und Leipzig 1926

Finke, H. — Papsttum und Untergang des Templerordens, München 1907

Fischer, Fr. — Die Basler Hexenprozesse in dem 16. und 17. Jahrhundert, Basel 1840

Fleischmann, Max — Christian Thomasius – Leben und Lebenswerk, Halle 1931

Freud, Sigmund — Eine Teufelsneurose im 17. Jahrhundert. In: Ges. Werke XII, S. 315, Frankfurt 1964

Friese, Victor — Das Strafrecht des Sachsenspiegels, Breslau 1898

Frischbier, Hermann — Hexenspruch und Zauberwahn. Nachdruck von 1850, Hannover 1970

Froehner, R. — Von Hexen und Viehverzauberung. In: Abhandlung aus der Geschichte der Veterinärmedizin, Leipzig 1925

Gardner, G. B. — Ursprung und Wirklichkeit der Hexen, Weilheim 1965

Gonzenbach, V. — Mitteilungen aus St. Gallischen Hexenakten seit 1600. In: Annalen der Criminalrechtspflege, 1855

Grässe, J. Th. — Biblitheca magica et pneumatica oder wissenschaftlich geordnete Bibliographie . . ., Leipzig 1843

Grimm, J. — Deutsche Mythologie, 4. Aufl., Gütersloh 1875

Haag, Herbert — Abschied vom Teufel, Tübingen 1969

Haas, Carl — Die Hexenprozesse. Ein cultur-historischer Versuch nebst Dokumenten, Tübingen 1865

Hansen, Josef — Der Hexenhammer, seine Bedeutung und die gefälschte Kölner Approbation vom Jahre 1487. In: Westdt. Zeitschrift für Geschichte und Kunst, Jg. XXVI, S. 372, Trier 1907 ders. Inquisition und Hexenverfolgung im Mittelalter. In: Historische Zeitschrift, N. F. S. 385, Nr. 45

ders. Die Kontroverse über den Hexenhammer und seine Kölner Approbation vom Jahre 1487. In: Westdt. Zeitschrift für Geschichte und Kunst, Jg. XXVII, S. 366, Trier 1908

ders. Quellen und Untersuchungen zur Geschichte des Hexenwahns und der Hexenverfolgung im Mittelalter, Bonn 1901

ders. Zauberwahn, Inquisition und Hexenprozeß im Mittelalter und die Entstehung der großen Hexenverfolgung, Leipzig und München 1900

Hartlaub, G. F. Hans Baldungs Hexenbilder, 1961

Hausrath, Adolf Der Ketzermeister Konrad von Marburg, Heidelberg 1861

Havemann, Elisabeth Die Frau der Renaissance, Berlin 1927

Heimbucher, Max Die Orden und Kongregationen der katholischen Kirche, Paderborn 1933

Heikbauer, Joachim Hexen-Graphiken aus sechs Jahrhunderten, Nauheim 1964

Heinemann, Franz Der Richter und die Rechtsgelehrten, Leipzig 1900

Hennen, Gerhard Ein Hexenprozeß aus der Umgebung von Trier, St. Wendel 1887

Hertz, Wilhelm Der Werwolf, 1862

Hoensbroech, Paul v. Das Papsttum in seiner sozial kulturellen Wirksamkeit, Bd. I: Inquisition, Aberglaube, Teufelsspuk und Hexenwahn, Leipzig 1900

Hoffmann, W. Der Hexen- und Besessenheitsglaube im 15. und 16. Jahrhundert im Spiegel des Psychiaters, Greifswald 1935

Holtzmann, R. Zum Attentat von Anagni. In: Festschrift für A. Brackmann, S. 492, Weimar 1931

Holzinger, J. B. Zur Naturgeschichte der Hexen, Graz 1883

Horst, G. C. — Daemonomagie oder Geschichte des Glaubens an Zauberei und daemonische Wunder, mit besonderer Berücksichtigung des Hexenprozesses seit den Zeiten Innocentius, Frankfurt 1818

ders. — Zauberbibliothek oder von Zauberei, Theurogie und Mantik, Mainz 1821–1826

Jäger, K. — Die Hexenverfolgungen im Amte Homburg, Homburg 1931

Janssen, Johannes und Pastor, Ludwig — Geschichte des deutschen Volkes seit dem Ausgang des Mittelalters, Bd. VI.–VIII., 14. Aufl., Freiburg 1903

Joesten, Josef — Zur Geschichte der Hexen und Juden in Bonn, Bonn 1901

Katzer, Ernst — Ein Hexenprozeß in Gutenstein 1641. In: Unsere Heimat. Monatsblatt für Niederösterreich, Jg. 41, S. 68, 1970

Keysser — Über Loos: de vera et falsia magia. In: Zentralblatt f. Bibliothekwesen, S. 445, 1888

Kleinpaul, R. — Modernes Hexenwesen, Leipzig 1900

Kleinwegener, Günter — Die Hexenprozesse von Lemgo. Diss jur., Bonn 1954

Knortz, Karl — Amerikanischer Aberglaube der Gegenwart, Gerstenberg 1919

ders. — Hexen, Teufel und Blocksbergspuk in Sage, Geschichte und Literatur, Annaberg 1914

Koch, Karl — Die Zeichnungen Hans Baldung Griens, Berlin 1941

Köhler, K. — Luther und die Juristen, Gotha 1873

Kohler, Josef und Scheel, W. — Die Peinliche Gerichtsordnung Karls V. Constitutio Criminalis Carolina, Halle 1900

Kries, A. v — Der Beweis im Strafprozeß des Mittelalters, Weimar 1878

Kraemer, Wolfgang — Kurtrierische Hexenprozesse im 16. und 17. Jahrhundert, München 1959

Kruse, Johann — Hexen unter uns, Hamburg 196(5)1

Kuhn, Hildegard — Hexen (F)liegen in der Luft. In: Das gute Jugendbuch, Jg. 19, S. 1, Ratingen 1969

Kunstmann, H. H. — Zauberwahn und Hexenprozeß in der Reichsstadt Nürnberg, Erlangen 1970

Kurth, W. — Das Phänomen des Hexenwahns als massenpsychologischer Ausdruck psychischer Epidemien. In: Berichte der physikalisch medizinischen Gesellschaft, Bd. 76, S. 39, Würzburg 1968

Längin, Georg — Religion und Hexenprozeß, Leipzig 1888

Lau, F. — Das Buch Weinsberg. Kölner Denkwürdigkeiten aus dem 16. Jahrhundert, Bonn 1897

Lauen, H. — Die Hexenprozesse in Trier und Umgegend. In: Trierische Chronik, Jg. 4, S. 113, Trier 1908

Lea, Henry C. — A History of the Inquisition in the Middle Ages, New York 1887

Leibbrand, A. + W. — Die Frau als Hexe. In: Formen des Eros. Kultur und Geistesgeschichte der Liebe, I, S. 627, Freiburg 1972

Leibbrand, W. und Wettley, A. — Wahrheit und Verkündigung. Vorläufige Revision des historischen Hexenbegriffes. In: Festschrift für M. Schmaus, München 1967

Leitmaier, Charlotte — Die Kirche und die Gottesurteile. Wiener rechtsgeschichtliche Arbeiten, Bd. II. Eine rechtshistorische Studie, Wien 1953

Leitschuh, Friedrich — Beiträge zur Geschichte des Hexenwesens in Franken, Bamberg 1883

Leubuscher — Über die Werwölfe und Tierverwandlungen im Mittelalter, Berlin 1850

Leutenbauer, Siegfried — Hexerei und Zaubereidelikt in der Literatur von 1450 bis 1550, Münchner Universitätsschriften, Bd. 3, München 1972

Liebelt, K. — Geschichte des Hexenprozesses in Hessen-Kassel. In: Zeitschrift des Vereins für hess. Geschichte und Landeskunde, Nr. 58, 1932

Luck, Georg	Hexen und Zauberei in der römischen Dichtung, Zürich 1962
Mahal, Günther	Mephistos Metamorphosen, Göppingen 1972
Mayer, Anton	Erdmutter und Hexe. Studien zur Vorgeschichte der Hexenprozesse. In: Historische Forschungen und Quellen, Bd. 12, München und Freising 1936
Marx, Josef	Geschichte des Erzstifts Trier, 5 Bd., Trier 1859
Manser, Gallus M.	Thomas von Aquin und der Hexenwahn. Divus Thomas 9, Wien 1922
Merzbacher, Friedrich	Hexenprozesse in Franken, München 1957
Mejer, L.	Die Periode der Hexenprozesse, Hannover 1882
Morley, H.	Cornelius Agrippa, London 1856
Morschel, Max	Der Kampf um die Abschaffung der Folter. Diss. jur., Gießen 1926
Müller, Curt	Hexenaberglaube und Hexenprozesse in Deutschland, Leipzig 1894
Müller, F.	Beiträge zur Geschichte des Hexenglaubens und des Hexenprozesses in Siebenbürgen, Braunschweig 1854
Müller, Michael	Die Lehre des hl. Augustinus von der Paradiesehe und ihre Auswirkung in der Sexualethik des 12. und 13. Jahrhunderts, Regensburg 1954
Müller, Michael Fr. J.	Kleiner Beitrag zur Geschichte des Hexenwesens im 16. Jahrhundert, Trier 1830
ders.	Über das Geschichtliche der Folter im Kurfürstentum Trier, Trier
Neumann, E.	Die große Mutter, Zürich 1956
Niehues, Bernhard	Zur Geschichte des Hexenglaubens und der Hexenprozesse vornehmlich im ehemaligen Fürstbistum Münster, Münster 1875

Osborn, Max — Die Teufelsliteratur des 16. Jahrhunderts, Berlin 1893

Pauls, Emil — Zauberwesen und Hexenwahn am Niederrhein. In: Beiträge zur Geschichte des Niederrheins, Bd. XIII, S. 134, Düsseldorf 1898

Paulus, Nikolaus — Die Rolle der Frau in der Geschichte des Hexenwahns. In: Historisches Jahrbuch der Görresgesellschaft, S. 72, 1908

Peuckert, W. E. — Hexensalben. In: Medizinischer Monatsspiegel, Darmstadt 1960

ders. — Quellen und Untersuchungen zur Geschichte des Hexenglaubens im 16. bis 18. Jahrhundert, Hildesheim 1968

ders. — Pansophie. Ein Versuch zur Geschichte der weißen und schwarzen Magie, Stuttgart 1936

Pohl, Josef — Ein Hexenprozeß zu Linz am Rhein vom Jahre 1631. In: Bonner Archiv, Jg. 5, Nr. 5, 1893

Rapp, L. — Die Hexenprozesse und ihre Gegner aus Tirol, Innsbruck 1874

Raumer, G. W. v. — Actenmäßige Nachrichten von Hexenprozessen und Zaubereien in der Mark Brandenburg vom 16. bis ins 18. Jahrhundert. In: Märkische Forschungen, 1, S. 236, Berlin 1841

Reich, Felix — Hexenprozesse in Danzig und in den westpreußischen Grenzgebieten. Diss., München 1940

Rhamm, Albert — Hexenglaube und Hexenprozesse in Braunschweig, Wolfenbüttel 1882

Richel, Arthur — Zwei Hexenprozesse aus dem 16. Jahrhundert. Beiträge zur Kulturgeschichte 2, Weimar 1889

Riezler, Sigmund — Geschichte der Hexenprozesse in Bayern, Stuttgart 1896

Rissel, R. und Böker, W. — Verhexungswahn. In: Bibliotheca psychiatr. neurol., Bd. 124, Basel 1964

Sauter, Johann Georg — Zur Hexenbulle 1484. Die Hexerei mit besonderer Berücksichtigung Oberschwabens, Ulm 1884

Schacher, Josef — Das Hexenwesen im Kanton Luzern, Freiburg (CH) 1947

Schäfer, Herbert — Der Okkulttäter. Diss jur., Bonn 1958

ders. — Aus den Prozeßakten eines Hexenbanners. In: Kriminalistik, 7, S. 347, 1964

Schäfer, Herbert
Wendte, H. H. — Hexenmacht und Hexenjagd, Hamburg 1955

Scherr, Johannes — Geschichte der deutschen Frauenwelt, Leipzig 1898

Schmidt, Eberhard — Inquisitionsprozeß und Rezeption, 1940

Schönach, L. — Zur Geschichte des ältesten Hexenwesens in Tirol. In: Forschungen und Mitteilungen zur Geschichte Tirols und Vorarlbergs XI, 1904

Schoetensack, August — Der Strafprozeß der Karolina. Diss. jur., Leipzig 1904

Schreiber — Die Hexenprozesse zu Freiburg, Freiburg 1837

Schröder, R. — Glaube und Aberglaube in altfränkischen Dichtungen, Erlangen 1886

Schünke, Wolfgang — Die Folter im deutschen Strafverfahren des 13. bis 16. Jahrhunderts. Diss. jur., Münster 1952

Sell, Karl — Neuestes über Papsttum, Inquisition, Aberglauben, Hexenwesen. In: Preußische Jahrbücher, S. 531, 1900

Siebel, Friedr. Wilh. — Die Hexenverfolgung in Köln. Diss jur., Bonn 1959

Snell, Otto — Hexenprozesse und Geistesstörung, München 1891

Soldan, W. G.
Heppe, H. — Geschichte der Hexenprozesse, 3. Aufl., München 1912

Spielmann, Karl Heinz — Die Hexenprozesse in Kurhessen, 2. Aufl., Marburg 1932

Steinhausen, Georg — Quellen und Studien zur Geschichte der Hexenprozesse. 2. Ergänzungsheft zur Zeitschrift für Kulturgeschichte, 1898

Stöber, A. — Die Hexenprozesse im Elsaß. In: Alsatia, S. 265, Mühlhausen 1857

Stutz, J. — Eine kirchliche Instruktion über die Führung von Hexenprozessen. In: Kath. Schweizer Blätter, S. 601, 1888

Titz, Herbert — Schlesien und der Hexenwahn. In: Sagan Sprottauer Heimatbriefe, Jg. 17, S. 224, Detmold 1966

Trevor-Roper, H. R. — The European Witch Craze of the 16th and 18th Centuries, Harmondsworth 1969

Trummer, C. — Vorträge über Tortur, Hexenverfolgung und Vehmgerichte in der Hamburger Rechtsgeschichte, Bd. 1, Hamburg 1844

Venedey, Michael — Der Bund der Teufelsbeschwörer, Köln 1840

Volk, Franz — Hexen in der Landvogtei Ortenau und in der Reichsstadt Offenburg, Lahr 1882

Wächter, C. G. v. — Beiträge zur deutschen Geschichte, insbesondere zur Geschichte des deutschen Strafrechts, Tübingen 1845

Wagner, Eberhard — Hexenglaube in Franken heute. In: Jahrbuch für fränkische Landesforschung, Bd. 30, S. 343, 1970

Wittmann, P. — Die Bamberger Hexen-Justiz 1595 bis 1631. In: Archiv für kath. Kirchenrecht, Bd. 50, Mainz 1883

Wölfing, M. — Zum Verständnis des Hexenwahns, Tübingen 1921

Woeller, W. — Zur Geschichte des Hexenwahns und der Hexenprozesse in Deutschland. In: Wiss. Zeitschrift der Humboldt-Universität Berlin. Gesellschafts- und sprachwissenschaftliche Reihe, S. 881, Berlin 1963

Wünsche, August — Der Sagenkreis vom geprellten Teufel, Leipzig – Wien 1905

Zacharias, G. — Satanskult und schwarze Messe, Wiesbaden 1965 (4)

Ziemer, M. — Hexenverfolgungen in den Gebieten des Grafen von Nassau. In: Idsheimer Heimatschau, 1926/28

Zwetsloot, Hugo — Friedrich Spee und die Hexenprozesse. Diss. theol., Trier 1954